강의교재용

Law of Insurance Contract

보험계약법

은종성 저

전주대학교 출판부

序文

오늘날 현대사회를 살아가는 우리에게는 보험이라는 용어는 결코 낮선 단어가 아니다. 그만큼 우리는 보험제도와 밀접하게 하루하루를 지내면서 생활하고 있는 실정이기 때문이다.

그러나 우리는 보험과 관련된 지식이나 법률, 체계에 대하여는 잘 모르고 지내고 있었다. 천학비재인 본인도 오랜 강단생활을 통해서도 아쉬움이 컸던 부분이 바로 보험법에 대한 쉽고도 간단명료하게 정리된 문헌의 필요성을 많이 느껴 왔었다. 이러한 보험법에 대한 체계적인 서적을 만들어 보고픈 열망에 휩싸이면서, 어렵고 힘든 수험생활을 하는 수험생들의 고통과 자료부족을 공감하게 되면서 주제별 요약정리를 시도하여 보았다.

차제에 정리하고자 했던 분야로는 보험법 일반에 걸치는 기본적 주제를 중심으로 하였고, 자동차와 제3보험분야, 그리고 전문성이 있는 기업보험분야는 제외하였다. 물론 이 정리서로만 보험법을 완전히 이해하기는 쉽지는 않지만 최소한의 골격을 잡는데는 도움을 줄 수 있으리라 기대한다.

2015년 춥고도 기나긴 겨울을 지내면서, 오로지 따뜻하고 만물이 숨쉬는 2016년 화창한 봄을 기다리면서 지루하고 험난했던 시간들속에서 숱한 진통을 거쳐 정리하였던 강의원고들을 모아서 졸고들을 자그마한 교재용으로 출간하는 심정은 복잡한 만감이 교차하면서 심히 부끄러웠으나, 정리된 내용이 여러 독자들에게 희망의 단초를 줄 수 있다는 생각에 기대가 부풀었다.

현명하신 선학들의 흉내도 제대로 내지 못하면서, 그 분들의 학문적 결실을 원용하여 모방한 부분이 마음에 심히 걸리지만 대학교재용으로 사용하기 위하여 김학선 교수의 편저와 본인의 편저를 조화하여 저술한 소인의 용기를 너그럽게 양해하여 주시기를 청하면서 아쉬움을 전해드리는 바 입니다.

그간 출간을 지원해준 전주대학교와 작업을 위하여 고통을 같이 감내하였던 가족과 원고작업을 도와준 분들에게 감사하다는 마음을 전하면서 그들의 앞날에 영광이 있기를 바란다.

2015. 12. 22.

차 례

제 1 장 보험법의 기초

1. 법과 인간의 사회성

인간은 날마다 생활하고 있다. 이러한 인간은 사회를 떠나서는 살 수 없고, 사회로부터 고립된 인간은 존재할 수 없다. 인간은 이러한 사회생활속에서 자신을 확인하고 타인과의 공존을 통하여 성숙되고 각자의 필요성에 따라 서로 협력하고 타인과의 유대를 통하여 이 사회속에서 생존을 하게 된다. 이와 같은 개개인은 고립이 아닌 서로 밀접불가분한 관계속에서 공동체라는 사회의 테두리안에서 공동생활을 영위하고 있는 것입니다. 이에 아리스토텔레스는 "인간은 사회적 동물이다" 라고 하였다. 이 명제는 인간은 하나의 생명체인 동시에 사회적 공동생활을 영위하는 사회적 조직체의 일원으로서 사람의 사회성을 말한 것이다.

이와 같이 인간은 사회를 형성하면서 공동체생활을 한다. 그러나 사회라는 것은 인간상호간의 사회관계의 불합체이다. 특히 인간들의 다종다양한 욕망속에서 반사회적인 이기심이 있음을 부인할 수 없다. 그리하여 다수인이 공존하는 사회에서는 필연적으로 각자의 이해관계가 충돌하게 되며, 이러한 이해관계의 충돌은 규율하지 않고 각자 마음대로 행동하게 된다면 홉스(Hobbes)가 말한 "만인의 만인에 대한 투쟁" 만이 남게 되어 사회의 질서와 기능이 마비되어 이 사회공동체는 존재할 수 없고, 약육강식의 무정부상태에 떨어지게 된다.

그리하여 자연스럽게 이 사회는 인간의 반사회적인 이기심을 억제하면서 동시에 인간들이 준수해야만 하는 사회규범을 필요로 하게 되고, 그 사회규범을 통하여 분화한 사회중심적 역할을 하게 되는 법이 출현하여 사회공동체의 안정과 발전을 꾀할 수 있게 되는 것이다. 이에 법규범이 존재이유가 있게 되고, 나아가 그 규범의 가치기준을 통하여 법의 필요성을 갖게 되었다. 특히 현대국가는 법치주의를 기본원리로 하고 있으므로 인간의 모든 행위는 언제나 법과 직접적으로 관계를 맺게 된다. 따라서 법과 사회는 필연적으로 불가분의 밀접한 관계에 있게 되어 '사회가 있는 곳에는 법이 있고, 법이 있는 곳에는 사회가 있다' 는 명제가 성립된다. 이를 예링(Jhering)은 '법이란 사회의 생활조건이다' 라고 설파하고 있다.

2. 사회와 법

법규범의 내용과 사회생활의 본질은 밀접한 상관관계가 있으며, 사회생활의 변천은 법규범에 바로 반영되어야 한다. 이러한 법규범의 내용은 사회생활, 특히 경제적인 여러 조건에 상응하는 것이 아니면 안 된다. 그런데 사회는 항상 진전하여 오늘의 사회는 이미 어제의 사회가 아니다. 그러나 법규범은 한 번 제정되면 고정되고, 특히 거대한 법전이라면 그 개정은 쉬운 일이 아니다. 따라서 법규범은 끊임없이 진전해 가는 사회생활의 현상을 쫒아 갈 수 없을 뿐 아니라 오히려 그것을 후퇴시키는 반작용을 한다고 하는 비난이 일어나게 된다.

법이 없는 국가사회는 존재할 수 없으며, 모든 사회에는 반드시 그 사회의 특유한 법이 존재하게 된다. 그리고 사회생활의 성격이 법규범에 반영되어져야 한다. '사회생활의 성격이 법규범에 반영되어야 한다' 고 하는 것은 동시에 법규범이 사회생활의 성격에 맞는 내용을 가져야 한다는 요구이다. 사회생활의 실체가 변천하고 새로운 생활이 발생할 경우에는 법규범이 수정되고 혹은 새로운 법규범이 정립되지 않으면 실생활의 사이에 간격이 생기게 되고, 이것이 커지면 법규범은 사회적 타당성을 잃게 된다. 여기에서 주의하지 않으면 안되는 점은 법이 규율하는 사회생활의 실체에 알맞은 내용을 가져야 한다고 할지라고 그 생활관계를 무조건으로 승인한다고 타당한 것이 아니고, 이성에 기하여 법의 목적인 정의의 견지로부터 판단하여 타당하여야 하고, 역으로 그 생활관계를 지도하는 것이 아니면 안되는 점도 또한 간과해서는 안되는 것이다[1].

(1) 법의 개념

법은 사회현상에 착안하여 그것을 사회학적으로 구명하는 학문이므로 사회생활에 있어서 인간과 사회와의 상호관계를 대상으로 하는 사회과학 즉, 이론적 지식의 체계이다. 이러한 법학은 로마에서 시작하여 오늘에 이르고 있으며, 사회에서 발생하는 문제를 해결하면서 바르게 사는 원리와 지식을 알려주는 학문이다. 요컨대, 법현상은 사회의 변화성과 유동성 속에서도 보편성과 항구성의 원칙을 찾아낼 수 있기 때문에 법학이 학문으로서 성립할 수 있다. 이러한 법은 여러 실익으로 인하여 법이란 "인간이 공동체생활을 함에 있어서 공동체유지를 위한 행위의 준칙을 필요로 하게 되어 국가나 공동체에 의해 미리 마련되어 있는 강제적인 사회규범" 을 이른다.

1. 행위의 준칙
2. 규범이다.
3. 사회규범이다.
4. 국가나 공동체에 의하여 인정된 규범이다.
5. 중심권력에 의하여 강제되는 규범이다.

그러나 여기에서는 우리의 관심사는 주로 보험생활이기 때문에 주제를 달리하여 이하에서는 보험에 대한 지평을 법과 관계를 통하여 전개하여 보고자 한다.

---

1) 엄영진, 법학입문, 대왕사, 2008, 21면.

3. 보험과 법

(1) 보험경제제도의 의의

사유재산제도와 자기책임원칙을 기본으로 하는 현대경제사회에 있어서 각 경제주체는 원칙적으로 자기책임하에 자기의 경제생활을 유지 · 운영 · 발전시켜 나간다. 그러나 각 경제주체가 우연히 예측할 수 없는 사고, 예컨대 재화의 감손이나 배상책임의 부담 또는 사망 등과 같은 사고를 당한 경우에는 경제생활이 불안정해진다.

이와 같은 사고에 대하여서는 예방책, 진압책 및 선후책 등의 대비책이 있을 수 있다. 첫째의 예방책은 사고의 발생을 사전에 방지하는 것으로서, 그러기 위하여서는 사고의 원인을 규명하여 그 원인을 제거하여야 한다. 예방책은 사고의 발생에 대한 대비책으로서는 이상적이나, 현대의 과학이나 기술로써 그 사고원인을 규명·제거할 수 없는 경우에는 사고의 발생을 사전에 방지할 수 없으므로, 여기에 한계가 있다. 둘째의 진압책은 사고가 발생한 경우에 그 결과를 가급적 감소시키는 것으로서, 진압책에서는 예방책에서와 같은 한계가 있다. 셋째의 선후책은 사고로 인하여 생긴 결과에 대하여 경제적 측면에서 조치하는 것으로서, 저축과 공적 구제제도가 있다. 그러나 저축은 반드시 우연한 사고에 대비하기 위하여 하는 것이 아니고, 또 공적구제제도는 구제를 받기 위한 요건과 범위가 극히 한정되어 있어 원상회복을 위하여서는 불충분하다. 그리하여 소액을 지급하고, 사고가 발생한 경우에 원상회복에 필요한 금액을 지급받을 수 있는 제도로서 보험제도가 필요하다. 따라서 이러한 보험제도는 동일한 위험에 놓여 있는 다수인이 하나의 공동위험단체를 구성하여 일정한 기금을 마련하고, 그 우연한 사고로 말미암아 재난을 입은 사람에게 일정한 금액을 지급함으로써 경제생활의 불안을 제거 또는 경감시키려는 경제제도이다.

(2) 보험법

우리가 항상 이용하는 보험은 계약의 틀속에서 운용되고 있는데, 이는 보험법이라는 법체계에서 위치하고 있다. 이러한 보험법은 私保險에 관한 법규 전반을 가리킨다. 여기에는 보험계약관계를 규율하는 상법 제4편 및 민영보험사업에 대한 감독법규(보험업법 등 공법 법규)도 포함되며, 더 넓게는 의료보험, 산재보험 등 公保險에 관한 법규도 포함된다. 여기서는 상법 제4편을 중심으로 하는 보험에 관한 사법법규는「보험계약법」으로 부르기로 한다.

이러한 협의의 보험법(보험계약법)은 보험자와 가입자간의 사법적 법률관계를 규율함을 목적으로 한다. 즉 보험계약 당사자간에 권리·의무의 합리적 배분문제에 관심이 집중되어 있다. 이러한 보험계약법은 보험거래관계만을 규율하므로, 그 기본성격은 상행위법에 속한다.

제 2 장 보험법(保險法)의 체계와 그 특성(特性)

1. 보험법의 체계

(1) 보험법의 개념

1) 보험법의 의의

보험법이라 함은 넓은 의미로는 보험관계를 규율하는 법 전체를 가리킨다.[2]따라서 보험관계[3]라는 것도 음미해야 할 용어이며, 여기서 법은 일반적으로 공법과 사법[4]으로 구분되어지는데, 보험법은 보험공법(保險公法)과 보험사법(保險私法)으로 대별되어진다. 보험공법이라 함은 보험에 관하여 공법적(公法的) 법규의 총체로서 보험사업감독법, 사회보험법 등이 이에 속하고, 보험사법은 보험에 관한 사법적 법규(私法的 法規)의 총체로서 보험기업의 주체에 관한 법규와 보험계약법(保險契約法)이 포함된다.

한편 보험기업(保險企業)의 주체에 관한 법규는 보험업법(保險業法)에 규정되어 있고, 보험계약법은 좁은 의미의 보험법이라고 일컬어지며, 실정보험법(實定保險法)으로서의 상법(商法)의 대상이 되어지는 것이다. 이러한 보험법은 형식적으로는 기본적 상행위인보험에 관한 법으로서 상행위법에 속하는 것이다. 그러나 보험법은 그양이 방대하고 상세하여 상법은 이를 제4편에 따로 규정하고 있다. 다만 상호보험은 그 내용은 영리보험과 같고 비영리성으로 인하여 보험법에 준하여 처리하고 있으며, 실질적으로는 기업관계중에서도 보험기업에 관한 법이라 그리고 여러 특성을 가지고 있으므로 상법체계 중에서 특별한 지위를 차지하고 있다.

(2) 보험계약법의 의미

1) 실질적 의의

보험계약법이라 함은 실질적 의의에 있어서는 특히 영리(營利)[5]를 목적으로 경영하는 계약 당사자 사이의 법률관계(法律關係)를 규율하는 것이다.

2) 형식적 의의

형식적 의의에 있어서는 법전에 보험계약법으로서 규정되어져 있는 모든 법규를 말

2) 여기서 어떤 관계라는 것이 중요한 포인트가 된다. 예컨대, 법률관계, 사실관계, 인간관계, 나아가 호의관계 등이 열거된다.

3) 보험관계라는 것도 보험에 대한 정의가 우선적으로 생각해 볼 용어이다.

4) 법의 분류상 공법은 그 기본생활관계가 수직적이고 명령적인 관계임에 비추어 사법은 그 생활관계가 수평적이며 임의적이라는 점에서 구별되어진다.

5) 여기서 영리란 돈벌이를 의미하는 바, 이익을 위한 것은 영리성이 있다고 한다.

한다. 그러므로 우리나라 상법 전(商法典) 제4편의 법 규정은 바로 형식적 의의의 보험계약법이다.

3) 상법상의 지위(地位)

보험계약법은 상행위인 영리보험(營利保險)에 관한 법으로서 형식적으로는 상행위[6]에 속하는 것이지만 보험계약법의 특성 때문에 실질적으로는 단순한 상행위법의 일부가 아니라 특수한 지위를 차지하는 것임을 유의할 필요가 있다. 따라서 상법은 보험계약법의 규정을 영리를 목적으로 하지 않는 상호보험(相互保險)에 준용하도록 하고 있다(상법 제664조 참조).

2. 보험계약법의 특성(特性)

(1) 서

우리 상법상 보험계약은 영업적 상행위의 일종(상법 제46조 17호)이나 보험제도가 "사람이 공동체생활을 함에 있어서 공동의 위험에 놓여있는 다수의 경제주체가 대수의 법칙에 의한 공동준비금을 적립하여 우연한 사고에 대비하는 기술적인 경제제도" 라는 점에서 일반적 상행위와는 다른 특이성을 지니고 있다. 따라서 보험계약은 계약자유의 원칙이 적용되어질 여지가 없게 된다. 이에 보험계약은 법의절차를 받지 않은 자와는 보험계약을 체결할 수 없다(보험업법 제4조 참조). 이와 같은 보험계약의 성격 때문에 보험계약법은 다른 일반 사법에 비추어 특수한 성격을 지니게 된다. 그리하여 보험계약법의 세 가지 주요한 특성으로는 단체성, 사회성, 반면적 강행법규성 외에도 윤리성, 선의성, 기술성 등이 보충적으로 거론된다.

(2) 특성(特性)

1) 단체성(團體性)

보험계약은 하나의 계약으로서 보면 보험자와 보험계약자와의 사이에 이루어지는 개인법적인 채권계약이다. 그러나 보험은 동질적 위험에 놓여 있는 다수인이 공동으로 출재하여 적립한 공동준비재산에서 현실로 사고를 당한 자의 경제적 수요에 이바지하는 것으로서 보험가입자는 하나의 단체를 구성하게 된다. 이러한 위험단체의 구성은 다수인이 위험을 평균화함으로써 위험의 분산이라는 보험의 기술적인 요청에서 출현하는 것이며, 영리보험에서나 상호보험에 있어서나 그 법률적 의미가 다를 뿐 동일하다. 즉 보험은 위험단체를 전제로 하는 것이므로 보험계약법도 단체법적인 성격을 가

6) 상행위란 실질적으로는 상인의 영리활동행위이고, 형식적으로는 상법과 특별법에 상행위로 규정된 행위를 이른다. 이 상행위개념은 상인, 회사, 선박 등의 개념을 정하는 기초가 되는 동시에 상인개념과 함께 상법의 2대 기본개념이다. 이 개념에는 법률적 뿐만 아니라 준법률적. 사실행위 등 영업을 위하여 하는 것이 포함된다.

지지 않을 수 없으며, 이것을 개개의 보험계약에 어떻게 반영시킬 것인가는 보험계약법의 하나의 과제이다. 그리하여 개인을 우선할 것인가 아니면 단체를 우선할 것인가가 문제이다.

보험계약법이 보험계약상 보험계약자에게 예컨대, 고지의무(상법 제681조)를 지우고, 위험의 변경(變更).증가(增加)에(상법 제652조와 제653조) 관한 특별한 기회를부여한 이유도 이 점에 있다.

2) 사회성(社會性) · 공공성(公共性)

보험기업은 넓은 의미의 금융사업으로서 사회적.공공적 성질을 가진다. 즉, 보험계약은 다른 상행위와 같이 대립하는 계약당사자의 개인적 이해관계의 조정만을 목적으로 하는 것이 아니라 널리 일반대중의 이해와도 관계되는 것이다. 따라서 공동준비재산을 형성하는 각자의 출연은 저축의 경우와는 달리 그 환수가 자유로운 것이 아니고 우연한 사고에 의한 경제상의 수요충족을 어떻게 잘 보장할 것인가에 보험기업의 생명이 있으며, 그로써 사회적.공공적 색채의 기능은 매우 짙은 것이다. 그리하여 보험계약에 있어서는 보험업법을 비롯한 많은 감독법규의 제재를 받게 된다. 즉, 보험업법은 보험자의 자격을 제한하고, 또 보험을 이용하는 일반대중의 이익을 보호하기 위하여 보통보험약관에 대하여도 행정적인 감독을 요구하고 있으며, 상법은 해상보험.재보험 등 기업보험을 제외하고는 특약에 의하여도 보험계약자 등의 불이익으로 변경하지 못하도록 하고 있다(상법 제663조).

3) 상대적(相對的) 강행법규성(强行法規性)

보험계약에 관한 규정은 다른 계약법에서와 같이 대체로 임의법규로서 당사자는 특약으로서 이와 다르게 정할 수 있다. 그러나 보험제도가 갖는 특성과 보험계약관계에 있어서 보험계약이 갖고 있는 특성으로 인하여 자본주사회의 경제구조에서 요구되는 계약자유(契約自由)의 원칙이 제대로 적용되지 못하고, 일반대중의 이익보호를 위한 법적 배려가 절실히 요구된다. 이에 상법 제663조는 '보험계약자 등의 불이익변경금지의 원칙' 을 특약(特約)에 의하여도 상법의 규정에 반하여 보험계약자 등의 불이익으로는 변경하지 못하도록 함으로써 보험계약법을 상대적 강행법규화 하였다. 그러나 이 원칙은 가계보험에서 보험을 잘 모르는 보험계약자 등을 보호하기 위한 것이지, 기업보험(企業保險)에 속하는 해상보험이나 재보험 경우 까지 적용할 것은 아니다. 이들 경우에는 상법 제663조 단서는 '재보험 및 해상보험 기타 이와 유사한 보험의 경우에는 그러하지 아니하다' 라고 규정하여 어느 정도 사적자치(私的自治)를 인정하고 있다. 예컨대 해상보험의 경우에는 영문보험약관이 이용되기 때문에 불이익변경금지원칙을 일률적으로 적용규제 하는 것이 적당치 않다[7].

4) 기술성(技術性)[8]

---

7) 대판 1996. 12. 20, 96 다 23818 참고.

8) 양승규, 보험법, 삼영사, 2000.

보험제도는 법적 위험 공동체를 형성하여 대수의 법칙에 따라 보험료를 납부하고 보험사고가 발생한 때에 보험금을 지급함으로써 위험을 분산시키는 기술적 제도이다. 여기서 보험료와 보험금의 관계, 보험료의 운용 및 보험금의 지급 등은 기술적 요소를 근거로 하고 있으며, 보험계약은 일반적인 당사자의 의사나 형평의 관념으로는 이해하기 힘든 기술적 원리에 의하여 지배되고 있다. 또한 고지의무 · 통지의무에 관한 규정, 보험료불가분의 원칙 등이 이 같은 기술성을 적용하고 있는 것이다.

5) 윤리성, 선의성

보험제도의 발달의 초기에는 보험제도가 불법의 도박적 행위로 악용되어 보험계약의 윤리성 · 선의성이 요구되었다. 보험계약의 선의성은 1392년경 피렌체의 보험증권에 이미 정하여져 있었고, 또 1794년의 프로이센의 보통국법에도 정하여져 있었다. 그리고 1906년의 영국의 해상보험법 제17조는「해상보험계약은 최대선의의 계약이다. 따라서 당사자의 일방이 최대선의를 준수하지 않을 때에는 다른 당사자는 그 계약을 취소할 수 있다.」고 하여 해상보험계약의 선의성을 규정하고 있다. 그 후 각국의 학설과 판례에서도 대체로 보험계약법의 윤리성 · 선의성을 인정하였다.

다만 미국은 이러한 특성에 근거한 연방차원의 보험법이 없이 각 주별로 보험계약법과 보험감독에 관한 법을 포함한 보험법전을 갖고 있다. 상법상 피보험이익의 적법성의 원칙, 사기로 인한 초과보험의 무효(상법 제669조제4항), 고지의무위반의 주관적 요건(상법 제651조), 손해방지의무(상법 제680조), 고의로 인한 보험사고에 대한 보험자의 면책(상법 제659조) 등은 보험계약법의 윤리성·선의성에 기초하는 것이다.

제 3 장 손해보험과 인보험, 제3보험의 구별

1. 총설

(1) 의의

1) 보험제도

보험은 동일한 위험에 처해 있는 다수인이 하나의 위험공동체를 구성하여 일정한 기금을 갹출하고, 우연한 사고로 말미암아 재난을 당한 사람에게 일정한 금액을 지급함으로써 경제생활의 불안을 경감 또는 제거시키려는 경제제도이다.

2) 손해보험

손해보험은 보험자가 보험사고로 인하여 생긴 피보험자의 재산상의 손해를 보상할 것을 목적으로 하는 보험을 말한다(상법 第666조).

3) 인보험

인보험은 사람의 생명 또는 신체에 관하여 보험사고가 생긴 때에 보험계약이 정하는 바에 따라 보험금액 그 밖의 기타 급여를 지급할 것을 정하는 보험을 말한다(상법 제727조).

4) 제3보험

제3보험은 사람이 질병에 걸리거나 재해로 인해 상해를 당했을 때 또는 질병이나 상해가 원인이 되어 간병이 필요한 상태를 보장하는 보험이다(보험업법 제4조 제1항 3호). 한편 제3보험에 대하여는 우리 상법에서는 제737조에서 제739조까지 상해보험에 대하여만 규정하고 있으므로 불충분하다. 제3보험은 생전급부보장의 소비자의 필요성에 의하여 발생한 상품이다. 생명보험상품관리규정과 회사가 작성한 약관에 의하여 규정이 된다.

(2) 전통적인 분류상 문제점과 제3보험

우리 상법이 손해보험과 인보험으로 분류하여 규정하는 것이 타당성 여부가 문제시 되었는데, 법문상으로 손해보험은 보험사고의 발생으로 손해의 많고 적음에 따라서 그 급여액이 결정되는 부정액보험이고, 인보험은 주로 보험사고의 발생이 되면 그 손해의 유무를 따지지 않고 일정한 금액을 지급하는 정액보험으로 다루었으나, 손해보험에 있어서 보험급여가 부정액인 경우, 즉 손해보험의 성격도 포함하고 있다는 점에서 양 보험을 대립되는 개념으로 구별하는 것이 무리가 있게 된다. 그리하여 손해보험이나 인보험은 보험자의 지급액의 정액이나 부정액을 따지지 않고 피보험자 또는 보험수익자가 보험제도의 본질적 기능으로서의 우연한 사고로 인한 경제생활의 불안을 제거 또는 경감을 그 목적으로 하고 있는 점에서는 다를 바 없으나 양자는 성질상 차이를 보이고 있다. 이에 보험업법 제4조 제1항 3호에서 양자의 성질을 갖춘 상해보험, 질병보험, 간병보험 등의 보험종목을 제3보험으로 구분하고 있다.

(3) 손해보험과 인보험의 구체적인 차이점

1) 보험계약자

보험계약당사자가 보험자와 보험계약자이고 보험계약상 이익을 받는 자는 반드시 보험계약자에 한하지 않는 점은 공통적이나 손해보험에 있어서는 계약관계자인 피보험자가 피보험이익의 주체로서 손해의 보상을 받을 권리를 가지는 자이고, 인보험에서는 보험의 목적의 대상인 사람을 의미하고 보험계약상의 이익을 받는 사람을 보험수익자라고 칭하는 점에서 다르다.

2) 보험의 목적

보험계약에서는 사고의 대상이 되는 객체인 목적이 있어야 한다. 이런 목적은 손해보험에서는 손해를 입게 될 경제적인 이익이 있으면 그 대상이 유체물이든 무체물이든지를 따지지 않으나, 인보험분야에서는 보험의 목적은 필히 자연인이어야 하고 사망보험종목에서는 15세 미만자, 심신상실자, 심신박약자는 보험의 목적으로 할 수 없도록 하고 있다(상법 제732조). 다만 동조의 단서조항으로 심신박약자가 보험계약을 체결하거나 제735조의3에 따른 단체보험의 피보험자가 될 때에 의사능력이 있는 경우에는 그러하지 아니하다고 규정되어 있다. 한편 손해보험에서는 보험목적의 양도(상법 제679조)가 인정되는 특징이 있다.

3) 보험사고

보험사고라는 것은 그 발생이나 시기 그리고 방법 등이 말 그대로 불확정한 것이므로 손해보험에서는 손해사고의 발생가능성이 있으면 되므로 그 양태는 다종다양하나, 인보험에 있어서는 특정인의 사망과 생존의 문제와 상해, 장기적인 질병에 한정하며, 그 생사 및 상해원인은 따지지 않는다.

4) 피보험이익

손해보험은 손해보상을 주된 목적으로 하기 때문에 그 전제요건으로서 피보험이익개념이 필요로 하고 그에 의해서 물건보험에서는 피보험이익의 평가액인보험가액과 보험금액과의 관계에 따라 초과보험.중복보험.일부보험 등의 문제가 생길 수 있으나 인보험에 있어서는 그 전제적인 요건이 없으므로 초과보험 등의 문제가 발생하지 않는다. 단지 손해보험 중에서도 보험가액의 관념이 없는 책임보험분야에서는 초과·중복보험 등의 문제는 없게 된다.

5) 보험기간

인보험은 그 보험기간이 장기간이다. 예컨대, 생존보험이나 혼합보험의 경우가 그렇다. 반면에 손해보험에 있어서도 장기적인 계약을 체결하는 경우가 있으나 일반적으로는 단기적인 계약이 많다. 더욱이 화재보험과 같은 것은 보험료의 전부가 일시적 지급인데 비하여 보험료기간이 긴 인보험은 분할지급의 형태를 띤다.

6) 보험계약자의 권리와 의무

손해보험에 있어서나 인보험이든지간에 보험계약자의 권리의무는 일반적으로 비슷하나 특징적으로는 손해보험의 보험계약자는 초과보험의 경우에 보험료의 감액청구권(상법 제669조 제1항)을 갖게 되고, 보험사고발생시에 손해방지의무를 부담하는데(상법 제680조 제1항), 인보험계약의 보험계약자는 보험수익자의 지정.보험수익자의 변경권(상법 제733조)과 같은 일정한 경우에는 보험료적립금에 대한 반환청구권(상법 제736조)을 갖게 되는 것이다.

7) 기타

피보험이익의 관념과 손해보험에선 보험자대위가 인정되나, 인보험에선 상해보험(상법 제729조)에서 범위내에서 약정에 의하여 일부 인정된다.

제 4 장 보험계약의 개념과 법적 성질

1. 서설

(1) 보험계약의 본질

원래 보험은 인류가 생활하면서 부딪치는 경제적인 위험에 대한 불안을 제거 또는 경감을 목적으로 고안해놓은 기술적인 경제제도(經濟制度)이다. 따라서 보험은 처음 해상보험의 모험대차에서 비롯하여 손해보험은 물론 생명보험과 같은 정액보험이 발전함에 따라 보험계약의 법률적 의의에 대하여도 견해가 갈려서 이를 일률적으로 설명하기는 어려운 실정이다. 그리하여 '생명보험'에 대하여는 보험부인론이 등장하는가 하는 등 "모든 다른 종류의 보험에 적합한 개념정립은 색채가 없는 평범한 것"이라고 하여 보험계약의 특징을 나타낼 뿐 그 정의(定義)를 내리지 않는 개념정립무용론[9]도 있었으나 오늘날에는 일반적으로 보험계약에 대하여는 일단 추상적인 정의개념을 내리고, 그 법적 성질(性質)을 살펴봄으로써 다른 계약과 구별하고 있다.

(2) 보험계약에 관한 본질론(本質論)

1) 손해보상설(損害補償說)

보험계약은 보험사고의 발생으로 인한 피보험자의 손해의 보상을 목적으로 하는 계약이라는 설이다. 이것은 사 보험(私保險)의 발달초기에 손해보험만이 행하여지던 시대에 지배적인 학설이었으나, 오늘날 생명보험의 출현으로 인하여 이를 설명할 수 없게 되었다.

2) 경제수요충족설(經濟需要充足說)

보험계약은 일정한 사고에 의하여 생기는 경제수요를 충족시킬 것을 목적으로 하는 계약이라는 학설[10]이다. 이것은 불확정한 사고의 발생에 기한 경제상의 목적에 중점을 둔 거이다.

3) 기술설(技術說)

보험계약은 보험자가 우연한 사고의 발생에 따라 산출된 보험료에 대하여 그 사고의 발생시에 일정한 금액을 지급할 것을 약정하는 계약이라는 학설[11]이다. 이것은 보험의

9) K. Lehmann : Müller-Erzbach.
10) Gobbi : Manes.
11) Vivante.

기술적인 특징에 착안하여 강조한 견해이다. 이 견해는 보험제도의 의의(意義)의 설명은 되지만 법률상의 정의개념으로는 불충분하다는 비판도 있다.

4) 이원설(二元說)

보험계약은 보험자가 보험사고가 생길 경우에 그 사고로 인하여 발생한 손해를 보상하거나 또는 약정한 금액을 지급할 것을 약정하는 유상의 독립계약이라는 학설[12]이다. 이 견해는 손해보험과 생명보험을 통일적인 개념을 정립하기가 어렵다는 점에서 착안한 학설이다. 그러나 선택적인 정의는 불완전하다는 단점이 있다.

5) 금액급여설(금액(金額給與說)

보험계약은 보험자가 대가(對價)를 받고 계약에 정한 사고의 발생을 조건(條件)으로 일정한 금액을 지급할 것을 약속하는 계약이라는 학설[13]이다. 이것은 보험계약에서 필요하다고 객관적으로 인정된 법률효과(法律效果)를 드는 것으로 충분하다는 입장으로 비교적 무난하다고 할 수 있는데, 오늘날 보험금을 현물로 급여하는 사례도 있어서 재산급여설((財産給與說)[14]이 주장되기도 한다.

(3) 우리 상법의 입장

우리 상법 제638조에서는 "보험계약은 당사자 일방이 보험료를 지급하고 재산 또는 생명이나 신체에 불확정한 사고가 발생할 경우에 상대방이 일정한 보험금이나 그 밖의 급여를 지급할 것을 약정함으로써 효력이 생긴다" 라고 규정함으로써, 손해보험과 인보험에 대하여 한 조문에 통일적인 규정을 두고 있으나[15], 이것으로 만족할 수 있는 규정은 아니다. 따라서 그 정의규정을 두려고 하는 한에 있어서 불가피한 조치라 할 수밖에 없는 것이다.

2. 보험계약의 법적 성질

(1) 불요식(不要式) · 낙성계약성(諾成契約性)[16]

보험계약은 당사자 쌍방의 의사표시(意思表示)의 합치만으로 성립하고 다른 급여를 요하는 것이 아니므로 불요식 · 낙성계약이다. 그러나 실제 거래계에서는 보험계약의 체결시에 정형화(定型化)된 보험계약청약서를 이용하고, 그 계약의 성립과 더불어 보험증권(保險證券)을 교부(交付)하는 것이 보통이기 때문에 이것은 법률상의 요건이 아

12) Ehrenberg.
13) Endemann: 최기원, 전게서(하), 598면.
14) Julius v. Gierke.
15) 독일 보험계약법은 이원론적 입장을 취하고 있으나 프랑스 보험계약법은 정의규정을 두고 있지 않다.
16) 대판 1988. 2. 9, 86 다카 2933; 동지(同旨) 2003. 4. 25, 2002 다 64520.

니다. 또 상법 제656조에서 보험자의 책임개시(責任開始)의 시기(始期)를 특별한 약정이 없는 한 최초의 보험료의 지급을 받은 때[17]로 하고 있다는 점에서, 이것은 보험계약성립의 효력발생시기(效力發生時期)와는 다른 것이다.

(2) 유상(有償) · 쌍무계약성(雙務契約性)

보험계약자가 보험료를 지급하고 보험자는 보험사고가 생길 경우에 일정한 급여를 할 것을 약속한다는 점에서 유상계약(有償契約)이고, 보험자의 급여의무와 보험계약자의 그것이 대가관계(對價關係)에 있다는 점에서 쌍무계약(雙務契約)이다. 다만 보험자의 급여의무는 보험사고에 의하여 구체화되는 것이므로 보험사고가 발생하지 아니하고 보험기간이 지난 경우에는 보험자의 보험금 지급 없이 계약이 끝나게 된다. 이런 경우에는 보험자가 지게 되는 그 책임이 과연 무엇이냐에 대하여 여러 견해가 대립되는데, 위험부담설(危險負擔說)[18], 보험금의 지급이라는 금액급여설(金額給與說)[19] 등이 있게 된다. 그러나 이것은 개별적인보험계약이 동일한 위험에 처해 있는 보험단체를 전제로 한 위험단체와 관련을 맺고 있다는 보험계약의 단체적 구조에서 그 해답을 찾아야 한다는 점에서 보험자가 지는 책임은 보험금지급이라는 금액급여설이 타당하다고 본다. 그리고 또한 보험계약은 그 계약의 성립과 더불어 효력이 발생하므로 조건부계약이 아니다.[20]

(3) 개별성(個別性)과 단체성(團體性)

보험계약은 보험자와 보험계약자 사이에 개별적으로 이루어지고, 그에 따라서 보험계약자는 전혀 개별적으로 보험자에 대하여 권리의무를 가질 뿐이다. 상호보험의 경우가 아닌 단지 영리보험계약관계에서는 보험계약자 사이의 상호간에 직접적인 연결관계는 존재하지 않게 된다. 그러나 보험제도가 위험단체(危險團體)의 관념에 기초를 두고 있고, 그에 의해서 보험자는 보험기술상 다수의 보험계약자를 대상으로 위험 단체 내에서 대수의 법칙 등에 의한 사고발생개연율에 의하여 보험료총액과 그 부담비율을 확정하여 이를 합리적으로 균형있게 각 보험계약자에게 분담시킴으로써 급여와 반대급여의 균형을 유지하도록 운영한다는 것이다. 그리하여 개별적인보험계약에서는 보험료와 보험금의 등가성(等價性)의 원리가 적용되지 아니하고, 보험단체의 전체적 구조관점에서 본다면, 보험료와 보험금의 등가성의 원칙이 유지되고 급여와 반대급여의 균형이 이루어짐으로써 보험계약의 유상(有償)·쌍무(雙務)계약성이 제대로 나타난다고 할 수 있다. 이러한 점에서 보험계약은 언제나 다수의 보험계약자로 구성되는 보험단체를 전제로 보험계약관계가 성립되어 보험사고가 발생한 때에 지급되는 보험금은 위험단체의 구성원들에 의해서 지급된 보험료로 형성되는 것이다. 그리하여 이러한 보험계약

17) 참고조문 상법 제656조.
18) Bruck-Möller, *Kommentar zum VVG., Bd. 1.*, 1961, S. 110.
19) 독일의 통설
20) 참고 민법 제147조 ①정지조건이 있는 법률행위는 조건이 성치한 때로부터 그 효력이 생긴다. ② 해제조건이 있는 법률행위는 조건이 성취한 때로부터 그 효력을 잃는다. ③ 당사자가 조건성취의 효력을 그 성취전에 소급하게 할 의사를 표시한 때에는 그 의사에 의한다.

관계는 그 개별성과 단체성이라는 상관관계가 이루어지는 것이고, 개별적인보험계약도 언제나 그 단체성을 전제로 하지 않으면 안된다.21)

(4) 상행위성(商行爲性)

우리 상법은 영업적(營業的) 상행위(商行爲)22)로 규정하고 있으며, 이런 점에서 보험자가 보험계약을 체결하는 것을 영업(營業)으로 하는 것을 의미한다. 보험의 인수는 영업으로 해야 한다. 영업적으로 체결하는 보험계약은 기본적 상행위가 된다. 그러나 보험계약은 다수의 보험계약자를 대상으로 하여 단체성·사회성·공공성을 띄어 일반상행위와는 그 성질을 달리하여 심지어는 상행위성을 부인하는 입장이 있음을 유의할 필요가 있어서, 한편 상호보험회사가 체결하는 보험계약은 영업적 상행위가 아니나 상법의 규정은 그 성질이 상반되지 않는 한 상호보험에 준용하도록 하고 있다.23)

(5) 사행계약성(射倖契約性)

사행계약이란 '당사자의 계약상의 출연이 불확정한 급여의무의 인수를 그 내용으로 하는 것으로서, 그 급부의무를 구체화하는 조건인 사실의 발생여부나 시기 등에 의하여 양당사자가 이행해야 할 구체적인 급부 상호간의 균형관계가 좌우되는 구조의 계약' 이므로 보험계약은 사행계약의 성격이 있다. 여기에서 보험사고의 불확정성은 반드시 객관적(客觀的)이어야 하는 것은 아니고, 당사자의 주관(主觀)에서 불확정하면 되는 것이다.24)또 보험계약은 '우연한 사고에 의한 재산관계의 변동' 을 가져오는 사행계약이라는 점에서 도박(賭博)과 비슷하나 후자에 있어서는 도박자가 선택한 결과로 금전적인 이익을 가지는 점에서는 양자간에 차이가 있고, 특히 보험은 '대수의 법칙(大數의 法則)' 에 의하여 사고발생의 개연성을 측정하여 우연을 필연화하는 점에서 도박 등과는 구별되어지며, 따라서 양자는 경제적으로나 법적으로 다른 평가를 한다. 보험사고의 불확정성은 사고의 발생여부, 발생시기, 발생형태 중 어느 하나가 불확정하면 되고, 주관적으로 불확정한 것인 한 객관적으로 확정되어 있어도 보험계약의 성립에는 지장이 없다. 한편 우리 민법에서는 제725조에서 제730조까지 사행계약의 일종인 종신정기금에 관한 약간의 규정을 두고 있으나 그 이용도는 낮은 편이다.25)

(6) 선의계약성

보험계약이 선의 또는 최대선의(utmost good faith)에 기초를 둔 계약이라는 말은 보험계약의 사행계약성에서 도박화를 방지하기 위한대서부터 시작한다고 했다. 이러한 선의(善意) 또는 신의성실(信義誠實)의 원칙26)은 보험계약뿐 아니라 모든 계약에 공통

---

21) 대판 1966. 10. 21, 66다1458; 이 판지는 '보험계약관계는 위험충족의 관계에 있어서는 서로 관련성을 가진다는 전제에서 그 법률적 성격을 관찰하여야 할 것이다.' 라고 판시하였다.
22) 우리 상법 제46조 제17호에서는 영업적 상행위로는 매매 등 21가지의 행위가 열거되고 있다.
23) 우리 상법 제664조 참조.
24) 우리 상법 제644조 참조.
25) 김성태, 「보험법강론」, 법문사, 2002, 110면.
26) 우리 민법 제2조 ① 권리의 행사와 의무의 이행은 신의에 좇아 성실히 하여야 한다.② 권리는 남용

적으로 요구되는 것이라 할 수 있으며, 보험계약이 우연한 사고의 발생과 관련하여 도덕적(道德的) 위험이 존재하기 때문에 선의성(善意性)의 원리가 강조되고 있다[27]. 최근에 개정된 영국 보험계약법에서는 최대선의성에서 최대라는 용어는 삭제하고 단순히 모든 계약에서 필요로 하는 선의성만을 강조하고 있다.[28]

(7) 계속계약성(繼續契約性)

보험계약은 보험자가 일정한 기간동안에 발생한 사고에 대하여 급여책임을 지는 것이므로 그 기간동안 계속하는 관계에 놓여 있는 것이다. 그러므로 보험계약에 있어서는 보험자가 책임을 져야 할 기간에 대해서 합의가 있어야 한다. 따라서 보험료를 보험기간 전체에 걸쳐 분할납입하는 경우는 물론 보험료납입기간을 보험기간보다 단축하여 이미 보험료를 납입완료한 경우에도 보험계약자는 보험기간중 통지의무 등 보험계약상 의무를 모두 진다. 나아가 보험계약자의 해지는 할 수 있어도[29] 해제를 인정하지 않는다.

(8) 독립계약성(獨立契約性)

보험계약이 로마법에서부터 유래하는 계약유형[30]의 어느 것에도 속하지 않는 것은 물론이거니와 여기서 독립계약이라는 의미는 보험계약 자체가 독립하여 존재하는 것을 이른다. 그러므로 예컨대, 건축이나 토목 등 도급계약의 부대약관에 의하여 위험을 인수하는 것은 보험계약이 아닌 것이다. 그러므로 보험계약의 독립성은 법률상 그러하다는 것이고, 경제적으로는 다른 계약과 결합 또는 부수하여 성립할 수 있다.

(9) 채권계약성

보험계약의 당사자인보험자와 보험계약자는 급여의무를 부담하므로 보험계약은 채권계약이다. 그러나 보험자대위, 질권.저당권 등이 설정된 보험의 목적의 멸실 등에 있어 보험금청구권에 대한 물상대위권 등의 제도들을 볼 때, 이는 순수한 채권계약이라고 볼 수는 없으나 특수한 채권계약이라고 할 수 있다.[31] 특히 보험료채권은 보험계약의 성립과 동시에 발생하고 그 종료와 더불어 소멸하는 기본적 보험료채권과 이를 전제로 납입기일마다 개별적으로 발생하는 지분적 보험료채권으로 구분할 수 있는데, 후자는 1년의 시효로 소멸한다.[32]따라서 상법은 보험료를 납부치 않으면 보험자의 책임 불

하지 못한다. 참조.

27) 대판 2000. 2. 11, 99 다 49064; 대판 2005. 7. 28. 2005 다 23858 참조.

28) 장덕조, 영국 보험계약법의 개정동향, 한국보험학회지 , 한국보험학회,

29) 상법 제649조 이하 참조.

30) 우리 민법은 채권편 제2장 2절 내지 15절에서는 '증여, 매매, 교환, 소비대차, 사용대차, 임대차, 고용, 현상광고, 위임, 임치, 조합, 종신정기금, 화해'의 14종류의 전형계약에 관하여 규정하고 있다. 물론 보증계약, 경개계약도 전형적인 계약이지만 민법은 이를 채권편 제1장 총칙에서 따로 규정하고 있다. 이와 달리 비전형계약이 존재할 수 있게 된다. 그러나 전형계약에 관한 채권법규정은 대부분 임의규정으로서 기능하기 때문에 채권법의 규정을 우선적으로 적용하려고 하여서는 안된다.

31) 이기수, 「보험법 · 해상법」, 박영사, 1993, 50면.

발생(상법 제656조), 계약해지(상법 제650조 제1, 2항) 등을 취할 수 있을 뿐만 아니라 미납입 된 보험료를 지급할 보험금에서 공제할 수 있도록 하였다(상법 제677조).

(10) 부합계약성(附合契約性)

보험계약은 그 성질상 위험단체를 전제로 다수의 보험가입자를 대상으로 하여 대량적으로 체결되어지는 다수계약에 해당하므로 필연적으로 보통보험약관에 의하여 이루어지는 부합계약으로 된다. 이러한 보험계약은 보험계약자의 이익을 보호하기 위하여 법적 배려가 특별히 요구되어지는데, 우리 상법은 재보험이나 해상보험을 제외하고는 보험계약자 등의 불이익변경금지의 원칙[33]과 보험자의 보험약관의 교부 .명시의무[34]를 규정하여 이를 뒷받침하고 있다. 보통보험약관은 보험자가 일방적으로 작성하여 금융위의 인가를 받도록 하고 있다. 우리는 이를 보통보험약관(普通保險約款)이라 명명하고 있으며, 이에 대하여는 다음 항목에서 자세히 살펴본다.

---

32) 김성태, 전게서, 126면.
33) 우리 상법 제663조 참조.
34) 우리 상법 제638조의 2 참조.

제 5 장 보험계약의 요소

1. 개관

우리가 보험에 가입하였다고 하는 것은 보험계약자가 보험자의 상품에 가입하게 되어 소정의 보험료를 납입하고 보험사고가 발생하면 보험금이 지급되는 것이 일반적인 과정이다. 이러한 일련의 과정들은 중요한 다섯 가지 요소들이 추출할 수 있게 된다.

2. 구체적 내용

(1) 보험계약관계자

1) 보험자(보험회사 내지 보험업자)

보험단체 운영자(insurer)는 일정한 대가를 받고 보험사고가 발생한 경우에 보험금의 지급 기타의 급여를 지급할 의무를 부담하는 자이다. 보험제도가 갖는 공공성으로 인하여 보험금지급능력을 확보한다는 차원에서 보험업법에서는 이러한 보험자의 자격을 제한하고, 일정한 자본금이나 기금을 갖춘 주식회사 또는 상호보험회사형태에만 금융위원회가 허가를 하여준 자(者)만이 보험사업을 영위할 수 있도록 하고 있다(보험업법 제4조). 아울러 단일 종목만을 소자본으로 영위할 수 있도록 하였다.

2) 보험계약자(보험가입자 내지 보험소비자)

보험계약자(insured)는 보험자의 계약 상대방으로서 자기명의로 보험계약을 체결하는 자이다. 그 자격에는 제한이 없다. 여기서 주의할 점은 비록 보험의 이익을 받기로 예정된 자가 따로 있는 때에도 보험증권교부청구권, 보험료감액·반환청구권, 계약해지권 등 보험금청구권 이외의 권리와 기본적인 의무인보험료 납입의무는 여전히 보험계약자에게 남아 있다는 점이다. 보험자의 상대방인 계약당사자는 바로 보험계약자인 까닭이다. 다만 타인을 위한 보험계약에 있어서 계약자의 해지권을 제한하고 있는 점에 주의를 요한다. 보험계약은 대리에 친한 행위이므로, 보험자나 보험계약자 쌍방 모두 대리인에 의해 계약을 체결하는 것도 가능하다. 이 때 대리인이 안 사유는 그 본인이 안 것과 동일한 것으로 다루어진다.

3) 보험자의 보조자

보험자는 상인이므로 영업을 위하여 다수의 상업사용인을 둔다. 이들에 행위에 관한 보험자의 책임은 상법 및 민법 등에 따르게 될 것이다. 따라서 그들의 직무상 행위는 보험자의 행위가 된다[35]. 이에 최근 개정 상법에서는 제646조의 2를 신설하여 보험대리상 및 보험설계사가 보험계약과 관련하여 행할 수 있는 행위를 규정하고 그러한 권한의 범위내에서 해당하는 행위는 보험회사에게도 그 효력이 미치게 하였다(상법 제646조의 2). 여기서 보험대리상이란 보험자를 위하여 계속적으로 보험계약체결을 대리하거나 중개하는 독립된 상인을 의미한다. 이러한 보험대리상은 내부적으로 보험계약체결에 관한 대리권이 부여되었는지 여부에 따라서 체약대리상과 중개대리상으로 구분할 수 있다. 이에 개정 상법에성는 보험대리상에게 보험료수령권, 보험증권교부권, 보험계약관련 의사표시권, 의사표시 수령권을 부여하여 체약대리상을 원칙으로 하여 보험자와 보험대리상의 약정에 의하여 보험대리상의 권한을 제한하는 중개대리상도 가능하고록 입법하였다. 이러한 개정 상법상 보험대리상의 권한에 대한 새로운 규정은 기존 보험회사의 보험대리점에게 기부여한 권한범위에 부합하지 않을 수 있지만 이에 대한 슬기로운 대처가 향후 필요할 것이다. 다만 보험회사의 '영업소'는 회사의 기본적 업무를 독립하여 처리할 수 없고, 본점·지점에 지휘 감독하에 기계적으로 제한된 보조적 사무만을 처리하는 것이므로 이는 상법상의 본점·지점에 준하는 영업소가 아니고 그 영업소장은 상법상의 표현지배인이 아님에 유의할 필요가 있다.

① 보험설계사

최근 개정 상법에서는 보험설계사의 권한을 명확히 규정하였다. 보험설계사는 체약대리권이나 고지수령권은 인정되지 않고, 보험증권교부권이 및 보험료수령권[36]이 인정하고 있다. 이러한 보험설계사는 보험영업의 일선에서 보험자를 위하여 보험소비자에게 보험상품을 소개하고 가입을 권유하며, 보험수요를 모집하는 자이다(상법 제646조의 2 제3항). 보험업법상으로는 제2조 8호에 의해 보험업자를 위하여 보험계약의 체결을 중개하는 자로서 제81조의 규정에 의하여 등록된 자이다. 실무적으로는 생활설계사 등 다양한 명칭으로 불리우며, 고지수령권, 계약체결권 등 대리권이 인정되지 아니하나 현실적으로 판례에서는 제1회 보험료 수령권은 있다고 본다.[37]반면에 설계사는 상법상 상업사용인은 아니므로 특별한 지위에 있게 된다[38].

② 보험대리점

보험상품을 판매하기 위하여 보험자는 독립적인 기업보조자로서 보험체약대리점과 보험중개대리점을 이용하는 경우가 많다. 보험대리점은 일정한 보험자를 위하여 계속적으로 보험계약의 체결을 대리하거나 중개함을 영업으로 하는 독립된 상인이다.

손해보험에 있어서는 보통 보험기간이 짧고 신속하게 계약을 체결할 필요가 있어서 보험대리점은 체약대리상으로서의 지위가 인정되지만 생명보험 등 인보험에 있어서는 보험기간이 길고 승낙여부에 대한 보험기술적인 최종판단을 보험자가 신중하게 하여야할 필요가 있음으로 대리상의 계약체결권을 인정하지 않음이 보통이다.

한편 체약대리상의 권한으로는 계약체결권을 부여받은 자이므로 보험자명의로 계약을 체결하면 그 효력이 보험자에게 귀속한다. 따라서 체결권을 갖는 지위에 의해 고지수령권, 보험료수령 및 유예권, 계약의 변경·해지권 등이 인정된다. 또한 계약체결에

35) 이들에 대하여는 상법에 아무런 규정이 없으므로 실무적으로 많은 문제가 발생하고 있다.
36) 보험자가 작성한 영수증을 보험계약자에게 교부하는 경우에 한하여만 보험료수령권을 인정한다.
37) 대판 1989. 11.28, 88 다카 33367.
38) 정호열, '고지의무위반의 효과', 법조 제33권 11· 12호, 60면.

관한 의사표시가 의사흠결・사기・강박 또는 어느 사정의 알고 모름에 의하여 영향을 받는 경우, 그 사실유무는 보험대리점을 표준으로 하여 결정된다.

③ 보험중개사

보험중개사는 보험계약의 성립을 매개하는 자이다. 그러나 계약체결에 관한 대리권은 갖지 않는다. 영국 등 주요국의 보험거래에 있어서 중개인은 보험자에 대한 요율제시등 극히 중요한 역할을 담당하며, 보험거래에 있어서 결정적인 매개기능을 수행하고 있다. 지금까지는 이 제도가 활성화되지 못하였으나 최근 제도시행으로 기대가 되는 바이다.

④ 보험의

생명보험에 있어서 보험자와 고용 또는 촉탁관계를 맺고, 피보험자의 신체.건강상태를 검사.진단하여 위험의 인수여부를 결정하도록 의학적 소견을 제공하는 의사이다. 보험자는 그의 소견을 기초로 승낙여부를 결정한다. 따라서 보험의는 그 성격상 상업사용인이 아니므로 계약체결권, 보험료수령권 등은 인정되지 않는다. 다만 그 업무의 성질상 고지수령권은 인정된다. 그러므로 고지의무에 관한 한, 보험의의 고의.중과실은 보험자의 고의.중과실과 동일시된다. 즉 보험의의 부지(不知)로는 당해계약을 해지할 수 없다고 본다(상법 제651조 단서).

4) 피보험자

보험급여를 받기로 예정된 사람을 가리켜 손해보험에서는 '피보험자', 생명보험에서는 '보험수익자'라고 부른다. 보험수익자는 보험사고 발생 시 보험자에게 보험금의 지급을 청구할 수 있다. 다만, 양 보험에 있어서 용어가 다름에 주의를 요한다.

① 손해보험의 용례(用例)

손해보험에서 보험사고가 발생한 때에 보험금의 지급을 받을 자를 가리킨다. 따라서 그는 반드시 보험의 목적에 관하여 법이 보호하는 일정한 이해관계 즉 피보험이익을 가져야 한다.

② 인보험 용례(用例)

생명보험에 있어서 보험계약에 의하여 보험금을 지급받을 자로 지정된 자를 말한다. 보험수익자를 지정・변경할 권한은 보험계약자에게 있다.

5) 보험수익자

보험급여를 받기로 예정된 사람을 손해보험에서는 피보험자, 인보험 분야에서는 보험수익자라고 칭한다. 여기서 보험수익자는 보험사고 발생시에 보험자에게 보험금의 지급을 청구할 수 있다. 다만 다음처럼 양보험 분야 에서는 용어가 차이가 있다.

① 손해보험에서는 피보험자라 칭하는데, 보험사고발생시에 보험금의 지급을 받을 자이며, 피보험자는 반드시 보험의 목적에 관하여 피보험이익을 가져야 한다.

② 인보험에 있어서 계약체결에 의하여 보험금을 지급받을 자로 지정된 자를 이르며, 이 보험수익자를 지정.변경할 권한은 보험계약자가 갖는다.

③ 타인을 위한 보험의 경우에는 보험의 이익을 향유할 자는 보험계약자가 일반적이지만 양자가 다를 수도 있다. 또한 손해보험성격의 보증보험이나 사망사고를 보험사

고로 하는 생보분야에서는 그 성격상 양자의 법적 지위는 언제나 다르다.
여기서 양자가 다르다는 것은 타인을 위한 보험계약에서는 보험의 이익을 받을 자는 보험계약의 당사자가 아니므로 보험금청구권 이외에는 보험자에 대하여 아무런 청구권을 갖지 못한다. 그리하여 계약의 해지나 경신권도 인정될 수 없다. 아울러 타인을 위한 보험계약에 있어서 계약자의 해지권이 제한된다(상법 제649조 제1항).
다만 그 타인은 보험계약자에 갈음하여 2차적인보험료납입의무를 부담(상법 제639조 제3항)하며, 나아가 고지의무·위험유지의무 등을 부담하는 수가 있다.[39]

(2) 보험사고(위험)

보험사고의 기초인 위험은 그 보험대상이 되므로, 위험없이는 보험도 없다(Ohne Gefahr, keine Versicherung)라는 금언이 존재한다. 따라서 위험이 구체화하여 일어난 사고가 보험사고가 되는 것이다. 여기서 보험자가 인수할 위험범위는 통상적으로 보험약관에 의하여 결정된다. 그리하여 보험자가 처음부터 예정하고 있지 아니한 위험을 부담보위험(exclusions)이라 하며, 이를 보험자의 면책사유와 구별한다.

1) 의의
보험사고란 보험자의 보상책임을 구체화시키는 우연한 사고를 이른다. 따라서 보험사고는 명확하여야 하고, 계약에서 특정된다.

2) 요건
일단 보험사고는 우연한 사고이어야 하며, 그 발생가능성이 있어야 한다. 다만 사고가 우연적이기 때문에 언제 사고가 발생할 것인지 그 여부를 알 수 없어야 한다. 그리고 그 판단시기는 보험계약체결시를 기준으로 판단한다. 나아가 이 사고의 불확정성은 계약상 반드시 객관적일 필요는 없다. 나아가 보험계약의 선의성에서 본다면 주관적으로 확정되어 있으면 원칙적으로 그 보험계약은 무효이다(상법 제644조). 그리고 발생이 불가능한 경우거나 이미 발생한 경우에는 보험사고로 인정되지 아니하여서 보험계약은 무효이다. 그리고 보험사고에서는 실제 발생한 손해의 보상으로 인하여 사고와 손해사이에 상당한 인과관계가 있어야 한다.[40]

(i) 우연성
보험사고는 우연한 것이어야 한다. 우연이라 함은 계약 성립시에 그 발생여부, 시기 및 그 정도가 불확정하다는 것을 의미하며 고의와는 반대대는 개념이다. 그러나 그 불확정성은 객관적일 필요는 없고, 주관적으로 계약관계자에게 불확정하면 충분하다.
만약 어떤 사람이 자기의 집에 화재가 난 사실을 알고 보험회사에 급히 전화를 하여 화재보험계약을 청약하여 왔다고 하자. 이때 보험회사에서 그 청약을 거절하는 이유는 위험이 너무 커서가 아니라 오히려 위험이 전혀 존재하지 않기 때문이다. 도대체 손실에 대한 불확실성이 존재하지 않기 때문이다. 만약 위의 사례에서 보험계약이 체결되었다면 이는 보험계약자측의 적극적인 고지의무위반이 문제될 것이고 사기계약이 되

39) 김성태, 보험법강론, 법문사, 123면.
40) 김성태, 전게서, 133면.

어 보험보호를 받을 수 없는 것이다.

더욱이 우리 상법은 계약 당시에 계약당사자의 일방 또는 피보험자가 보험사고의 발생사실을 알고 있었거나, 또는 발생할 수 없는 것인 때에는 그 계약은 무효로 한다고 규정하고 있다(상법 제644조). 이 두 가지의 경우는 모두 위험이 존재하지 않기 때문에 보험이란 생각 할 수 없는 것이다. 그러나 당사자 쌍방과 피보험자가 모두 주관적으로 이를 알지 못한 때에는 유효하다(상법 제644조). 이 때에는 비록 세상사람 모두가 보험사고의 발생사실을 알고 있다고 하여도 당사자에게는 여전히 손실에 대한 불확실성이 존재한다. 따라서 보험보호의 필요성이 있으며, 보험제도가 도박의 수단이나 또는 도덕적 위험 등으로 악용될 염려가 없다. 오히려 소급보험의 경우에서와 같이 그 경제적 필요성이 있다고 할 것이다(상법 제643조)

(ii) 한정성

보험사고는 계약체결당시에 일정한 기준에 의하여 그 범위가 한정될 수 있어야 한다. 보험사고를 한정하는 것은 보험자의 책임범위를 명확히 하고자 하는 것인 만큼 그 범위 외의 사고는 보험의 대상이 되지 않는다.

이러한 보험사고는 각각의 약관에 대체로 2가지 형식으로 나타나는데, 화재보험에서와 같이 "우리 회사는 화재, 낙뢰로 인한 손해를 보상합니다."라고 하는 것과 같이 담보위험을 하나 하나 열거하는 형식의 열거책임주의와 운송보험에서와 같이 그저 "운송중의 손해를 보상한다." 고 하여 위험을 포괄적으로 담보하는 형식의 포괄책임주의가 있다.

(iii) 대상의 필요성

보험사고가 발생하는 데에는 대상이 있어야 하는데, 그 대상은 바로 보험의 목적이다. 따라서 물건보험에 있어서는 일정한 물건 즉 화재보험의 경우 가옥이나 건물을 말하며, 인보험에 있어서는 자연인을 말한다.

(3) 보험료와 보험금액

1) 보험료의 의의

보험료란 보험계약의 성질에서 근거하여 보험자의 보험급여에 대한 대가로 보험계약자가 지급하는 금전이다. 즉, 보험자가 인수하는 위험에 대한 대가(對價)로서 보험상품의 가격으로 볼 수 있다.

보험계약은 양당사자의 채권계약에 한하지만 보험제도가 갖고 있는 단체 구조적 측면에서 본다면 다수의 가입자에 대한 위험을 종합·평균화하는 기술적인 방법을 통하여 위험의 분산을 꾀하는 제도이다.

2) 보험료의 특성

보험계약도 채권관계이므로 보험료채권은 보험계약의 성립과 동시에 발생하고, 그 종기에 소멸한다. 따라서 보험자는 채무불이행의 일반원칙에 따라 보험료청구권을 행사할 수 있다. 상법은 보험료를 지급하지 않으면 보험자의 책임불발생(상법 제656조), 계약해지(상법 제650조 제1, 제2항)를 할 수 있으며, 미납된 보험료를 지급예정인보험금에서 공제할 수 있도록 하고 있다(상법 제677조).

3) 보험료 반환청구

보험계약의 전부 또는 일부가 무효인 경우에 보험계약자 또는 피보험자 또는 보험수익자가 선의이며 중대한 과실이 없는 때에는 보험자에 대하여 보험료의 전부 또는 일부의 반환을 청구할 수 있다(상법 제648조).

4) 보험료의 분류

① 순보험료와 부가보험료

보험료는 통상 인수할 위험의 발생확률, 보험금액, 자기부담액 등 여러 가지 변수에 의하여 결정된다. 그 중에서도 당해 계약에서의 위험률에 따라 정해지는 위험부담률에 해당하는 보험료를 순보험료라 이른다. 여기서 위험률측정은 일정한 기간을 단위로 하여 이 단위기간에 있어서의 평균적 사고발생률을 기초로 하여 정해진다. 그리고 모집비용, 계약관리비용 등 기타 보험단체의 운영경비에 충당하는 보험료를 부가보험료(附加保險料)라 이른다. 결국 일반적인보험료는 순보험료에 부가보험료를 합친 것이 통상의 보험료가 된다.

② 일시납보험료와 분납보험료

일시납보험료는 1회에 완납하는 보험료를 가리키며, 분납보험료는 수차례에 걸쳐 정기적으로 나누어 내기로 약정하는 보험료이다. 손해보험에 있어서는 분납의 비율을 달리하기도 한다(예: 4회 분납시 전체 보험료의 35・30・25・10%를 납입). 생명보험의 경우에 유의할 점은 위험률 즉 피보험자의 사망률이 시간이 지남에 따라 높아지므로, 그 보험료도 피보험자의 연령이 증가함에 따라 매년 증가하게 된다(이른바 자연보험료). 그러나 보험실무상으로는 가입자의 편의를 위해 보통 전 보험기간을 통하여 동일한 보험료를 납입하도록 하고 있는데, 이를 「평준」 보험료방식이라 한다[41].

보험료를 분납키로 약정하는 경우, 이는 아래와 같은 최초보험료와 계속보험료로 나뉜다.

③ 최초보험료와 계속보험료

최초보험료는 그 지급이 없으면 보험자의 책임이 개시되지 아니하는 보험료를 이르며, 이 보험료지급여부는 보험계약자의 보험가입의사를 가늠하는 기준으로 활용될 수 있으므로 상법에서는 보험자의 책임개시시기를 원칙적으로 최초보험료 납입시점으로 기산한다(상법 제656조).

한편, 계속보험료는 그 지급이 없으면 이미 개시된 보험자의 책임도 계속 유지될 수 없는 보험료를 이른다. 최초보험료는 언제나 제1회 보험료가 되지만 제1회 보험료의 지급을 유예하는 경우에는 보험자의 책임이 개시되고 난 다음 제1회 보험료지급이 있게 되므로 제1회 보험료가 항상 최초보험료가 되는 것은 아니다. 따라서 계속보험료의 지급이 없으면 보험자의 책임이 개시되지 않도록 함으로써 보험자의 보호도 하면서 계속보험료의 미지급을 이유로 즉시 보험관계를 소멸시키는 것은 보험계약자에게 너무 가혹하므로 보험자로 하여금 일정한 유예기간을 설정해서 그 기간 경과시까지 지급하도록 함으로써 일단 성립된 보험계약관계를 지속할 수 있도록 보험계약자보호를 꾀하고 있는 실정이다.

41) 김성태, 전게서, 125면.

5) 보험료불가분의 원칙의 개념과 동향

보험료는 일정한 위험측정의 단위기간을 기초로 하며, 이 기간에 대응하는 보험료는 이를 기술적으로 세분할 수 없는 원칙을 보험료불가분의 원칙이라 한다. 그러나 이 원칙은 육상보험에서는 보험계약자보호 차원에서 대부분의 약관에 의하여 원칙으로서의 의미가 퇴색하였다. 다시 말해서 일할계산이나 단기요율의 적용으로 보험료잔액을 보험계약자에게 반환하고 있는 실정이다.

(4) 보험금액

보험금액이란 보험사고가 발생할 경우 보험자가 피보험자 또는 보험수익자에게 지급하기로 약정한 금액으로서 손해보험에서는 보험가액의 범위내에서 보험자가 지게 되는 보상책임의 최고한도액을 의미하고, 인보험에서는 계약에서 정한 금액을 말한다.

보험금이란 보험사고가 발생한 경우 보험금액의 범위내에서 보험자가 현실적으로 지급하는 금전을 말한다. 상법상 보험금액이 보험금을 의미하는 경우도 있다(상법 제682조). 보험금은 금전으로 지급하는 것이 원칙이나 현물이나 기타의 급여로 할 수도 있다.

책임보험에는 보험가액의 관념이 존재하지 아니하므로 당사자가 임의로 정한 보상한도액에서 각각의 사고로 인한 실제발생한 손해액이 지급된다. 보험금액은 원칙적으로 보험사고로 보험금이 지급되었다 하여 감소되지 않고 또한 보험계약도 종료하지 않는다.

(4) 보험기간과 보험료기간

1) 보험기간

보험기간이란 보험자의 책임이 개시된 후 종료할 때까지의 기간을 말한다. 보험자는 보험사고의 발생에 의하여 손해보험에 있어서는 손해보상, 생명보험에 있어서는 일정한 금액의 지급을 약정하는 바, 이 기간을 보험기간이라 부르며, 이 보험기간을 위험기간 또는 책임기간이라 한다. 이러한 보험기간은 보험계약기간이나 보험료기간과는 의미가 다르다.

보험기간의 시기나 종기는 계약당사자간의 다툼이 발생할 수 있어 이를 명확히 하여 둘 필요가 있다. 우리 상법은 보험기간을 정한 때에는 그 시기와 종기를 증권의 기재사항으로 하고 있다(상법 제666조).

보험기간은 몇 년 몇 월 며칠부터 몇 년 몇 월 며칠까지라는 것처럼 역으로 정하는 기간보험(Time policy)과 갑지로부터 을지까지로 하여 장소적 이동을 기준으로 정하는 항해보험(Voyage policy), 기간이나 장소적 요소와는 무관하게 일정한 사실행위의 착수시부터 완성시까지를 보험기간으로 정하는 방법 등이 있다.

2) 보험계약기간

이는 보험계약의 유효기간이라 하며, 계약 그 자체의 존속기간이고 법률이나 약관 또는 특약이 없는 한 보험기간과 어느 정도 일치해야 하는 것이지만 현실적으로는 일치하지 않는 경우가 많다. 상법은 원칙적으로 보험자의 책임은 보험료를 영수한 때에 시작하는 것으로 하고 있으며, 약관상으로는 예를 들어, 화재보험처럼 보험기간의 24;00 개시와 종료시간 오후 16;00까지를 명시하고 있다.

(ⅰ) 보험계약기간이 보험기간보다 긴 경우

일정 기일에 입고하는 상품을 미리 화재보험계약에 붙이는 경우 보험계약이 성립한 후에 보험기간이 개시된다.

예정보험은 보험증권에 기재할 보험계약의 내용의 일부 즉, 선박보험의 경우 하물을 적재할 선박, 적하의 종류 등이 계약체결시에는 확정되지 아니한 보험계약이다. 이 경우 보험계약기간은 계약의 체결시부터 해지시까지이다. 이때 보험기간은 당해 특약으로 담보되는 개개의 선적마다 창고약관 등이 규정하는 바에 따라 시종하게 된다.

(ⅱ) 보험계약기간이 보험기간보다 짧은 경우

소급보험의 경우 보험계약성립전의 어느 시기를 보험기간의 시기로 하는 보험으로 이 경우 보험기간이 보험계약기간보다 소급하는 기간만큼 길게 된다(상법제643조).

3) 보험료기간

이는 보험료산정의 기초단위가 되는 기간을 이르며 위험측정기간이라고도 한다. 보험계약자가 지급하는 보험료는 약정보험금액을 표준으로 하고 이 기간내에 있어서의 평균적 사고발생율을 기본으로 하여 행하여진다. 그래서 보험료기간과 보험기간이 일치하는 경우도 있지만 한 보험기간이 다수의 보험료기간으로 분할할 수 있으므로 양자가 반드시 일치하지는 않는다.

4) 보험기간의 결정방법

원칙적으로는 당사자의 의사에 의하여 정하여진다. 그 방법으로는 특정한 날로부터 일정한 기간으로 정하거나 특정한 사실로써 정하기도 한다. 또한 종신보험처럼 종기를 정하지 않은 경우도 있다. 기간계산은 민법의 일반원칙에 의한다. 예외적으로 보험기간이 법률의 규정으로 정해지는 수도 있다. 근대적 보험제도에 있어서는 보험료선급주의(保險料先給主義)를 원칙으로 하고 있으며, 앞서 본 바와 같이 보험자의 책임은 최초의 보험료의 지급이 있은 후에만 개시하는 것으로 하였다(상법 제656조). 이 경우에는 보험기간은 보험료 지급시부터 개시하므로 계약이 성립하여도 보험기간이 개시하지 않을 수도 있다. 예컨대, 운송보험에 있어서는 운송물의 수령으로부터 수하인에게 인도 시 까지를(상법 제688조), 해상보험의 경우에는 보험기간의 개시시기(동법 제699조) 및 종료 시기(동법 제700조)를 따로 정하고 있다.

5) 보험기간의 예외

① 승낙 전 보험보호

일정한 요건하에서 보험자는 보험계약이 성립(승낙)하기 전에도 보험계약상의 책임을 지게 되는 수가 있는데(상법 제638조의 2 제3항 참조), 이는 보험가입자의 합리적 기대이익을 보호하기 위한 정책적인 특칙이다.

② 소급보헙과 추급보험

보험계약의 특성에 따라서 보험자의 책임개시기간을 보험계약의 성립일 이전으로 소급시키거나, 계약성립일로부터 일정기간을 경과하여야 책임이 개시되는 것으로 정하는 수가 있다.

소급보험은 통상 계약 성립 시 또는 그 이후부터 개시하지만, 이를 계약 성립이전으로 소급시킬 수 있다(상법 제643조). 이를 소급보험 이라한다. 소급보험은 특히 해상적하보험에서 운송개시(선박의 발항) 후 운송물을 해상적하보험에 부보하고자 하는 경우에 이용가치가 높다. 항해 도중에 부보하였으나 보험기간을 소급시킬 수 없다면, 도착지에서의 사고가 정확히 어느 시점에서 발생하였는지에 관하여 다툼이 생길 소지가 매우 커 불필요한 분쟁을 야기하게 된다.

원칙상으로는 보험사고가 계약체결시에 이미 발생하였거나, 발생불능이면 보험계약이 무효가 되므로(상법 제644조) 소급보험이 성립할 여지가 없으나, 이에 관하여 당사자 쌍방이 선의인 때에는 소급보험으로써 유효하다(동법 제644조 단서). 이와 같은 원칙은 보험사고가 객관적으로는 이미 생겼지만, 보험계약의 효력을 소급시키더라도 악용의 소지가 없고, 운송보험 등에 있어서 이러한 소급보험을 인정할 필요가 있기 이다. 다만 명문의 규정은 없지만 소급보험이 무효인 경우에 보험료의 반환 여부는 계약당사자의 주관적 사정을 고려하여야 할 것이다.

소급보험과는 반대로 당사자가 보험기간을 보험계약 성립 이후의 일정시점으로 미루는 경우가 있다. 이를 추급보험이라 부른다. 그 목적은 이른바 도덕적 위험을 배제하기 위함이다.

(5) 보험계약의 효과

1) 보험자의 권리의무

① 보험증권교부의무

보험계약이 성립하면 보험자는 보험계약자에게 지체없이 보험증권을 작성 .교부하여야 한다. 여기서 문제가 되는 것은 교부에 대한 해석이다.

② 보험금지급의무

보험계약상 보험자의 가장 중요한 의무라고 볼 수 있다. 이 보상의무는 보험계약에서 예정하고 있는 보험사고가 발생한 경우에만 생기는 것은 당연하다.

③ 보험료 반환의무

보험자가 계약체결시 약관의 교부·설명의무(상법 제638조의 3)를 제대로 이행하지 아니한 경우, 보험계약자는 계약을 취소할 수 있다. 계약이 취소되면, 보험자는 보험료 금액을 보험계약자에게 돌려주어야 한다(민법 제141조).

보험사고가 발생하기 전에는 보험계약자는 언제든지 계약의 전부 또는 일부를 해지할 수 있다(상법 제649조 제1항). 이 경우 보험자는 미경과보험료를 반환하여야 한다(제649조 제3항).

상법 제648조는 가입자 즉 보험계약자와 피보험자(동법 동조 제1문) 및 보험계약자와 보험수익자(동법 제2문)의 귀책사유없이(선의이며 중대한 과실이 없는 때) 보험계약의 전부나 일부가 무효가 된 경우, 보험료의 전부 또는 일부의 반환을 허용한다. 보험료의 반환은 보험계약자에게 하여야 한다. 또한 보험가입자측이 고지의무(상법 제651조), 통지의무(동법 제652조)를 부담하는 경우, 이들 의무를 함으로써 계약이 해지된 경우에도, 약관규정에 따라 보험자는 보험료를 반환하여야 한다.

2) 보험계약자의 권리의무

① 보험료지급의무

보험료의 지급의무는 원칙상 보험계약자가 진다(상법 제650조 1항 전단). 보험계약은 유상계약으로서, 보험료는 보험자의 위험인수에 대한 대가이다. 보험료는 금전으로 지급함을 원칙으로 한다. 보험료의 액은 보험자가 인수할 위험의 정도를 고려하여 정한 기준에 의하여 결정된다. 다만 타인을 위한 보험계약의 경우에도 보험계약자가 이를 부담한다(상법 제639조 3항 본문).

② 위험유지의무

보험계약자는 부보 된 위험상태를 일정하게 유지할 의무가 있다. 상법은 제652조와 제653조를 통하여 보험기간 중 위험의 내용이 현저하게 변경되거나 증가된 때에는 바로 이 사실을 보험자에게 알리거나 적절한 조치를 취할 수 있도록 해야하는 간접의무를 부담한다.

③ 고지의무

보험계약자는 보험계약 당시에 고의 또는 주대한 과실로 인하여 중요한 사항을 고지하지 아니하거나 부실의 고지를 하지 아니할 의무를 진다(상법 제651조). 이것은 보험의 기술성으로 인하여 보험자의 기업운영에 대한 협조를 위해서 요구한 것인데, 이 의무를 위반하면 계약해지의 불이익을 받게 된다[42].

④ 통지의무

보험계약자는 보험사고 발생을 안 때에는 이를 지체없이 보험자에게 통지하여야 한다. 이 의무에는 사고의 원인조사에 관한 협조의무도 포함한다[43]. 통지의 방법에는 제한이 없으나 보험사고를 지체없이 통지하지 않아서 손해가 증가된 때에는 그 증가한 손해에 대해서는 보상책임이 없다(상법 제657조 제2항).

⑤ 손해방지의무

피보험자 이외에도 보험계약자도 보험사고 발생시에 적극적으로 손해의 방지와 경감을 위해서 노력하여야 한다. 이는 보험제도의 성질상 보험자에 대한 신의성실의 원칙과 공익적인 필요성의 요구에 근거한 것이다. 이 의무를 게을리하면 확대된 손해에 대하여는 보상책임을 지지 않으며, 이미 보험금을 지급하였다면 그에 대한 손해배상을 청구할 수 있다.

3) 피보험자의 권리의무

장을 달리하여 서술하고자 한다[44].

42) 양승규· · 박길준, 전게서, 490면.
43) 김성태, 전게서, 317면.
44) 제16장에서 후술하기로 한다.

제 6 장 보통보험약관(普通保險約款)

1. 총설

(1) 의의

보통보험약관이라 함은 보험자가 미리 작성한 보험계약의 내용을 이루는 정형적인 계약조약으로서, 반대의 의사표시가 없는 한 계약당사자의 쌍방을 구속하는 계약상의 법원으로서 일반적이고 보편적이며 표준적인 계약조항이다. 그래서 특수한 보험에 있어서는 이 보통보험약관만으로는 불충분하여 다시 특별한 약정을 할 때가 있다. 이것을 특별보험약관 또는 부가약관이라고 한다. 이 부가약관은 그것이 정형적인 한 그 명칭의 여부는 묻지 않고 실질상은 보통보험약관의 일부를 이루는 것으로 본다. 이에 대하여 개개의 보험계약체결시에 당사자가 보통보험약관에 의하지 않고 개별적인 사정에 따라 계약의 내용을 정하는 경우가 있는데, 이를 특별보험약관이라고 하고, 보통보험약관과는 구별하는 것이다.

(2) 약관의 존재필요성

보통보험약관은 보험계약이 일부의 성질상 다수의 가입자를 상대로 하여 대량적으로 처리되어야 할 필요에서 그 내용을 정형화하여야 한다는 단체성의 기술적인 요청에 기한 것이다. 또한 보험계약이 위험단체의 관념에 기초를 두고 있으므로 그 구성원을 동일하게 취급하여야 한다는 데에도 그 이유가 있다.

(3) 약관에 대한 감독규제와 명시설명의무

1) 약관에 대한 규제

보통보험약관은 보험자가 일방적으로 작성하는 것이고, 또 보험계약자는 보험계약상의 기술적 · 법률적 지식이 없이 보험사고의 종류 · 보험기간 · 보험금액 등만을 알고 구체적인 내용에 대해서는 잘 모르면서 계약을 체결하는 일이 많다. 그리고 보험자는 경제적으로 우월한 지위를 이용하여 자기의 이익을 꾀하기 위하여 부당한 내용을 삽입하고, 게다가 보험업은 거의 독점적 경향이 있으므로 보험계약자는 여러 가지 불리한 조건에 따르지 않으면 안 될 경우가 많다. 이에 따라 보험계약의 내용을 잘 알지 못하는 소비자를 보호하기 위해서는 보험약관에 대한 규제가 필요하다.

이러한 점에 살피건대, 보험계약법은 재보험과 해상보험 등의 경우를 제외하고는 보험계약법에 규정을 당사자사이의 특약으로도 보험계약자 또는 피보험자나 보험수익자의 불이익으로 변경하지 못하도록 하고(상법 제663조), 또 보험자는 보험사업의 허가 신청서에 다른 서류와 함께 그 사용하고자하는 보통보험약관을 첨부하여 금융위원회의 허가를 받도록 하고 (보험업법 제4조), 또한 기초서류의 변경을 하고자 할 때에도 역시 금융위원회의 인가를 받게 함으로써 실질적인 감독을 하고 있다.

2) 약관의 명시교부의무(설명의무)

약관규제법 제3조는 보험사업자에게 보험계약을 체결할 때에 고객에 대해 약관의 명시설명의무를 지우고 있고, 보험업법 제156조 제1호는 보험자에게 보험계약자등에 대하여 보험계약조항 중 중요한 사항을 알리지 아니하는 행위를 금지함으로써 간접적으로 보험약관의 중요한 조항에 대하여 보험계약자에게 미리 알리도록 하는 정보제공의무를 부과시키고 있다. 그리고 상법 제638조의 3 제1항은 "보험자는 보험계약을 체결할 때에 보험계약자에게 보험약관을 교부하고, 그 약관의 중요한 내용을 설명하여야 한다." 고 규정하여 보험계약자가 계약체결시에는 적어도 약관의 내용을 알 수 있도록 강행적으로 배려하고 있다. 아울러 동조 제2항에서는 보험자가 제1항을 위반한 경우 보험계약자는 당해 계약을 취소할 수 있도록 하고 있다.

2. 보통보험약관의 내용과 기재사항

보통보험약관에 규정할 사항의 내용으로는 상법의 규정을 그대로 수용하는 수용조항과 상법의 규정을 변경하는 변경조항과 상법의 규정을 보충하는 조항으로 구분할 수 있는데, 보통보험약관에는 다음과 같은 사항을 정하여야 한다(보험업법시행규칙 제7조). ①보험회사가 보험금을 지급해야 할 사유, ②보험계약의 무효의 원인, ③보험회사의 면책사유, ④보험회사가 의무를 질 한계를 지는 방법과 그 의무를 이행하여야 할 시기, ⑤보험계약자나 피보험자가 그 의무를 이행하여야 할 시기, ⑥보험계약의 전부나 일부의 해제 원인과 해제한 때의 권리와 의무, ⑦보험계약자 피보험자나 보험금을 취득 할 자가 이익이나 잉여금의 정부에 관한 이의를 할 수 있는 이른바 이의약관을 할 수 있도록 규정하고 있다(상법 제641조).

3. 보통보험약관의 효력(구속력의 근거)

(1) 구속력의 이론

보통보험약관은 보험계약에 관한 상법규정이 지극히 간단하므로 보험계약상의 법원으로써 중요한 구실을 하고 있으며 실질적으로도 보험계약에는 적어도 특별보험약관 및 보통보험약관의 조항이 적용되고 약관의 규정함이 없는 사항에 대하여는 상법이 적용되어 당사자를 구속한다. 이 구속력의 근거에 관해서는 학설이 나뉜다.

1) 규범설(規範說)

보통보험약관은 보험관계자속으로 이루어지는 사회에 타당한 규범으로서 약관 자체가 가지는 규범성의 구속력을 인정하자는 견해이다. 이 견해는 가장 유력하게도 보통보험약관을 사회학적인 측면에서 고찰하여 보험계약법에 법원으로 다루고 있으며 약관에 대한 감독관청의 인가, 보편적 해석의 필요성 등을 명백히 하고 있다. 이 설은 전통적인 법률행위 이론을 벗어나 약관의 구속력을 보다 강하게 인정하려는 객관주의 내지는 단체주의적인 이론구성을 하는 것이다. 이 입장은 자치법설, 관습법설 등으로 구분되기도 하고, 상법 제 638조의 3의 제2항은 보험자가 보험계약시에 보험약관의 교부명시의무를 위반한 때에는 보험계약자는 보험계약이 성립하는 날로부터 1개월 이내에 그 계약을 취소할 수 있다고 규정하여 보험계약자에 대한 계약의 취소가 없는 한 그 약관의 구속력이 인정되어야 할 것이고, 보험계약의 단체적 구조에서 볼 때 인정할 수 있는 것이다.

2) 의사설(意思說)

이 견해는 계약의 당사자가 그 법률행위의 내용으로써 약관을 수용하였기 때문에 당사자를 구속한다는 입장이다. 즉, 약관의 타당근거를 당사자의 의사에서 구하는 주관주의적 입장이다. 보험약관은 이론적으로는 법률행위의 내용을 이루는 계약조항의 속하여 약관의 내용을 상대방이 알고, 보험계약을 체결하였다는 것이 증명되지 아니하면 약관의 구속력을 주장 할 수 없게 된다. 약관규제법 제3조 3항은 사업자가 약관의 명시설명의무를 위반하여 계약을 체결할 때에는 그 약관을 계약의 내용으로 주장 할 수 없다. 라고 규정되어 의사설의 입장을 뒷받침하고 있고 대법원 판결도 이에 따르고 있다[45].

한편 금융위원회의 인가를 받지 않은 보통보험약관이 사용된 경우의 사법상의 효력을 인정하느냐 마느냐의 문제가 있으나 그 효력을 인정하는 것이 타당할 것이다. 물론, 인가받지 않은 약관을 사용한 보험자가 보험업법상의 제제를 받는 것은 당연하고, 또, 강행규정이나 공익에 어긋나는 약관의 효력은 부인된다.

(2) 보통보험약관의 개정과 소급적용관계

원칙적으로 보험계약이 체결된 후 보통보험약관이 개정되어도 그 개정이 상대방에게 불리한 경우는 물론 유리한 경우라도 특별한 합의가 없는 한 새로운 약관의 효력은 개정 전의 계약에 영향을 미치지 않는다. 예외적으로, 금융위원장은 보험계약자, 피보험자 또는 보험금을 수취할 자의 이익을 보호하기 위하여 특히 필요하다고 인정 할 때에는 그 약관에 변경인가시에 기존의 보험계약에 대하여도 장래에 그 변경의 효력을 미치게 할 수 있다(보험업법 제18조 제2항). 이유로는 보험계약자등의 이익보호를

45) 대판 1985. 11. 26. 84다카 2543 : 대판 1986. 10. 14. 84다카 122.

위하여 인정된 것인데 보험약관의 소급적용도 기초서류의 변경인가된 것에 하나이고 보험자가 금융위원회의 명령에 따라 약관의 소급적용을 하겠다는 의사표시를 한 때로부터 그 효력이 생긴다.

4. 보통보험약관의 해석(解釋)

(1) 기본원칙

보험약관의 각 조항의 뜻은 보험계약 체결시에 개별적인보험계약자가 의도한 바를 전제로 할 것이 아니라 일반적인 해석원칙에 따라서만 풀이하여야 한다. 즉, 보험약관의 해석에 있어서는 보험계약이 다수의 보험계약자를 대상으로 하고 있으므로 당사자의 개별적인 의사보다는 법률의 일반 해석원칙에 따라 보험계약의 단체성·기술성을 고려하여 신의성실의 원칙에 따라 공정하게 해석되어야 하며, 보험계약자에 따라 다르게 해석되어서는 안된다(약관규제법 제5조 제1항).

반면에 특별보험약관은 보통보험약관보다도 우선하므로 보험약관의 인쇄된 조항과 써넣은 조항사이에 마찰이 있는 경우에는 써 넣은 조항이 우선한다는 것은 당연한 논리이다. 따라서 보험계약은 다른 계약과 마찬가지로 당사자가 사용한 용어의 표현이 모호하지 아니한 한, 평이하고 통상적이고 일반적인 뜻으로 받아들이고 이해되어지는 용례에 따라 풀이하여야 한다. 그리고 보험약관해석에 있어서도 당사자의 합리적인 의도가 무엇인가를 찾아볼 수 있는 경우에는 그 기대에 부합하도록 풀이하여야 하는 합리적 기대(合理的 期待)의 원칙이 지배한다.

(2) 작성자 불이익(作成者 不利益)의 원칙

보험약관의 내용 해석이 애매한 경우, 다시 말해서 하나의 규정이 여러 가지 뜻으로 풀이되는 경우에는 보험자에게 불리하게, 보험계약자에게 유리하게 해석하여야 한다는 이른바 불명확성의 원칙이 지배한다. 이 원칙은 객관적인 의문을 배제할 수 없는 경우에는 그 약관의 조항을 명확하게 표현할 수 있었고 또 표현해야 하는 약관의 작성자에게 그 책임을 지워야 한다는 관념에 기초를 두고 있는 것이다. 그러므로 보험약관의 해석상 의문이 있을 때에는 보험자에게는 엄격하고 불리하게, 피보험자에게는 유리하게 새겨야 하는 것이고(약관규제법 제5조 제2항), 이를 작성자불이익의 원칙이라고도 한다.

5. 약관에 대한 규제

보험약관은 계약자유원칙의 소산이다. 그러나 계약자유의 원칙이 극단적으로 발현되어 도리어 계약자유의 원칙을 실질적으로 부인하는 결과에 이르렀음은 주지의 현실이다. 특히 오늘날에 있어서는 약관이 차지하는 비중은 실로 크다. 고도의 산업발달과 함께 약관은 다방면으로 발전을 거듭하고 있기 때문에 그 규제필요성도 함께 커지고 있다.

이러한 병리적인 약관을 그대로 방치하게 되면 일반대중의 이익은 크게 침해당할 위험에 놓이게 되므로 이를 방지하기 위하여 국가적인 규제와 감독이 크게 요청되어진다. 일반적으로 약관에 대한 규제방법으로는 초기에는 사법적 규제와 행정적 규제유형이 있었는데, 오늘날에는 각국이 약관규제를 위한 약관규제법이나 기본법의 보충을 함으로써 입법적인 규제가 효과적인 방법으로 대두되고 있다. 이하에서는 여러 규제방법에 대하여 자세히 살펴보도록 한다.

(1) 행정적 규제

약관형성에 있어서 국가가 행정적으로 개입하는 것을 행정적 규제라 한다. 이러한 행정적 규제는 약관자체의 정당성을 사용이전에 일반적으로 보장할 수 있고, 약관의 다양성과 변경성에 적응할 수 있는 타당성도 갖출 수 있는 장점이 있는데 이에 가장 대표적인 것이 약관의 인가제도이다. 이는 부당한 약관조항으로 인한 계약상대방의 피해를 사전에 방지하기 위해 약관의 형식적 요건 및 내용을 심사하는 것이다.

(2) 사법적 규제

보통거래약관에 대한 규제는 사법적 규제로부터 시작되었고 행정적, 입법적 규제순서로 발달해왔다.[46] 여기서 사법적 규제는 약관사용에 의하여 구체적인 분쟁이 소송사건화한 경우에 법원이 그것을 심사 판단하여 타당성 있는 판결을 내림으로써 약관거래의 분쟁을 사후적으로 규제하는 방식이다. 물론 사법적 수단에 의한 규제는 당사자의 소송의 제기(提起)가 전제가 되기 때문에 일반적인 규제방법이 될 수는 없다. 다만 보험계약당사자는 약관의 병리적 현상으로부터 구제받을 수 있는 최종적인 보장을 이 사법적 규제에 기대할 수 있다. 또한 이 규제방식은 몇 가지 한계가 있다.[47]

(3) 입법적 규제

현대의 거래양상의 변화는 약관을 새로운 법 현상으로 이해하여 그 독자성격을 규명하고 그에 맞는 새로운 법적 규제형태를 요구받고 있다. 예컨대 약관규제법과 같은 새로운 입법에 의한 규제는 예방적 효과를 갖지만 사후의 판단기준이 되어지는 수단이 되는 것이다. 다만 그 입법방식이 개별적이냐, 포괄적이냐 하는 복잡한 논의가 남게 된다.

---

46) 김교창, "보통거래약관의 기초적 연구", 보통거래약관의 연구, 서울변호사회, 1983, 52면.

47) 은종성, 보통보험약관과 소비자보호, 학위논문, 38면 참조.; 예컨대, 기판력의 범위, 개별적 사안, 소송부담, 약관내용통제를 위한 여러 가지 실현 수단의 확보필요성 등이 있다.

(4) 자율적 규제

종래의 국가적 규제방식과는 달리 약관의 형성과정에서 쌍방적 또는 제3자에 의한 중립적 형성방법을 통하여 약관의 일방적 형성의 폐단을 배제하려는 자율적 규제방식이 선호된다. 이에 약관의 사회적 규제의 목적으로 보험가입자조합을 결성하는 의견도 있었다.[48] 물론 약관의 형성과정에서 보험가입자측을 가입시키게 하면 그 폐단이 극복되겠지만 현실적으로 이들이 조직화가 어려울 수 있으므로 이 방법은 어려움이 크다고 할 것이다. 더구나 보험자측에서도 보험의 사회성과 공공성을 감안한다면 그 약관내용에 의한 폐단을 방지하는데 자정노력도 필요하다. 건전한 국민경제발전에 중요한 지위를 차지하고 있는 약관작성의 대기업들이 스스로 약관에서 부당한 조항들을 정리함으로써 경제적 불평등과 불균형을 제거하고 건전한 소비생활을 이룩하도록 노력해야 하는 것이다. 이것이 가장 바람직한 방법이라고 생각된다.

48) 이은영, "보통거래약관의 해석론서설", 상사법의 현대적 과제(춘강 손주찬박사화갑기념논문집), 박영사, 1984, 33면.

제 7 장 보험료지급지체와 실효약관

1. 총설

(1) 의의

상법 제650조 제2항은 "계속보험료가 약정한 시기에 지급되지 아니한 때에는 보험자는 상당한 기간을 정하여 보험계약자에게 최고하고 그 기간내에도 지급되지 아니한 때에는 그 계약을 해지할 수 있다." 라고 규정하고 있는 바, 이는 보통 보험자가 보험계약자에게 하는 최고 및 해지의 번거로움을 피하기 위하여 보험약관에 의하여 제2회 이후의 보험료는 그 납입기일부터 일정한 기간의 유예기간을 두고 그 기간내에 보험료를 지급하지 않으면 보험계약은 자동적으로 실효된다는 규정을 두고 있다. 이러한 규정을 실효약관이라 칭하는 데, 여기서 보험계약자가 보험료의 지급기일로부터 유예해 준 일정한 기간내에 보험료를 지급하지 아니하는 것은 보험계약자측에서 보험계약을 위반한 것이다. 원래 계약위반이 있으면[49] 그 상대방에게 손해배상청구권과 계약해제권(해지권)이 발생한다. 종전에는 보험료납입이 지체되는 경우, 유예기간을 설정한 이행최고(의사표시)나 해지의 통지없이 바로 그 보험계약이 효력을 잃는다고 정하고 있는 약관을 사용하였던 바, 이는 무효라 할 것이다.

(2) 연혁

상법 제650조는 1991. 12. 31 개정되었다. 개정후의 상법 제650조 제2항은 개정전 상법 제650조의 본문을 변경하여 계속보험료의 지급이 지체되는 경우 상당한 기간을 정하여 보험계약자에게 최고하고, 계약을 해지할 수 있도록 하였다. 그러나 실효약관과 관련하여서는 큰 변경이 없게 되었다.

2. 보험료지급의무

(1) 지급의무자

보험료는 보험자가 보험계약으로 위험을 인수한 대가로서 보험계약자가 지급

---

49) 민법 제544조에 의하면 상당한 기간을 정하여 이해을 최고하고, 그 기간내에 이행이 없으면 당해 계약을 해지할 수 있다. 계속적 채권관계에서는 해지도 가능하다(판례입장). 보험계약자가 납입의무를 지체한 때에도 상법 제650조 제2항에 의해 같다.

한다. 그러므로 보험료지급의무는 원칙적으로 보험계약자의 고유의무라 할 수 있다. 그러나 타인을 위한 보험계약의 경우에 있어서는 피보험자 또는 보험수익자도 보험계약자가 파산선고를 받거나 보험료의 지급을 지체한 때에는 제2차적으로 보험료지급의무를 부담한다(상법 제639조 제3항).

(2) 보험료의 지급장소

상법은 보험료의 지급장소에 관하여 특별한 규정을 두고 있지 않다. 그러므로 민법의 일반원칙에 따라 보험료의 지급은 채권자인 보험자의 영업소에서 납부하여야 한다(민법 제467조의 2, 상법 제55조: 지참채무).

(3) 보험료의 지급시기와 방법

상법은 보험료의 지급시기에 관하여 규정하고 있지 않지만, 보험자의 책임은 최초의 보험료를 받은 때로부터 개시하므로(상법 제656조) 보험계약자는 보험계약이 성립한 후 지체없이 보험료를 지급할 의무가 있다고 할 것이다. 다만 지급시기와 방법에 관하여 당사자간에 특약이 있으면 그에 의한다.

(4) 보험료지급지체의 효과

보험계약자는 계약체결 후 지체없이 보험료의 전부 또는 제1회 보험료를 지급하여야 하며, 보험계약자가 이를 지급하지 아니하는 경우에는 다른 약정이 없는 한 계약성립후 2월이 경과하면 그 계약은 해제된 것으로 본다(상법 제650조 제1항). 계속보험료가 약정한 시기에 지급되지 아니한 때에는 보험자는 상당한 기간을 정하여 보험계약자에게 최고하고 그 기간 내에 지급되지 아니한 때에는 그 계약을 해지할 수 있다(상법 제650조 제2항). 타인을 위한 보험의 경우에 보험계약자가 보험료의 지급을 지체한 때에는 보험자는 그 타인에게도 상당한 기간을 정하여 보험료의 지급을 최고한 후가 아니면 그 계약을 해제 또는 해지하지 못한다(상법 제650조 제2항). 그러므로 보험자가 계속보험료의 부지급을 이유로 계약을 해지하기 위해서는 ① 계속보험료가 약정한 시기에 지급되지 아니 하였어야 한다. 여기서 약정한 시기라 함은 보험계약에서 정한 그 보험료의 지급기일이다. 그리고 보험료의 부지급은 보험계약자의 귀책사유로 인한 것이어야 한다. 그러므로 가령 보험자가 보험계약자로부터 보험료를 받아가기로 한 경우에 수금사원이 그 보험료를 받으러 가지 아니하였거나 보험료액의 다툼이 있어 이를 지급하지 아니한 경우에는 보험계약자에게 그 책임을 돌릴 수는 없고, 보험대리점이 제1회 보험료를 받으면서 제2, 제3회의 계속보험료를 약속어음으로 받아 횡령하였다면 그 책임은 보험자에게 돌아간다. ② 보험자는 상당한 기간을 정하여 보험료지급의무자에게 보험료의 지급을 최고하여야 한다. 여기서 최고라 함은 보험계약[50]자 또는 그 타인에게 보험료를 지급하도록 요구하는 보험자의 의사통지이며, 그 방법은 제한이 없으므로 구두로 하든 서면으로 하든 상관없다. 그러나 최고한 사실에 대한 입증책임은 보험자에게 있다. 또 상당한 기간은 거래의 통념에 따라 정할 문제인데 보통 2주간 이상을 정하는 것으로 충분하다고 본다. ③ 보험료지급의무자가 보험자의 보험료지급 최고에서 지정한 기간 안에 보험료의 지급이 없어야 한다. ④ 보험자는 계약해지의 의사표시를 하여야 한다. 계속보험료 부지급으로 인한 보험계약의 해지는 위의 요건을 갖춘 때에 보험자의 일방적인 의사표시로 이루어지나, 그 해지의 의사표시는 보험계약자에게 도달한 때에 효력이 생긴다(민법 제111조 도달주의).

(5) 소멸시효

보험자의 보험료청구권은 2년간 행사하지 아니하면 시효의 완성으로 소멸한다(상법 제662조).

3. 실효약관의 효력

실효약관의 효력에 대하여 학설은 크게 무효설 유효설로 대립되어 있다. 무효설은 실효약관은 상법 제650조 제2항에 반하여 보험계약자에게 더 불리하므로 이는 상법 제663조 본문에 해당하여 무효라고 한다. 그러나 유효설은 실효약관은 보험자의 의사표시를 기다릴 필요없이 유예기간(보험료납입기간)의 경과만으로써 보험계약을 당연히 실효시키기로 약정한 것으로 이는 보험자의 의사표시로써 보험계약을 해지하는 경우에 적용되는 상법 제650조 제2항에 위반되는 것이 아니라고 하거나 또는 보험계약은 보험단체내에서의 급여와 반대급여의 균형을 이루도록 하는 특수한 계약인데 보험계약자의 귀책사유로 인하여 보험료를 지급하지 않은 경우에 일정한 유예기간을 주고 이 기간내에도 보험료를 지급하지 않으면 보험계약이 해지된 것으로 보아 보험자의 보험금지급책임을 면하도록 하는 것은 보험계약의 단체성에 비추어 인정되어야 한다는 것이다.

---

50) 여기서 보험자는 보험료지급에 대한 최고에서 지정된 지급기일 안에 보험료의 지급이 없으면 보험계약은 당연히 해지된 것으로 본다는 이른바 계약해지예고부 최고의 효력을 인정하는 것이 다수설과 판례의 입장이다. 왜냐하면 최고기간까지에 보험료의 지급이 없으면 그 후에 생긴 사고에 대하여 보험자는 계약을 해지하고 보험금지급책임을 면할 수 있기 때문이다. 그러나 단순히 약관에 위의 취지를 규정하고 있을 뿐 현실적으로 최고를 하지 아니하는 경우 그 약관은 최고로서의 효력을 인정할 수 없다는 것이 판례이며 이는 타당하다. 나아가서 최고와 해지절차를 생략한 이른바 실효약관에 대하여는 그 효력을 부정하는 것이 통설적인 판례의 입장이다.

(1) 유효설

보험자는 다수의 보험계약을 취급하므로 편의상 실효약관을 인정할 필요가 있고, 또 보험료의 지급을 해태한 보험계약자에게 보험금을 지급하는 것은 보험단체의 관념상 도움이 되지 못하므로 실효약관의 효력을 인정하자는 견해이다.

(2) 무효설

이 견해의 근거로는 상법 제650조 제2항이 명시적으로 3단계의 해지절차를 규정학도 있으므로 이를 보험계약자에게 불리하게 위반한 것은 상법 제663조에 위배되어 무효이다. 그리고 만약에 계속보험료가 지체되고 있던 차에 보험사고가 발생하지 않은 경우에는 보험자는 위 실효약관조항에 따라 보험금지급책임이 없는 한편 보험계약자의 계속보험료 지급책임은 여전히 존속한다. 이것은 보험자는 보상책임을 지지 않으면서 보험료는 취득하는 결과가 되어져 보험계약의 유상.쌍무계약성에도 반한다. 그리고 보험료 일부를 지급지체하고 있다는 이유로 당해 계약을 완전히 무효화시키는 것은 계약자에게 너무 가혹한 일이이라는 것이다.[51]이런 해석의 입장이 민법 제544조의 취지와도 합치한다고 한다. 그리하여 상법 제650조 제2항을 주의적 규정으로 보는 견해이다.

(3) 소결

우리나라의 다수설은 실효약관조항을 유효[52]라고 본다. 이에 대하여 소수설은 무효[53]로 보고 있다. 이러한 유효설의 근거로는 보험단체론이라든지, 보험료불가분의 원칙에서 구하고 있다. 또 상법 제650조 제1항의 입법취지에서 유예기간이 상당하기만하면 이를 인정할 수 있다는 견해도 있다. 관련 판례로는 유효설의 입장은 대판 1977. 9. 13, 77다329 ; 대판 1995. 11. 16 선고, 94다56852 전원합의체 판결 등이 주류를 이루었다. 반면에 무효설의 입장으로는 대판 1992. 11. 24, 92 다 23629 등을 볼 수 있다.

4. 결론

보험자는 보험계약자에 대한 서비스차원에서도 법규정에 따라서 최고절차, 상당한 유예기간의 설정, 해지의 적정한 의사표시의 단계를 거쳐서 계약을 해지할 수 있도록 하여야 한다. 다른 이론구성을 통하여 위 요건을 결한 실효약관조항을 인정하는 견해는 보험계약자에게 불리한 해석으로서 지지하기 어렵다. 따라서 상법은 최초보험료의 지급은 보험자의 책임개시여건으로 계속보험료의 지급은 보험자의 책임유지요건으로 해석하고 있다고 본다[54].

51) 최준선, 상법사례연습(下), 삼조사, 1998, 230면.
52) 양승규, 전게서, 154면; 최기원, 보험법, 어음 수표법 · 보험해상법, 법문사, 218면; 정찬형, 상법판례평석, 홍문사, 2000, 507면.
53) 최준선, 전게서, 226면.
54) 강위두 · 임재호, 상법강의(하), 형설출판사, 2004, 576면.

제 8 장 보험계약의 성립과 부활 등

1. 총설

보험계약은 보험계약자가 약정한 보험료를 지급하고 재산 또는 생명이나 신체에 관하여 불확정한 사고가 발생할 경우에 일정한 보험금액 기타의 급여를 지급할 것을 약정함으로써 효력이 나타나는 불요식의 낙성계약이다(상법 제638조). 따라서 보험계약은 보험자와 보험계약자 사이에 의사가 합치되면 그 계약은 성립되어지는 것이고, 보험료의 납입이나 보험증권의 교부는 보험계약의 성립요건은 아니다. 또한 보험계약은 개별적으로 보면, 보험자와 보험계약자 사이에 체결되어지는 채권계약이지만 다수의 경제주체를 대상으로 위험을 효율적으로 분산시켜야 하는 보험제도의 특성상 대량적으로 이루어지는 다수계약에 해당한다. 그리하여 상법은 보험계약체결시에 보험자에게 보험증권의 교부(交付)·명시(明示)의무를 보험계약자와 피보험자에게는 고지의무(告知義務)라는 의무를 부담지우고 있다. 그리고 보험자가 보험계약자로부터 청약과 함께 보험료 상당액을 받은 때에는 낙부통지의무를 지우고 이를 게을리 한 때에는 승낙한 것으로 보아서 보험계약의 성립을 인정하고 있다.

2. 보험계약의 성립(成立)

(1) 보험계약의 청약(請約)과 승낙(承諾)

모든 계약은 당사자의 청약과 승낙에 의하여 이루어지는 것이고, 요물계약이 아닌 낙성계약에 있어서는 청약과 승낙이 어떤 방식에 따르도록 정해진 것은 아니다. 보험계약의 경우에도 역시 예외가 아니므로 보험계약당사자의 어떤 의사가 합치되면 그 계약은 성립되어 효력이 생기게 되는 것이다. 그러나 보험계약에 있어서는 보험설계사 등의 권유에 의해 보험계약청약자가 보험계약청약서를 통하여 일정한 사항을 기재하여 청약하고, 보험자가 이를 검토하여 그 보험청약의 인수여부를 결정하여 승낙통지를 서면으로 전달하거나 보험증권의 교부를 하는 방법으로 갈음하는 것이 일반적이다.

1) 보험계약의 청약(請約)

보험계약의 청약은 보험계약가입자가 보험자에 대하여 일정한 보험계약을 맺을 것을 목적으로 하는 일방적인 의사표시(意思表示)이다. 이러한 청약은 구두나 서면에 의하든 상관이 없으나 실제거래계에서는 보험계약청약서를 이용하는 것이 일반적이다. 이 청약서는 그 내용이나 형식에 있어서 특정한 것은 아니나, 보험자가 작성하여 그 인수할 위험과 관련되는 여러 가지 사항에 대하여 질문란을 두어서 보험계약가입자로 하여금 그 내용에 맞춰서 기재하도록 하고 있는 정형화(定型化)된 서류양식이다.

보험계약청약자가 청약서의 질문사항에 대하여 있는 사실을 그대로 정확하게 기재하는 것은 바로 고지의무의 이행이 된다(상법 제651조). 그래서 보험계약자가 그 청약서의 요구사항을 기재하여 보험자에게 전달하는 것은 정식으로 보험계약을 청약한 것으로 되며, 그 청약은 청약자가 임의로 철회하지 못하며, 이것이 이른바 청약의 구속력이다[55]. 이 같은 청약의 구속기간은 다른 약정이 없는 한 보험자가 승낙여부를 결정할 수 있는 '상당한 기간' 이라고 정리되고 있다. 다만 생명보험계약의 청약실무에서는 특히 진단보험의 경우, 보험계약자는 청약일 또는 제1회 보험료를 납입한 날로부터 15일 이내에 그 청약의 철회를 할 수 있도록 한다.

2) 보험계약의 승낙(承諾)

보험자의 승낙은 특정한 보험계약의 청약에 대하여 보험자가 당해 보험계약의 성립을 목적으로 하는 의사표시이다. 보험자가 보험계약의 청약을 승낙하면 보험계약이 성립되어 당연히 그 보험계약의 효력이 발생하게 된다. 이에 승낙방법에는 제한이 없고 명시적이든 묵시적이든 상관없다.

보험자는 보험계약청약자가 고지한 사항을 검토하고 특히나 진단을 필요로 하는 생명보험계약에서는 피보험자의 신체검사결과를 분석하여 그 보험의 인수여부를 결정해서 승낙통지를 발송하면 해당 보험계약이 성립한다. 그런데 그 승낙통지를 발송하지 아니하였으면 보험계약은 성립되지 않는 것이다.

본래 보험은 기본적 상행위(상법 제46조 제17호)에 속하여 영리보험자가 체결하는 보험계약은 일종의 상사계약(商事契約)이라 할 수 있다. 상법상 대화자(對話者) 사이의 계약의 청약은 상대방이 바로 승낙하지 아니한 때에는 그 효력을 잃게 되고(상법 제51조)[56], 격지자(隔地者) 사이의 계약의 청약은 승낙기간이 없으면 상대방이 상당한 기간내에 승낙통지를 발송하지 아니한 때에는 그 효력을 잃게끔 되어있다(상법 제52조)[57]. 따라서 보험계약의 경우에도 보험계약청약자가 단순히 청약의 의사표시만을 행하였을 때에는 그 청약도 보험자가 상당한 기간내에 승낙통지를 발송하지 않게 되면 그 효력을 잃게 되고 그로써 보험계약은 성립되지 않는다.

(2) 보험계약의 승낙의제조항

55) 민법 제527조 계약의 청약은 이를 철회하지 못한다.
56) 상법 제51조: 대화자간의 계약의 청약은 상대방이 즉시 항고하지 아니한 때에는 그 효력을 잃는다.
57) 상법 제52조: 격지자간의 계약의 청약은 승낙기간이 없으면 상대방이 상당한 기간내에 승낙의 통지를 발송하지 아니한 때에는 그 효력을 잃는다.

보험계약은 불요식 낙성계약이므로 보험계약청약자의 청약에 대하여 보험자의 승낙이 있은 때에 성립되는 것이다. 그러나 실제로 보험거래계에서는 보험계약청약자가 보험설계사의 등의 권유에 의해 보험계약청약서를 작성하여 보험료의 전부나 일부에 해당하는 금액과 같이 보험자에게 교부하고, 보험자는 그 청약서를 근거로 보험인수여부를 결정하게 되어짐에 따라 그 청약 후 상당한 기간이 경과하도록 보험자의 승낙통지가 없을 때에는 이를 어떻게 처리할 것인가라는 문제가 생긴다.

계약법의 일반원리에 따르면 상시적인 거래관계가 있는 상인간의 청약의 경우(상법 제53조[58])가 아니면 청약자는 반드시 그 청약에 대한 승낙여부의 의사표시를 명백히 하여야 할 의무를 지는 것은 아니고 상당한 기간내에 승낙의 통지가 없으면 청약은 효력을 잃게 되어 계약은 성립하지 않는다(민법 제529조[59]). 상법 제52조). 그러나 보험계약은 동일한 위험에 처해 있는 다수의 경제주체사이에 위험을 효율적으로 분산시키기 위하여 보험자는 보험모집인 등을 동원하여 불특정 다수인을 대상으로 보험계약의 청약을 유인하여 보험계약의 청약과 함께 보험료상당액을 함께 받고 있는 것이 현실이다. 이러한 보험거래의 현실에서 볼 때에 보험자는 이를 지체없이 검토하여 상당한 기간내에 보험인수여부에 대한 통지를 해야 할 의무를 지고 있다고 보는 것이 신의원칙상 으로도 타당한 것이다.

이에 따라 상법 제638조의 2 제1항, 제2항에서는 '보험자가 보험청약자로부터 보험계약의 청약과 함께 보험료상당액의 전부 또는 일부의 지급을 받은 때에는 다른 약정이 없으면 30일내에 그 상대방에 대하여 낙부의 통지를 발송하여야 하고, 이를 게을리 한 때에는 승낙한 것으로 본다' 라고 규정하여 보험자의 낙부(諾否)통지의무를 지우고 이를 게을리 한 때에는 승낙한 것으로 보아 보험계약의 성립을 인정하고 있다.

보험계약의 청약에 대한 보험자의 낙부통지의무는 보험청약자로부터 그 청약과 함께 보험료상당액 전부 또는 일부를 받은 경우에 한하고, 낙부통지의 발송기간은 그 청약과 함께 보험료를 받은 날로부터 30일 내로 하고 있으나, 인보험계약에서 피보험자가 신체검사를 받아야 하는 경우에는 그 검사를 받은 날로부터 기산한다(상법 제638조의 2 제1항 단서조항). 그러므로 보험청약자가 보험계약의 청약시에 보험료상당액을 지급하였거나 인보험에서 보험료상당액을 지급하였더라도, 피보험자의 신체검사가 필요한 경우에 그 검사를 받지 아니한 때에는 보험자의 낙부통지의무는 생기지 않게 된다.

(3) 상법 제638조의 3 제2항 위반의 효과

'보험자가 보험약관의 교부명시의무에 위반한 때에 보험계약자는 계약이 성립한 날

58) 상법 제53조: 상인이 상시 거래관계에 있는 자로부터 그 영업부류에 속한 계약의 청약을 받은 때에는 지체없이 낙부의 통지를 발송하여야 한다. 이를 해태한 때에는 승낙한 것으로 본다.

59) 민법 제529조: 승낙의 기간을 정하지 아니한 계약의 청약은 청약자가 상당한 기간내에 승낙의 통지를 받지 못한 때에는 그 효력을 잃는다.

로부터 3월내에 그 계약을 취소할 수 있다' 고 개정하였고, 이런 경우 약관규제법은 제3조 제3항에 의해 보험자는 당해 약관을 계약의 내용으로 주장할 수 없도록 하고 있다. 그러나 보험자가 이에 대하여 1월내에 그 계약을 취소하지 않은 경우, 그 약관의 효력에 대하여, 규범설은 "그 약관의 내용은 법규범이 되어 보험계약자를 구속한다." 라 하지만, 의사설은 "보험자는 이러한 내용의 약관을 보험계약의 내용으로 주장할 수 없다" 고 한다. 따라서 이러한 경우에 약관조항의 효력은 의사설에 입각하여 또한 약관의 성질과 효과에 비추어 보험계약자가 보험자의 교부명시의무에 위반한 약관에 대하여 보험계약이 성립한 날로부터 1월내에 보험계약을 취소하지 않았다하여 그 약관내용이 법규범이 되거나 계약내용으로 확정되는 것으로 볼 수는 없다. 그래서 제638조의 3 제2항에 의한 보험계약자의 취소권은 보험계약자에게 부여된 하나의 권리일 뿐 의무가 아니며, 또한 보험계약자가 이에 의하여 계약을 취소하지 않았다하여 그 약관의 내용이 확정되고 보험자의 이러한 의무위반의 하자가 치유되어 보험계약자가 그 후 보험자의 약관의 교부명시의무위반을 주장할 수 없는 것은 아니라고 본다. 이에 관련한 대법원 판례[60]의 판지는 타당하다.

(4) 승낙 전 사고에 대한 보험자의 책임

우리 상법은 보험자가 보험계약자로부터 보험계약의 청약과 함께 보험료 상당액의 전부 또는 일부를 받은 경우에 그 청약을 승낙하기 전에 보험사고가 발생한 때에는, 그 청약을 거절할 사유가 없는 한, 보험자는 승낙전에 발생한 보험사고에 대하여서도 보험계약상의 책임을 진다. 다만 인보험계약의 피보험자가 신체검사를 받아야 하는 경우에, 그 검사를 받지 아니한 때에는 그러하지 아니하다(상법 제638조의 2 제2항).

3. 보험계약의 부활

(1) 총설

1) 의의

보험계약에서 보험자는 최초의 보험료를 받은 때로부터 보험계약상의 책임을 지게 되나(상법 제656조), 보험계약자가 제2회 이후의 계속보험료를 지급하지 아니한 때에는 일정한 절차를 거쳐서 보험자가 계약을 해지할 수 있거나(상법 제650조 제2항) 일정한 유예기간을 두어 그때까지 기다려서 보험료의 지급이 없으면 그 보험계약은 효력을 잃게 되어지는 실효약관을 규정하고 있는 실정이다. 그에 따라 보험계약자가 제2회 이후의 계속보험료를 지급하지 않음으로써 보험계약이 해지 또는 실효되고 그때까

60) 대판 1996. 4. 12, 96다 4893.

지도 해지환급금이 지급되지 않은 경우에 보험계약자는 일정한 기간내에 연체보험료에 약정이자를 붙여서 보험자에게 지급하고 그 계약의 부활을 청구하여 보험계약을 부활할 수 있도록 하고 있다(상법 제650조의 2). 이를 이른바 보험계약의 부활(reinstatement)이라 한다.

2) 제도의 효용성

보험계약의 부활제도는 보험료를 나누어 지급하기로 하는 보험계약에서 인정되는 것이 일반적인 현상이다. 특히 생명보험계약에서는 그 계약이 해지 또는 실효된 후에 보험계약자가 해지환급금을 받는 것은 손해이고 또 새로운 보험계약을 체결하는 데는 피보험자의 나이 때문에 보험료금액이 높아지거나 다시는 보험에 들 수 없는 경우가 생길 수 있으므로 그 효용성이 높다고 할 것이다. 종래에는 보험계약에 의하여 보험거래에서 보험계약자의 편의를 위하여 인정되고 있었던 이 제도가 현행 상법에서 규정되어 있었다.

3) 제도의 성질

보험계약의 부활의 법적 성질에 대하여는 의견대립이 있다. 우선 해지 또는 실효된 보험계약이 보험계약자의 청구와 보험자의 승낙에 의하여 성립된다는 점에서 이전의 보험계약과 동일한 내용을 가지는 새로운 계약이라는 견해, 신계약설(새로운 계약)과 보험계약의 부활은 보험계약당사자의 합의에 의하여 해지 전의 상태로 회복시키는 특수한 계약이라는 특수계약설이라는 견해가 있다.

그러나 이 부활제도는 보험계약자의 청약에 보험자가 당연히 구속되는 것이 아니라 새로운 계약을 체결할 때와 같은 절차에 의하여 보험자의 승낙이 있는 때에 이루어지는 것이지만 해지된 보험계약을 다시 회복시키는 것을 내용으로 하는 점에서 특수한 계약이라고 해석한다.[61]

4) 고지의무

부활계약은 신계약이 아니고 종전계약의 계속이므로 고지의무는 논의의 여지가 없다. 그러나 부활계약이 부활의 청약과 승낙의 절차를 거치므로 고지의무를 유추하여 인정하여야한다고 풀이된다.

(2) 보험계약의 부활의 요건(要件)

상법 제650조의 2에 따른 보험계약부활요건은 다음과 같은 4가지로 설명된다.

1) 계속보험료의 부지급으로 인한 보험계약해지

61) 양승규 ·박길준, 전게서, 493면.

보험계약자가 보험료를 분할하여 지급하기로 하는 보험계약에서 보험자에게 최초의 보험료를 지급하여 보험자의 책임이 개시되었으나 (상법 제656조), 제2회 이후의 계속 보험료를 약정한 기일에 지급하지 아니함으로써 보험자가 상당한 기간을 정하여 최고하고, 그 기간내에 지급되지 아니하여 보험계약을 해지하였어야한다. 그러므로 보험계약자가 보험계약이 성립되고 보험료의 전부 또는 일부를 지급하지 아니하고 2개월이 지나면 그 계약이 해지되었거나 보험자가 보험계약 체결시의 약관 교부 명시의무를 위반하여 보험계약자가 그 계약을 취소한 때에는 보험계약의 부활은 허용되지 아니한다.

2) 해지환급금의 미지급

보험계약이 해지된 경우에 보험계약자가 이미 지급한 보험료 가운데 미경과 보험료가 있거나 또는 약관에 정한 해지환급금이 있으면 보험자는 이를 보험계약자에게 되돌려 주어야 하는데, 보험계약자가 그 해지환급금을 되돌려 받지 아니하였어야 한다. 그 이유로는 보험계약자가 보험자의 계약해지에 의하여 소정의 해지환급금을 지급받을 때에는 그로서 보험계약관계는 끝나버려서 보험계약의 부활을 인정할 필요가 없기 때문이다. 그리고 보험계약자가 제2회 이후의 보험료를 지급하지 아니하므로써 보험계약이 해지되었으나 약관상 해지환급금을 되돌려 줄 것이 없는 경우에는 이를 어떻게 처리할 것이냐 라는 의문이 남게 된다. 이러한 경우에도 보험계약자는 그 보험계약의 부활을 청구할 수 있다고 해석한다.

3) 부활청구(復活請求)

보험계약자는 그 보험계약이 해지된 후 일정한 기간내에 연체보험료에 약정이자를 붙여 보험자에게 지급하고 그 계약의 부활을 청구하여야 한다. 여기서 일정한 기간으로써 의미하는 것은 '보험약관에 정한 기간' 을 의미하는데, 그 보험약관에서 정하고 있는 보험기간이 끝나기 전이어야 한다. 그리고 보험계약자의 청구는 해지된 종전의 계약을 회복시키는 것을 목적으로 하나 새로운 보험계약의 체결과 같은 절차를 밟아야 한다. 그러므로 보험계약자는 보험계약의 부활에 따르는 중요한 사항을 보험자에게 고지하여야 할 이른바 고지의무를 지게 된다.

보험계약의 부활도 법률적으로는 불요식의 낙성계약이나 실제거래계에서는 보험계약 부활청약서에 따라 일정한 사항을 기재하여 보험자에게 청약하고 특히 유진사(진단계약)의 신체검사는 검사가 필요한 생명보험계약에서는 피보험자는 검사를 받아야 한다.

4) 보험자의 승낙

보험자가 보험계약자의 부활청약에 대하여 승낙하여야 한다. 보험계약의 부활청약은 그때까지의 연체보험료와 약정이자를 붙여 보험계약자가 청구하도록 하고 있으므로 보험자는 그 청구를 받은 날로부터 다른 약정이 없는 한 30일내에 보험계약자에게 낙부의 통지를 발송하여야하고 이를 게을리 할 때에는 승낙한 것으로 간주하여 보험계약은 부활 된 것으로 인정한다(상법 제650조의 2의 후단, 제638조의 2 제1항 본문, 제2항). 다만, 인보험계약에서 피보험자가 신체검사를 받아야하는 경우에는 그 기간은 신체검사를 받은 날로부터 기산한다(상법 제638조의 2의 제1항 단서).

(3) 보험계약부활의 효과

보험계약의 부활은 부활청약은 조전의 보험계약을 회복시키는 것이므로 해지된 계약과 똑같은 내용의 보험계약이 유효하게 존속하는 결과가 된다. 따라서 종전의 계약에 무효.실효.해지 등의 원인이 있는 경우에는 부활후의 계약에도 그대로 인정되나, 보험계약의 부활에 의하여 그 원인이 제거된 때에는 종전의 계약상의 이유를 들어 이를 다툴 수는 없다고 해석한다. 예컨대, 종전의 보험계약의 체결시에 고지의무위반사실이 있다하더라도 부활시에 고지의무를 제대로 이행하게 되면 이를 따질 수가 없게 된다는 것이다.

보험계약자는 실효기간중의 연체보험료와 그에 따른 이자를 보험자에게 지급하여 부활을 청구하여 보험자가 승낙한 때로부터 보험자의 채임이 다시 시작된다고 해석한다. 그러므로 고지의무위반을 이유로 하는 보험자의 계약해지권의 제척기간의 기산점은 보험계약의 부활시를 기준으로 하는 것이고, 보험계약이 계속보험료의 부지급을 이유로 해지되어 부활할 때까지에 생긴 보험사고에 대해서는 보험자는 보험금 지급책임을 지지 아니한다. 다만 보험계약자가 부활청약시에 연체보험료와 이자를 보험자에게 지급한 경우에는 보험자의 승낙전에 보험사고가 생긴 때에는 보험자가 그 부활청약을 거절할 사유가 없는 한 보험계약상의 책임을 진다. 특히 피보험자가 신체검사를 받아야 하는 인보험계약의 경우에는 그 검사를 받지 아니한 때에는 보험자의 보험금지급책임은 인정되지 아니한다(상법 제650조의 2 후단, 제638조의 2의 제3항).

4. 보험계약의 무효와 해제

(1) 보험계약의 무효(無效)

1) 보험사고의 발생내지 불발생의 확정

보험사고는 우연성이 있어야 하므로, 보험계약 당시 보험사고가 이미 발생하였거나 발생할 수 없는 것인 때에는 그 보험계약은 무효로 한다.(상법 제604조 본문). 그러나 보험계약의 우연성은 반드시 객관적이어야 하는 것은 아니고, 보험계약 당시 보험자.보험계약자 및 피보험자가 그 사실을 주관적으로 알지 못한 때에는 보험계약이 유효하게 성립한다(상법 제644조 단서).

2) 사기로 인한 초과보험 내지 중복보험

보험계약자의 사기로 인하여 초과보험계약이 체결된 경우에는 보험계약이 무효이다(상법 제669조 제4항). 또한 보험계약자의 사기로 인하여 중복보험계약이 체결된 경우에도 그 각 보험계약이 무효이다(상법 제672조 제3항, 제669조 제4항).

3) 15세 미만자, 심신상실자, 심신박약자의 사망보험

15세 미만자, 심신상실자 또는 심신박약자의 사망을 보험사고로 한 보험계약은 당연히 무효이다(상법 제732조).

(2) 보험계약의 해제(解除)

보험계약자가 보험계약 체결 후 지체없이 보험료의 전부 또는 제1회 보험료를 지급하지 않은 경우에 다른 약정이 없는 한 보험계약성립 후 2월이 경과한 때에는 그 보험계약이 해제된 것으로 본다(상법 제650조 제1항).

(3) 보험계약의 해지(解止)

1) 보험자측의 해지

① 계속보험료의 불지급(상법 제651조 본문)

보험계약자가 약정한 시기에 계속보험료를 지급하지 않은 때에는 보험자는 상당한 기간을 정하여 보험계약자에게 최고하고, 보험계약자가 그 기간내에도 지급하지 않을 경우에는 그 계약을 해지할 수 있다(상법 제650조 제2항). 그러나 타인을 위한 보험계약에 있어서 보험계약자가 보험료의 지급을 지체한 때에는 보험자는 그 타인에게도 상당한 기간을 정하여 보험료의 지급을 최고한 후가 아니면 그 보험계약을 해지하지 못한다(상법 제650조 제3항).

② 고지의무위반의 경우(상법 제652조 제1항과 제2항)

보험계약 당시에 보험계약자 또는 피보험자가 고의 또는 중대한 과실로 인하여 중요한 사항을 고지하지 않거나 부실의 고지를 한 때에는, 보험자는 그 사실을 안 날부터 1월 내에 또 보험계약을 체결한 날부터 3년 내에 보험계약을 해지할 수 있다(상법 제651조 본문).

③ 위험의 변경 증가의 경우(상법 제653조)

보험기간 중에 보험계약자 또는 피보험자가 사고발생의 위험이 현저하게 변경 또는 증가된 사실을 알고도 지체없이 보험자에게 이를 통지하지 않은 때에는 보험자는 그

사실을 안 날부터 1월내에 보험계약을 해지할 수 있고(상법 제652조 제1항), 또 이를 통지한 때에는 보험자는 그 통지를 받은 때부터 1월내에 보험계약을 해지할 수 있다(상법 제652조 제2항).

또한 위험유지의무의 경우 보험기간 중에 보험계약자 · 피보험자 또는 보험수익자의 고의 또는 중대한 과실로 인하여 사고발생의 위험이 현저하게 변경 또는 증가된 때에는, 보험자는 그 사실을 안 날부터 1월내에 보험계약을 해지할 수 있다(상법 제653조).

④ 제655조에 따른 보험금청구권

보험사고가 발생한 후라도 보험자가 제650조, 제651조, 제652조 및 제653조에 따라 계약을 해지하였을 때에는 보험금을 지급할 책임이 없고, 이미 지급한 보험금의 반환을 청구할 수 있다. 다만 고지의무를 위반한 사실 또는 위험이 현저하게 변경되거나 증가된 사실이 보험사고발생에 영향을 미치지 아니하였음이 증명된 경우에는 보험금을 지급할 책임이 있다고 규정하고 있다(상법 제655조).

⑤ 선박미확정의 적하예정보험의 경우(상법 제704조)

보험계약 당시에 하물을 적재할 선박을 지정하지 않은 경우에 보험계약자 또는 피보험자가 하물이 선적되었음을 안 때에는 지체없이 보험자에게 그 선박의 명칭·국적, 하물의 종류 · 수량 · 가액의 통지를 발송하여야 하는데, 그 통지를 해태한 때에는 보험자는 그 사실을 안 날부터 1월내에 보험계약을 해지할 수 있다(상법 제704조).

2) 보험계약자측의 해지

① 사고발생전의 경우(상법 제649조 제1항)

보험계약자는「보험사고가 발생하지 전」에는 언제든지 보험계약의 전부 또는 일부를 해지할 수 있다(상법 제649조 제1항 본문). 그러나 타인을 위한 보험계약에서는 보험계약자는 그 타인의 동의를 얻지 않거나 보험증권을 소지하지 않으면 그 보험계약을 해지하지 못한다(상법 제649조 제1항 단서).

또한 보험사고의 발생으로 보험자가 보험금액을 지급한 때에도 보험금액이 감액되지 않는 보험계약(예: 자동차보험계약)에서는, 보험계약자는 보험사고가 발생한 후에도 보험계약을 해지할 수 있다(상법 제649조 제2항).

② 보험자의 파산의 경우(상법 제654조 제1항)

보험자가 파산선고를 받은 때에는, 보험계약자는 보험계약을 해지할 수 있다(상법 제654조 제1항).

(4) 보험계약의 소멸(消滅)

1) 보험사고의 발생

보험사고가 발생한 때에는 보험자가 보험금액지급책임을 부담하여 계약의 목적이 달성되므로, 보험계약이 소멸된다. 손해보험계약에 있어서 분손(分損)이 생긴 때에도 보험계약이 소멸된다. 그러나 손해보험계약에 있어서 분손이 생겼더라도, 특약으로 보험기간 동안 잔여 보험금액의 한도에서 보험계약을 유지할 수 있다.

그리고 책임보험에서는 보험기간 중에 발생하는 보험사고의 수에 제한이 없으므로, 보험사고가 발생하여 보험금액을 지급하여도 보험기간이 종료할 때까지 보험계약이 유지된다.

2) 보험기간의 만료

보험사고의 발생없이 보험기간이 만료된 때에는, 보험자의 책임기간이 경과하였으므로 당연히 보험계약이 소멸된다.

3) 보험계약의 실효

보험자가 파산선고를 받는 경우에 보험계약자가 보험계약을 해지하지 않고 파산선고 후 3월이 경과한 때에는, 보험계약은 그 효력을 잃는다(상법 제654조 제2항).

4) 선박보험계약의 종료

선박보험계약에 있어서 ① 선박을 양도한 때, ② 선박의 선급을 변경한 때, ③ 선박을 새로운 관리로 옮긴 때에는, 보험자의 동의가 없는 한 보험계약이 종료된다(상법 제703조의 2).

제 9 장 고지의무(告知義務)

1. 총 설

(1) 고지의무의 의의(意義)

고지의무라 함은 보험계약자 또는 피보험자가 보험계약을 체결함에 있어서 중요한 사실을 고하고, 중요한 사실에 대하여 부실고지 또는 불고지 아니할 사실을 고하지 아니할 의무를 이른다(상법 제651조). 다시 말해서 법이 보험계약자 등에 관하여 보험사고발생의 가능성을 측정하는데 중요한 사실에 관하여 진실을 말할 것을 그 전제로 하는 계약전의 의무로서 계약성립 후의 통지의무(상법 제652조) 등과는 구별되는 개념이다.

(2) 고지의무제도의 존재이유와 그 근거(根據)

1) 존재이유

보험자는 다수의 계약을 체결함으로써 보험단체내부의 급여.반대급여의 균형을 유지하여 합리적인보험기업을 운영하기 위하여 보험계약자의 협조를 필요로 하는데 그 존재이유가 있겠다.

2) 근거이론

고지의무제도의 근거에 대하여는 보험계약의 성질에 따라 사행설 · 선의설 · 합의설 등 여러 가지로 견해가 나뉘어 있으나, 보험의 기술적 기초에 있다고 해석하는 기술설.위험측정설이 다수설이다. 즉, 보험제도는 동질적인 위험에 처해 있는 다수의 보험계약자가 이른바 보험단체를 구성하여 공동준비금에 의하여 보험사고에 대비하는 것을 그 본질로 하므로 보험금과 대가관계에 있는 보험료산출을 위하여 필요한 위험률의 측정을 가급적 정확하게 할 필요가 있는 바, 보험자가 스스로 모든 사항을 조사할 수는 없으며, 보험계약자 등의 협력을 구할 수밖에 없다. 여기에 법이 고지의무제도를 인정할 근거가 있겠다. 그러나 오늘날 이 고지의무제도는 보험기술의 발달과 더불어 의무자가 고자사항을 찾아내어 능동적으로 하는 것이 아니라 보험자의 질문에 기계적으로 대답하는 수동적인 의무로 진전하고 있음을 유의할 필요가 있다.

3) 법적 성질(性質)

고지의무는 의무라고 하고 있으나, 보험자가 그 이행을 강제하거나 또는 그 불리행에 대하여 손해배상을 청구할 수 있는 것이 아니고, 의무자가 고의 또는 중과실로 이해위반하면 보험자가 이를 이유로 계약을 해지할 수 있을 뿐이다. 따라서 고지의무는 보험계약이 완전히 효력을 발생하는 전제조건이고 보험계약의 효과로서 부담하는 것이 아니므로 진정한 의무가 아니고 이른바 간접의무 내지 자기의무에 불과하다.

2. 고지의무의 내용

(1) 고지의무의 당사자

1) 고지의무자

보험계약상 고지의무자는 보험계약자와 피보험자이다. 우리 상법은 손해보험과 인보험을 일률적으로 규정하고 있으므로 피보험자가 인보험계약의 피보험자 이외에 손해보험에 있어서의 피보험자를 포함하느냐는 의문이 있으나 피보험이익의 소유자로서 이해관계를 가지므로 그 의무를 진다고 해석한다. 다만, 타인을 위한 손해보험계약인 경우 피보험자가 실질적으로 그 의무를 이행할 수 없는 경우가 많을 것이다. 또 대리인에 의한 보험계약의 경우에 그 보험계약자의 대리인도 고지의무를 진다(상법 제646조, 민법 제116조 참조).

2) 고지수령권자

고지의 수령권자는 보험자와 그의 대리인이다. 체약대리인이나 보험의(保險醫)는 고지수령권을 가지나 중계대리인이나 보험설계사는 그 권한을 갖지 못한다.[62]

(2) 고지의 시기와 방법

1) 시기

고지의 시기는 계약성립시를 표준자를 기준으로 한다(예외로서 생명보험에 있어서는 약관에 의하여 고지의무를 계약성립 후 보험기간에 시기까지 연장하는 경우는 그에 따른다). 따라서 청약 당시 고지의무를 완전히 이행하지 아니하였어도 계약성립시까지 보완 내지 정정할 수 있고, 또 청약 후 계약성립시까지 발생 또는 변경한 사항에 대해서도 고지하여야 한다.

2) 방법

고지의 방법에는 제한이 없으므로 서면이나 구두로도 가능하지만 실제에 있어서는

62) 대판 1979. 10. 30, 79다1234 참조.

청약서상의 질문란에 답하는 등의 방식으로 서면에 의하는 것이 보통이다.

3) 고지할 사항

고지(告知)할 사항(事項)은 이른바 '중요한 사항(事項)' (material fact)이다. 여기서 '중요한 사항(事項)' 이란 보험자(保險者)가 보험사고의 발생과 그로 인하여 책임부담의 정도의 개연성을 측정하여 계약을 체결하는 여부 또는 보험료산정의 기준이 되는 사항으로서 객관적으로 보아 보험자가 그 사실을 안다면 당연히 그 계약을 체결하지 않든가 또는 적어도 동일한 조건으로는 그 계약을 체결하지 않았으리라고 생각되는 사항을 말한다. 이러한 사항은 구체적으로 각종 보험에 따라 결정될 문제인데, 예컨대 가옥에 대한 화재보험에서는 가옥의 물리적 성상(性狀) · 구조(構造) · 장소적 문제 · 사용목적(使用目的), 또 생명보험에서는 계약 당시의 피보험자의 건강상태뿐만 아니라 기왕증 등이 그에 해당한다. 실제 거래계에서는 보험청약서에 질문란을 두고, 고지를 요하는 사항을 들고 있는데, 이것을 질문표(質問表)라고 한다. 그리고 이 질문표에 기재된 사항은 일단 중요한 사항이라고 추정(推定)한다(상법 제651조의 2).

3. 고지의무위반의 요건(要件)

(1) 주관적 요건

고지의무위반은 보험계약자 또는 피보험자의 고의 또는 중대한 과실이 있어야 한다(상법 제651조). 여기서 '고의' 라 함은 중요한 행실을 알면서 고지하지 아니하거나 거짓으로 고지하는 것을 말하고, 사기의 의사 등 해의(害意)를 의미를 하는 것은 아니다. 또 중대한 과실에 대하여는 고지나 불고지에 대하여 있는 경우뿐만 아니라 중요한 사항을 알지 못한데 대하여 중대한 과실이 있는 경우도 포함한다는 견해와 고지사항 자체를 알지 못한 것이 중대한 과실로 인한 경우는 포함하지 못한다는 견해가 있다. 그러나 여기서 '중대한 과실' 에는 업무상 당연히 알 수 있는 사항에 대하여 중대한 과실로 이를 알지 못한 경우를 제외하고는 고지사항의 존재를 중대한 과실로 알지 못하는 경우는 포함되지 않는다고 해석하는 것이 타당할 것이다.

(2) 객관적 요건

중대한 사항에 관하여 불고지 또는 부실고지가 있어야 한다. 그러므로 주관적으로는 중요한 사항이라고 생각하였으나 객관적으로 고지사항에 속하지 않으면 고지의무위반은 되지 않는다. 그리고 보험자가 서면으로 질문한 사항에 대하여 그대로 고하면 그 밖의 사항에 대하여는 악의의 묵비가 없는 한 고지의무를 다한 것으로 추정 받는다고 해석한다.

(3) 입증책임(立證責任)

보험계약자, 피보험자 및 이들의 대리인의 고지의무위반사실은 보험자에게 입증책임이 있다.

4. 고지의무위반의 효과(效果)

(1) 계약해지권의 발생과 해지의 효력

1) 해지권의 발생과 그 성질

고지의무위반이 있으면, 계약이 당연 무효가 아니고 보험자가 계약을 해지할 수 있을 뿐이다(상법 제651조 본문). 해지권은 보험자가 고지의무위반의 사실을 입증하고 일방적으로 행사할 수 있으므로 일종의 형성권에 속한다. 따라서 보험자는 보험사고의 발생 전・후를 묻지 아니하고 그 계약을 해지할 수 있으며, 또 그 권리를 포기할 수도 있다.

2) 해지의 효과

보험자가 고지의무위반을 이유로 계약을 해지한 때에는 그 계약은 장래에 대하여 효력을 잃는다(민법 제550조). 다만 보험사고의 발생 후에 계약을 해지한 경우에는 보험자는 보험금액을 지급할 책임이 없고, 이미 지급한 보험금액의 반환을 청구할 수도 있다(상법 제655조 본문). 그러나 인보험의 경우에는 보험수익자를 위한 적립금을 보험계약자에게 지급하여야 한다(상법 제736조 제1항).

(2) 계약해지권행사의 제한사유

보험자는 다음의 경우에 계약해지권을 행사할 수 없도록 하고 있다.

1) 보험자가 고지의무위반의 사실을 안 날로부터 1월이 지나거나 계약체결당시부터 3년이 지나버렸을 경우(상법 제651조 본문), 이 기간은 소멸시효(時效期間)이 아닌 제척기간(除斥期間)이다.

2) 보험자가 계약당시에 그 사실(고지의무위반사실)을 알았거나 중대한 과실로 알지 못한 때(상법 제651조 단서).

3) 보험사고의 발생이 고지의무에 위반한 사실에 기인하지 아니하였음이 밝혀진 때(상법 제655조 단서조항), 이것의 의미는 그 입증책임은 보험계약자에게 있고, 그 사이에 인과관계(因果關係)의 존재여지가 조금이라도 있을 때에는 인과관계가 상당히 있는

것으로 볼 수 있겠다[63].

4) 당사자간에 특약을 정해놓았을 경우에는 계약해지권 행사를 할 수 없다. 그러나 의무자에게 해의(害意)가 있는 경우 그 특약은 민법 제103조에 의하여 무효로 한다.

5. 고지의무위반과 민법의 착오(錯誤)와 사기(詐欺)와의 관계(關係)

우리 민법상 착오나 사기로 인하여 행한 법률행위[64]는 취소(取消)할 수 있도록 규정되어 있다(민법 제109조 ; 민법 제110조[65]). 그러나 보험법상 고지의무위반이 착오나 사기로 인한 경우에는 민법을 적용할 것인가에 대하여 논란이 있다. 여기에는 앞서서 살펴본 바와 같이 보험계약이 갖고 있는 선의성과 단체성, 그리고 기술성에 기하여 민법의 적용을 배제하여야 한다는 견해가 있으나, 사기로 인한 경우는 민법의 규정을 적용하여 보험계약을 취소하거나 또는 무효[66]로 하고(상법 제669조 제4항), 착오로 인한 경우는 민법의 규정을 당연히 적용할 것은 아니라고 해석한다. 즉, 고지의무위반이 착오로 인한 경우는 이의약관의 정함에 따라 이의(異議)를 제기할 수 있다(상법 제641조). 착오로 인한 의사표시(민법 제109조[67])에서는 착오의 개념, 착오에 관한 입법태도, 착오의 태양 등이 중요하다. 다만 보험의 목적에 관한 착오와 같이 고지의무위반에 관한 규정적용이 없는 것은 물론 민법의 규정이 적용된다고 본다.

---

63) 대판 1992. 10. 23, 92다28259: 판지에 의하면 “보험계약자의 고지의무위반사실이 보험사고의 발생에 영향을 미치지 아니하였다는 점이 증명된 때에는 상법 제655조 단서규정에 의하여 보험자는 그 부실고지를 이유로 보험계약을 해지할 수 없을 것이나, 그와 같은 고지의무위반사실과 보험사고 발생과의 인과관계가 부존재한다는 점에 관한 입증책임은 보험계약자측에 있다할 것이므로 만약에 그 인과관계의 존재를 조금이라도 규지할 수 있는 여지사 있으면 위 단서는 적용되어서는 안될 것이다.”

64) 법률행위~일정한 법률효과의 발생을 목적으로 하는 단일 또는 복수의 의사표시를 불가결의 요소로 하는 법률요건을 말한다. 이 개념은 18세기말 독일 보통법이론에 의하여 성립되었으며, 이 용어는 Savigny가 처음 사용하였으며 그는 의사표시와 법률행위를 같은 의미로 파악하였다. 이에 이는 준법률행위개념과 구별되는데, 그 차이는 행위자의 행위능력을 요구하느냐에 따라 달라진다.

65) 민법 제110조; ① 사기나 강박에 의한 의사표시는 취소할 수 있다. ② 상대방있는 의사표시에 관하여 제3자가 사기나 강박을 행한 경우에는 상대방이 그 사실을 알았거나 알 수 있었을 경우에 한하여 그 의사표시를 취소할 수 있다.

66) 이범찬, 전게서, 주4)에서 재인용; 대판 1991. 12. 27., 91 다 1165 : 판지는 ‘보험계약자의 고지의무위반이 사기에 해당하는 경우에는 보험자를 상법의 규정에 의하여 계약을 해지할 수 있음은 물론 민법의 일반원칙에 따라 그 보험계약을 취소할 수 있는 것이다’ 라고 한다.

67) 민법 제109조; 의사표시는 법률행위의 내용의 중요부분에 하자가 있는 때에는 취소할 수 있다. 그러나 그 착오가 표의자의 중대한 과실로 인한 때에는 취소하지 못한다. ② 전항의 의사표시의 취소는 선의의 제3자에게 대항하지 못한다.

1) 학설

① 상법단독적용설

고지의무 위반의 효과에 관한 상법의 규정은 민법의 규정에 대한 특칙이므로 상법 제651조만 적용하여야 한다는 견해이다.

② 민.상법 동시 적용설

고지의무에 관한 상법상의 제도는 보험계약의 특수성에 따라서 일정한 요건 하에 보험자에게 계약해지권을 인정하는 것이고, 당사자의 의사표시의 하자를 이유로 한 착오.사기에 관한 민법의 규정과는 그 근거, 요건 및 효과를 달리 한다. 따라서 이 양자는 특별법과 일반법의 관계에 있는 각각 별개의 제도이므로 보험자는 이들 모두를 동시에 주장할 수 있다는 견해이다.

③ 절충설

이 설은 착오와 사기를 구별하여 착오에 관한 민법의 규정은 그 적용을 배제하고, 사기에 관한 민법의 규정은 적용한다는 견해이자 현재 통설이다.

2) 검토

착오의 경우에는 보험계약자에게 악의는 없는 것이므로 보험자와 더불어 보험계약자의 이익도 고려하여야 할 필요가 있다. 즉 보험계약자에게 귀책사유가 없는데 보험자가 스스로 착오에 빠진 경우, 이를 취소사유로 인정한다면 보험계약자에게 너무 가혹하다. 따라서 착오에 관한 민법규정의 적용은 배제되어야 할 것이다. 그러나 고지의무자에게 사기가 있는 경우에는 그러한 자의 이익을 보호할 필요가 없고, 만약 사이에 관한 민법규정의 적용을 배제하여 사기를 행한 자를 보호한다면 오히려 부당한 결과가 된다. 따라서 사기의 경우 보험자는 민법의 규정에 의한 취소권을 행사할 수 있다고 하는 절충설이 판례와 다수설의 입장으로 타당하다.

제 10 장 보험증권(保險證券)

1. 총설

(1) 의의(意義)

일반적으로 보험계약의 성질에서 볼 수 있듯이 계약이 체결되고, 보험료의 납입이 있으면 당연히 작성.교부되는 것이 보험증권이다. 따라서 보험증권은 보험계약이성립한 후에 그 계약의 내용을 증명하기 위하여 보험자가 발행하는 일종의 증거증권이다. 보험계약은 요식계약이 아니고 낙성(諾性)계약이므로 보험증권의 발행은 계약당사자의 편의를 위한 것이지 계약의 성립요건도 아니므로, 또한 보험자만이 기명날인 하거나 서명하는 것이므로 계약서도 아니다.

(2) 보험증권의 교부(交付)

보험자는 당해 보험계약이 성립하면 지체없이 보험증권을 작성하여 보험계약자에게 교부하도록 하고 있다(상법 제 640조 본문). 이것이 이른바 보험자의 보험증권작성교부의무이다. 이러한 보험증권은 정형화(定型化)에 따라 보험약관이 인쇄되어 있고, 특약조항도 기재되어 있어서 보험계약의 내용을 증명하는 가장 유력한 증거로서 사용되므로 보험계약이 성립하면 당연히 이를 작성(作成).교부(交付)하도록 하고 있는 것이다. 다만 보험계약자가 보험료의 전부 또는 최초의 보험료를 지급하지 않은 경우에는 그러하지 아니하다(상법 제640조 제1항 단서). 그리고 기존의 보험계약을 연장하거나 변경한 경우에는 보험자는 이미 발행한 보험증권에 그러한 사실을 기재함으로써 보험증권의 교부에 갈음할 수 있도록 하고 있다(상법 제640조 제2항).

2. 법적 성질

(1) 요식증권성(要式證券性)

보험증권에는 일정한 사항을 기재하고 보험자가 기명날인 또는 서명하여야 한다(상법 제666조). 즉, ①보험의 목적, ②보험사고의 성질, ③보험금액, ④보험료와 그 지급방법, ⑤보험기간을 정한 때에는 그 시기(始期)와 종기(終期), ⑥계약의 무효(無效)와 실권

(失權)의 사유(事由), ⑦보험계약자의 주소와 성명 또는 상호(商號), ⑧보험계약의 연월일, ⑨보험증권의 작성지와 그 작성년월일 등을 기재하지 않으면 안된다. 또 상법은 앞서의 기재사항 이외에도 보험의 종류에 따라 특별한 기재사항도 요구하고 있다(상법 제685조, 제690조, 제695조, 제726조의 3, 제728조, 제738조). 그리하여 보험증권은 요식증권이나 그 요식성은 어음·수표에 있어서와 같이 엄격한 것은 아니고, 법정사항의 기재를 흠결하거나 그 밖의 사항을 기재하여도 보험증권의 효력에는 아무런 영향을 미치지 않는다.

(2) 증거증권성(證據證券性)

보험증권은 증거증권으로서 보험계약의 성립과 그 내용에 관하여 사실사의 추정력을 가진다. 그러므로 보험증권의 기재내용과 보험계약의 내용이 다른 때에는 그 사실을 입증하여 진실한 계약의 내용에 따라 당사자는 그 권리를 주장할 수 있다고 해석한다. 그리고 보험계약의 내용에 착오가 있는 경우에도 보험계약자의 진술은 전체로서 고려되어 공정하고 합리적인 해석의 원칙을 받아들여 당사자의 의사가 명백히 발견되어질 수 있다면 그에 따라 보험계약의 범위내에서 그 효력을 인정할 수 있다고 해석하여야 할 것이다.

(3) 면책증권성(免責證券性)·상환증권성(相換證券性)

면책증권이라 함은 보험자가 보험금을 지급함에 있어서 증권제시자의 자격유무를 조사할 권리는 있으나, 의무는 없으므로 인하여 면책증권이라 한다. 즉, 보험자는 보험증권을 제시한 사람에 대하여 악의(惡意) 또는 중대한 과실(過失)이 없이 보험금을 지급한 경우에는 그가 비록 권리자가 아니라 하더라도 그 책임을 면하게 된다. 그리고 보험사고의 발생으로 보험자가 보험금을 지급할 때에는 보험증권과 상환하는 것이 일반적이므로 보험증권은 유가증권으로서의 성질을 갖고 있다. 그러나 이것은 보험증권과 상환하지 않으면 보험금을 지급할 수 없다는 강한 뜻이 아니고, 증권을 제출할 수 없을 때에는 다른 방법으로 그 권리를 증명함으로써 보험금을 청구할 수 있다고 해석한다.

(4) 유가증권성(有價證券性)

보험증권이 유가증권이냐 아니냐에 대하여는 그간 학설이 대립되어 왔다. 원칙적으로 보험증권은 증거증권으로서 유가증권도 유통증권도 아니라는 것이 일반적이었다. 그러나 보험증권이 기명식(記名式)에 한하지 않고 지시식(指示式) 또는 무기명식(無記名式)으로 발행할 것을 법에서 금지하지 않고 있으므로, 이것을 발행할 수 있었고, 또 실제 거래계에서도 많이 이용하고 있는 실정이다. 그러나 이러한 보험증권의 발행을 승인하고 있는 입법례(立法例)에서도 그 유가증권성을 승인하고 있지는 않다(독일과 프랑스). 따라서 지시식 또는 무기명식보험증권의 유가증권성이 문제가 되어 지고 그에 대한 학설은 다음과 같다.

1) 부정설(否定說)

이 설은 보험금청구권은 그 성질상 증권이외의 사정, 즉 보험료의 지급 기타 여러 가지의 의무이행에 걸려 있다는 점과 또 손해보험에 있어서는 보험증권의 점유의 이전으로 권리만을 이전할 수 없고, 보험의 목적의 양도에 수반하여 이전되는 점(상법 제679조)에서 유가증권성을 부인(否認)한다. 그러나 반드시 불요인채무를 표창하는 것에 한하지 않는 다는 점에서 비판을 받고 있다.

2) 긍정설(肯定說)

이 설은 거래의 안전의 확보, 권리의 행사에 증권의 점유를 필요로 한다는 것을 이유로 유가증권성을 전면적으로 긍정하는 견해이다. 그러나 생명보험에 있어서는 그 성질상 또 일반의 손해보험, 화재보험 등에 있어서도 보험의 목적인 물건 자체가 전전유통(輾轉流通)하는 성질의 것이 아니고, 또 손해의 보상이라는 보험의 성질상 손해보상청구권만이 전전유통하는 성질의 것도 아니므로 보험증권에 유가증권성을 인정할 필요는 없고 오히려 이를 인정함으로써 많은 폐해가 생길 염려가 크다.

3) 일부긍정설(一部肯定說)

이 설은 해상보험증권, 특히 적하보험증권 등에 유가증권성을 인정하자는 견해이다. 그 이유로는 선하증권의 이전(移轉)에 따라서 전전유통되어야 할 경제적 필요성도 있고, 증권의 배서(背書)나 교부(交付)에 의해서 그 목적을 실현할 필요성이 크기 때문이다. 또 보험계약에 따른 항변이 배서 또는 교부로 인하여도 절단되지 않는 것은 바로 유가증권성을 부인하는 것도 아니기 때문이다. 이 설이 최근에 유력하여지고 우리의 통설적 견해이다. 다만 보험증권은 문언증권(文言證券)이나 무인증권(無因證券)이 아니므로 보험자는 보험계약에 따른 항변으로써 그 소지인에게 대항할 수 있고, 게다가 그 보험증권상의 권리의 발생은 우연한 사고에 의하여 결정되어지므로 보험증권은 가장 불완전한 의미에 있어서 유가증권이라 할 수 있겠다.

3. 보험증권에 관한 이의신청(異議申請)

보험증권은 앞에서 살펴본 바와 같이 증거증권으로서 사실상의 추정력을 가질 뿐이므로 그 증권상의 기재내용이 실제 계약과 다를 때에는 이를 정정하여 당사자사이의 불필요한 분쟁을 방지할 필요가 있겠다. 이리하여 상법은 보험계약당사자는 보험증권의 교부가 있은 날로부터 1월을 내리지 않는 기간 안에 한하여 그 증권내용의 정부

(正否)에 관한 이의(異議)를 할 수 있음을 약정할 수 있도록 하고 있다(상법 제641조). 이것을 정한 약관을 이의약관(異議約款)이라 부른다.

4. 보험증권의 멸실(滅失)·훼손(毁損)과 재교부

보험증권이 보험증권을 멸실 또는 훼손한 경우에도 보험금을 청구할 수 있다. 그러나 보험증권은 보험계약의 증거방법의 하나로서 발행된 증서이기 때문에 보험계약자는 보험증권을 소지함으로써 일단 보험계약의 내용이 추정을 받아 입증하기가 편리하다. 그리하여 상법은 보험증권을 멸실 또는 현저하게 훼손한 때에는 보험계약자는 자기의 비용으로 보험증권의 재교부를 청구할 수 있음을 규정하고 있다(상법 제642조).

제 11 장 보험계약의 변경과 소멸

1. 총설

보험계약은 일종의 사행계약이며 또한 그 성질상 일정한 기간동안 계속되는 계약이므로 보험계약의 변경과 소멸에 관하여는 일반의 계약관계에 있어서보다 더 많은 특칙이 인정되고 있으며, 이와 같은 보험계약의 변경.소멸사유는 각종의 보험계약에 일반적인 것과 각각의 계약에 따라 특유한 것이 있으나 여기에서는 일반적인 사항에 대하여만 살펴본다.

2. 보험계약의 변경 · 소멸사유

(1) 당연한 변경.소멸

1) 보험기간의 만료

종신보험의 경우를 제외하고는 보험사고가 발생하지 않고 보험기간이 끝난 때에 계약은 소멸한다.

2) 위험의 소멸

보험사고가 발생할 수 없는 것은 보험의 목적으로 할 수 없으며(상법 제644조) 보험사고 이외의 다른 사유로서 사고발생의 위험이 소멸하면 보험계약은 당연히 종료하게 된다. 보험계약의 당사자가 특별한 위험을 예기하여 보험료의 액을 정한 경우에 그 보험기간 중에 그 예기한 위험이 소멸한 때에는 보험계약자는 그 후의 보험료의 감액을 청구할 수 있다(상법 제647조).

3) 보험자의 파산후 3월이 경과한 때

보험자가 파산선고를 받으면 보험계약자는 계약을 해지할 수 있다(상법 제654조 제1항). 그러나 보험계약자가 해지하지 않고 파산선고후 3월을 경과한 때에는 보험계약은 당연히 그 효력을 잃는다(상법 제654조 제2항).

4) 보험사고의 발생

보험사고의 발생으로 인하여 보험금액이 지급된 경우 보험계약은 목적의 달성에 의하여 종료한다. 다만 손해보험계약에서 보험사고로 일부손해가 발생하여 보험금액의 일부만을 지급한 경우에는 그 나머지 보험금액의 한도에서 보험기간동안 보험계약관계의 유지를 인정하기도 한다.

(2) 당사자의 의사에 의한 변경·소멸

상법은 다음의 각 경우에는 당사자의 의사에 의한 계약의 해지를 규정하고 있다,

1) 보험계약자의 임의해지

보험계약자는 보험사고가 발생하기 전에는 언제든지 계약의 전부 또는 일부를 해지할 수 있다(상법 제649조 제1항). 그러나 타인을 위한 보험계약의 경우에 있어서는 보험계약자가 그 타인의 동의를 얻지 아니하거나 보험증권을 소지하지 아니하면 그 계약을 해지하지 못하며(상법 제649조 제1항 단서) 이 경우에는 보험계약자는 당사자간에 다른 약정이 없으면 미경과보험료의 반환을 청구할 수 있다(상법 제649조 제3항). 나아가 보험사고의 발생으로 보험자가 보험금액을 지급한 때에도 보험금액이 감액되지 아니하는 보험의 경우에는 사고 발생후에도 보험계약을 해지할 수 있다(상법 제649조 제2항).

2) 보험자의 파산으로 인한 해지

보험자가 파산의 선고를 받은 때에는 보험계약자는 계약을 해지할 수 있다(상법 제654조 제1항).

3) 보험료의 부지급으로 인한 해지

계속보험료가 약정한 시기에 지급되지 아니한 때에는 보험자는 상당한 기간을 정하여 보험계약자에게 최고하고 그 기간내에 지급되지 아니한 때에는 그 계약을 해지할 수 있다(상법 제650조 제2항).

4) 고지의무·통지의무의 위반으로 인한 해지

보험계약자 또는 피보험자는 보험계약 성립 시까지는 고지의무를 지며 계약성립 후에는 보험계약 체결 후에는 위험의 변경·증가의 통지의무를 진다. 그리고 보험계약자 또는 피보험자가 이러한 의무를 해태한 때에는 보험자는 보험

사고 발생전후를 묻지 않고 계약을 해지할 수 있다(상법 第651조 · 第652조). 다만 보험자의 해지권행사는 일정한 기간 안에 하여야 하며, 계약을 해지한 때에는 보험금액의 지급책임이 없고, 이미 지급한 경우에는 그 반환을 청구할 수 있다. 그러나 고지의무에 위반한 사실 또는 위험이 현저한 변경이나 증가된 사실이 보험사고의 발생에 영향을 미치지 아니하였음이 증명된 때에는 그러하지 아니하게 되어서 보험금지급책임이 있다(개정 상법 第655조). 생명보험의 경우에는 계약이 해지된 때에도 보험료적립금을 보험계약자에게 반환하여야 한다(상법 第736조).

5) 주관적 위험의 변경·증가의 경우 해지

보험기간 중에 보험계약자, 피보험자, 보험수익자의 고의 또는 중대한 과실로 인하여 사고발생의 위험이 현저하게 변경 또는 증가된 때에는 보험자는 계약을 해지할 수 있다(상법 第653조). 해지의 효과는 고지의무에 있어서와 같다(상법 第655조).

6) 약관의 규정에 의한 해지

기타 각종 보험약관에는 위의 사유외에 일정한 요건하에서 보험자가 계약자의 귀책사유를 근거로 하여 계약을 해지할 수 있음을 정하고 있다.

제 12 장 보험자면책(保險者免責)

1. 총 설

(1) 면책사유의 의의

보험계약상 보험자의 기본적인 의무는 보험금지급의무이다. 그러나 보험계약법이나 약관은 보험계약의 성격상 일정한 사유가 있으면 보험사고가 발생하였다 하더라도 보험금지급책임을 면제하고 있는데, 그 사유를 면책사유라 한다.

한편 보험약관에서 정하고 있는 면책사유로는 보험사고의 원인과 관련하여 보험자의 책임을 면제하는 책임면제사유(exceptions)와 보험계약에서 약정한 보험사고의 범위에서 제외시켜버리는 담보위험제외사유(exclusions)로 나누어 볼 수 있다. 그리고 보험자는 보험계약자 등의 보험료의 불지급(상법 제650조), 또는 고지의무위반(상법 제651조), 위험변경.증가(增加)의 통지의무위반(상법 제652조) 또는 위험유지의무위반(상법 제653조) 등의 사유로 보험계약을 해지한 때에는 보험사고가 발생한 후에도 보험금지급책임을 지지 아니하나(상법 제655조), 이것은 보험자의 면책사유라기보다는 보험계약해지의 효과(效果)로서 인정할 수 있다[68].

(2) 면책사유제도의 효용성

보험제도는 동일한 위험에 처해 있는 다수의 경제적 주체가 대수의 법칙이나 통계적 원리에 입각한 공동기금을 준비하여 우연한 사고발생에 대비하는 제도이고 보험계약은 우연한 사고를 전제로 보험자의 책임을 인정하므로 사행계약적인보험계약이다. 그러므로 보험사고는 개별적으로 보면 지극히 우발적인 것이지만 보험공동체의 전체적인 흐름속에서 보면 그 위험발생의 개연율을 측정한 통계나 대수의 법칙의 균형을 유지하면서 보험사업을 과학적으로 나아가 합리적으로 운영할 수 있을 필요가 있다. 따라서 보험사고가 보험계약자 등의 인위적인 사고의 유발이라든가 전쟁 등으로 인한 사고의 발생과 같이 비정상

68) 양승규 · 박길준, 전게서, 494면.

적인 상황속에서 발생한 경우에는 법률적으로나 계약적으로나 보험자의 보험금액의 지급책임을 면제하여 도덕적 위험(moral risk)도 방지하고 나아가 보험자를 보호하여 보험기업의 원만한 유지를 도모할 필요가 있다. 이에 보험자의 면책제도를 두어 그 사유를 정하여 놓고 있는 것이다. 이러한 면책사유는 보험계약법상 일반적인 것과 각종 보험의 목적에 따라 특성별로 인정되는 것이 있다. 이외에도 약관으로 개별적으로 정하는 것들도 있겠다.

2. 일반적 면책사유

(1) 보험계약자 등의 고의(故意)나 중과실(重過失)에 의한 보험사고

1) 고의와 중과실의 의미

여기서 고의라 함은 일정한 결과의 발생을 인식하면서 그것을 감히 행하는 것으로서, 자살.자해행위.방화 등이 그 예이다. 그래서 보험계약자 등의 고의는 원인행위에 존재하면 되는 것이지, 그 결과의 발생에 대하여까지 인식하여야 하는 것도 아니므로 또한 그 사고의 결과 보험금을 취득하는 데 대한 고의를 필요로 하는 것은 아니다. 더욱이 고의는 미필적 고의(Bedingter Vorsatz)만 있어도 된다고 본다.

한편 중과실이라 함은 사람은 누구나 실수할 수 있지만 그 정도가 현저하게 주의를 다하지 못한 경우를 말하는데, 보험자의 면책사유로서의 중대한 과실이란 사회적으로나 도덕적으로 허용할 수 없거나 적어도 행위자의 미필적 고의가 인정되는 정도의 상황에서 생겨난 경우로 한정하여야 한다고 본다.

2) 고의나 중과실을 면책사유로 한 이유(理由)

상법 제659조에서는 보험사고가 보험계약자 또는 피보험자나 보험수익자의 고의 또는 중대한 과실로 인하여 생긴 때에는 보험자는 보험금을 지급할 책임이 없도록 하고 있다. 이는 보험계약자 등에 의해 인위적인보험사고를 보험자의 면책사유로 하고 있는 것이다. 보험계약에서 보험자는 우연한 사고가 생긴 때에 보험금을 지급하기로 한 것이므로 보험계약자 등이 고의적으로 일으킨 사고에 대해서까지 담보하는 것은 아니기 때문이다. 따라서 보험계약자 등이 인위적으로 보험사고를 일으킨 것은 보험사고의 불확정성에 반하는 것이고, 또한 주관적인 위험을 배제하고, 보험사기나 범죄를 방지하여 인위적인 사고로 인한 도덕적 위험을 막고자 보험계약자 등의 고의나 중과실로 생긴 보험사고에 대하여는 보험자의 면책사유로 한 것이라 할 수 있다.

3) 사망보험의 경우

인보험의 사망보험의 경우에는 보험계약자 또는 피보험자나 보험수익자의 고의로 발생한 보험사고만을 보험자의 면책사유로 하고, 중대한 과실로 인하여 보험사고가 생긴 경우에는 보험자의 보험금지급책임을 인정하는 경우도 있다(상법 제732조의 2). 이러한 경우는 상해보험(상법 제739조)에서도 마찬가지인데, 이는 보험수익자를 보호하기 위한 법의 배려이다.

4) 입증책임

보험계약자 또는 피보험자나 보험수익자의 고의 또는 중대한 과실로 보험사고가 발생하였다는 것을 보험자가 입증하여야 하고, 이것은 추정적 증거(Beweis auf erste Sicht)로 충분하다고 할 것이다.

5) 대표자책임이론

보험계약자 등이 민사상의 배상책임을 지는 자, 가령 가족이나 사용인의 고의 또는 중대한 과실로 보험사고가 발생한 때에 보험자의 책임을 인정할 것이냐는 문제가 생기게 된다. 이것이 이른바, 대표자책임이론(Repräsentantenhaftung-stheorie)으로써, 독일에서는 보험자가 면책된다는 이론이나 우리나라에서는 보험계약자 등의 법정대리인이나 지배인과 같이 포괄적 대리권을 가진 자의 고의 또는 중과실로 생긴 경우를 제외하고는 이를 받아들이지 않고 있다. 다만 보험계약자 등과 밀접한 생활관계에 있는 가족이나 고용인 등에 의한 보험사고의 발생에 보험계약자 등이 공모(共謀), 교사(敎唆) 또는 방조(傍助)한 같은 책임있는 사유가 있는 경우에는 보험자는 그 책임을 면한다는 것이다.

(2) 전쟁위험 등으로 인한 경우

보험사고가 전쟁이나 기타의 변란으로 인하여 생긴 경우에는 당사자간에 특약이 없는 한 보험자는 책임이 없도록 하고 있다(상법 제660조). 이것은 전쟁 등의 변란은 위험산정의 기초로 되는 통상적인 사고가 아니기 때문에 일반적인보험료로써는 그 위험을 인수하기 어렵기 때문이다. 그러나 보험자가 특약에 의하여 전쟁위험을 인수하는 것은 상관이 없으며, 이러한 보험을 전쟁위험보험(war risk insurance)이라고 한다.

3. 특수한 면책사유

(1) 서언

상법에서 규정하고 있는 보험자의 특수한 면책사유는 손해보험에만 존재하는데, 이것은 또 손해보험 전반에 걸치는 것과 운송보험과 해상보험에만 해당하는 것으로 구별할 수 있다.

(2) 손해보험일반의 경우

손해보험에 있어서는 보험의 목적의 성질, 하자(瑕疵) 또는 자연소모(自然消耗)로 인한 손해는 보험자가 이를 보상할 책임이 없다(상법 제678조). 이것은 보험사고는 그 발생이 우연한 것이어야 하는데, 보험의 목적의 성질, 하자 또는 자연소모로 인한 손해는 이미 객관적으로 확정되어 있다고 할 수 있으므로 보험사고의 요소인 불확정성과 우연성을 결하여 보험의 목적이 될 수 없기 때문이다[69]. 그러나 이것은 손해보험의 통칙규정에 규정되어 있으나 책임보험과 같은 재산보험에는 해당되지 않는다.

(3) 운송보험의 경우

운송보험에 있어서 운송보험사고가 송하인(送荷人) 또는 수하인(受荷人)의 고의 또는 중대한 과실로 인하여 발생한 때에는 보험자는 이로 인하여 생긴 손해를 보상할 책임이 없다(상법 제692조). 이것은 송하인.수하인은 비록 보험계약자 또는 피보험자가 아니라 하더라도 운송계약상의 일정한 권리의무를 갖고 있으므로(상법 제139조 내지 제141조) 보험계약자.피보험자의 고의.중과실과 같이 취급하여 보험자의 면책을 인정한 것으로 상법 제659조와 그 뜻이 같다고 할 수 있다.

(4) 해상보험의 경우

해상보험자는 해상사업에 관한 사고로 인하여 생길 손해를 배상할 책임을 지

69) 예컨대, 주정(酒精)의 증발, 육류(肉類)나 과물(果物)의 부패(腐敗), 포장(包裝)의 불충분으로 인하여 운송물의 파손(破損) 등이 이에 해당한다.

는데(상법 제693조), 해상기업의 특수성에 따라 보험사고도 다른 손해보험에 비하여 보다 빈번하고, 또 그 책임범위도 넓은 것이 보통이다. 이에 상법과 약관은 그 면책범위를 넓히고 있는데, 상법상의 면책사유를 정리하면 아래와 같다.

1) (상법 제706조 제1호)에서 정하고 있는 선박 또는 운임보험의 경우에는 선박의 감항능력의 흠결로 인한 손해

2) (상법 제706조 제2호)에서 정하고 있는 적하보험의 경우에는 용선자, 송하인 또는 수하인의 고의 또는 중과실로 인한 손해

3) (상법 제706조 제3호)에서 정하고 있는 도선료(導船料), 입항료(入港料), 검역료 기타 선박 또는 적하에 관한 통상비용으로 이를 소해손(average accustomed)이라고도 하며, 해상항해에서는 사고로써 발생하는 것이 아닌 통상적으로 들어가는 비용이기 때문이다.

4) (상법 제701조 내지 제703조)에서 정하고 있는 바로써 일정한 경우에 항해변경, 이로(離路), 발항(發航), 항해의 지연, 선박변경 등이 있으면 보험자의 면책을 인정하는 것이다.

4. 약관상의 면책사유

각종 보통보험약관은 어느 것이나 보험자의 면책사유를 정하고 있다. 이것을 면책약관이라 하며, 이 보험약관이 정하고 있는 면책사유는 보험계약법에서 인정하고 있는 사유이외에 그 보험의 특성에 따라 이를 열거하고 있다. 일반적으로 보험약관에서는 보험자가 담보하지 않은 위험으로 인하여 생긴 사고에 대하여 보험금지급책임이 없음을 주의적으로 규정하기도 한다. 예컨대, 지진, 해일 또는 이와 유사한 천재지변, 핵연료물질의 폭발성이나 방사능오염 등으로 생긴 사고에 대하여 보험자가 면책사유로 정하는 것이 그 예이라고 할 수 있다. 이러한 약관의 면책사유는 그것이 상법 제663조에 위배되지 않는 한 유효하며, 그리하여 그 약관에 정한 사유로 보험사고가 발생한 때에는 보험자는 보험금지급책임을 지지 않는 것이다.

제 13 장 타인을 위한 보험

1. 타인을 위한 보험계약의 기초

(1) 의의

타인을 위한 보험계약이라 함은 보험계약자가 특정 또는 불특정한 타인의 이익을 위하여 자기의 이름으로 체결한 보험계약을 이른다(상법 제639조). 즉 손해보험에 있어서는 피보험자(被保險者)가, 인보험에 있어서는 보험수익자(保險受益者)이외의 타인인 경우이고, 보험계약자가 동시에 피보험자 또는 보험수익자인 경우에는 이를 자기를 위한 보험계약이라 한다. 또 보험계약은 피보험자 또는 보험수익자를 특정하지 아니하고 체결할 수 있는데, 이것을 불특정인(不特定人)타인을 위한 보험계약이라 한다.

(2) 효용성(效用性)

타인을 위한 보험계약은 해상보험의 발달 시초부터 대리인 또는 중개인 등이 상품소유자의 이익을 위하여 보험계약을 체결하는 관행에서부터 유래하여 오늘날에는 C.I.F. 매매 뿐 아니라 각종의 보험분야에서 널리 이용되고 있다. 즉, 기업주가 피용자를 위하여 상해보험계약을 체결해준다든가, 아버지가 아들을 위하여 생명보험계약을 체결하는 것 등이 그 실례가 된다. 특히 이러한 유형의 계약의 근거로는 보험업법 제4조 괄호조항에서 보증보험계약의 기초를 마련하여 주고 있다.

2. 타인을 위한 보험계약의 법적(法的) 성질(性質)

(1) 서

타인을 위한 보험계약의 법적 성질에 대하여는 보험계약자가 직접 또는 간접으로 피보험자의 대리인으로서 계약을 체결한다는 대리설 또는 하나의 주선행위라고 보는 주선행위설 등이 있으나, 이것들은 오늘날에는 거의 인정되지 아니하므로 '제3자를 위한 계약설' 에 대해서만 살펴볼 필요가 있겠다.

(2) 대리설

타인을 위한 보험계약의 법적 성질에 대하여 보험계약자는 그 타인의 대리인으로서 보험계약을 체결하는 것이라고 보는 설이다. 이 설은 보험계약자가 자기 명의로 보험계약을 체결하는 것이므로 보험계약자를 피보험자 또는 보험수익자의 대리인이라 할 수 없어 부당하다.

(2) 제3자를 위한 계약설

이 학설은 피보험자 또는 계약관계에 있어서 당사자가 아니고 제3자이므로 민법상의 이른바 '제3자를 위한 계약' 이라고 한다. 그러나 다만 민법상의 제3자를 위한 계약에서는 제3자가 수익의 의사표시를 함으로써 비로소 제3자의 권리가 발생하는 것(민법 제539조 제2항)에 비해 타인을 위한 보험계약에서는 이와 같은 의사표시를 필요로 하지 않고 당연히 그 이익을 받는 점(상법 제639조 제2항)에서 차이가 있다. 이러한 차이로 인해 타인을 위한 보험계약은 보험법상의 특수한 일종의 계약이라고 보는 입장도 있으나, 그러한 차이는 보험계약의 성질상 인정된 특례라고 보는 것이 타당하다.

3. 계약체결의 요건

(1) 타인을 위한다는 의사표시

타인을 위한 보험계약을 체결할 때에는 먼저 타인을 위한 것이라는 의사표시가 있어야 한다. 그 의사표시는 명시적이든 묵시적이든 상관이 없고, 피보험자 또는 보험수익자가 누구인가를 반드시 특정하여야 하는 것도 아니다. 다만 그것이 타인을 위한 것인지 아닌지 분명하지 않으면 그 보험계약은 보험계약자 자신을 위한 보험이라고 보는 것으로 보아야 한다.

(2) 타인의 위임여부

타인의 위임에 의하여 하는 것은 요건이 아니다(상법 제639조 제1항 본문). 보험계약자가 위임을 받지 않고 타인을 위한 손해보험계약을 체결하는 경우에는 위임에 의한 것이 아님을 보험자에게 고지하지 않으면 그 타인이 그 보험계약이 체결된 사실을 알지 못하였다는 사유로 보험자에게 대항하지 못한다(상법 제639조 제1항 단서). 위 고지는 보험자로 하여금 피보험자에게 그 자를 위한 보험이 성립하였음을 알리는 기회를 주어 도박보험의 위험을 방지하는 동시에 그 타인으로 하여금 피보험자로서의 적정한 행위(예컨대, 통지의무나 손해방지의무)를 할 수 있게 하고자 하는 데 그 뜻이 있다.

보험계약자와 피보험자 또는 보험수익자의 관계는 위임 또는 사무관리 등 여러 가지 형태로 존재할 수 있으나, 각 경우에 따라 당사자의 구체적 의사를 해석하여 결정하여야 할 것이다. 따라서 이들의 내부관계는 보험자에 대한 법률관계에서는 아무런 상관도 없다.

4. 계약의 효과

(1) 서언

타인을 위한 보험계약의 효과로서 보험사고가 발생한 때에는 피보험자 또는 보험수익자는 보험자에게 당연히 손해보상 그 밖의 보험금급여청구권을 가진다. 즉, 이 경우에 보험계약자는 실질상의 이익을 가지지 아니하고, 제3자(손해보험에서 피보험자, 인보험에서 보험수익자)가 경제상의 수요의 충족을 받게 되므로 법은 제3자에게 권리를 귀속시키고 있는데, 손해보험과 인보험에 따라 약간의 차이를 볼 수 있다.

(2) 보험계약자의 지위(地位)

1) 권리(權利)

타인을 위한 보험계약의 성질상 보험계약자는 원칙적으로 보험금 그 밖의 급여청구권은 가지지 않으나, 보험계약자가 가지는 계약상의 부수적인 권리들, 예컨대, 보험증권교부청구권(상법 제640조), 보험료감액청구권(상법 제647조), 보험료반환청구권(상법 제648조), 보험계약해지권(상법 제649조) 등이 보험계약자에게 속한다. 다만 계약해지권은 성질상 보험계약자가 보험증권을 가지고 있지 아니하면 그 타인의 동의를 얻어서만 행사할 수 있다(상법 제 649조 제 1항 단서, 민법 제541조 참조). 또 인보험의 경우에는 보험계약자는 보험수익자의 지정.변경권을 갖는다(상법 제733조, 제734조 참조). 타인을 위한 손해보험계약에서 피보험이익의 주체는 피보험자로서 보험금청구권은 피보험자의 몫이다. 그러나 타인을 위한 손해보험계약에 있어서는 보험계약자와 피보험자는 이해관계가 대립되는 것이 일반적이므로 이들의 이익조화를 꾀하기 위하여 보험계약자가 그 타인에게 보험사고의 발생으로 생긴 손해를 배상한 때에는 그 타인의 권리를 해하지 않는 범위내에서 보험계약자는 보험자에게 보험금액의 지급을 청구할 수 있도록 하고 있다(상법 제639조 제2항 단서).

2) 의무

보험계약자는 자기의 이름으로 계약을 체결하는 자이므로 보험료지급의무가 있음은 물론 고지의무(상법 제651조), 위험변경증가의 통지의무(상법 제652조), 위험유지의무(상법 제653조), 보험사고발생통지의무(상법 제657조) 등을 지고, 특히 손해보험에 있어서는 손해방지의무(상법 제680조)를 진다.

(3) 피보험자.보험수익자의 지위(地位)

1) 권리(權利)

피보험자 또는 보험수익자는 그 계약의 이익을 향수(享受)할 의사표시를 하지 아니하여도 당연히 그 계약의 이익을 받으므로(상법 제639조 제2항) 보험사고가 발생하면 직접 보험자에 대하여 보험금 및 그 밖의 기타급여를 청구할 수 있다. 그러나 이 경우에 보험자가 보험계약자와의 관계에 의한 모든 사유, 예컨대 보험계약자의 고지의무위반으로 인한 해지(상법 제651조), 면책사유(상법 제659조) 등은 피보험자 또는 보험수익자에게 대항할 수 있다. 특히 인보험에 있어서는 보험수익자의 지정.변경권이 보험계약자에게 있으므로(상법 제733조) 보험수익자의 권리는 그 한도 안에서 제한을 받는다.

2) 의무

피보험자 또는 보험수익자는 보험계약의 당사자가 아니므로 보험료지급의무는 없으나, 다만 보험계약자가 파산선고를 받거나 보험료의 지급을 지체한 때에는 그 계약상의 권리를 포기하지 않는 한 보험료를 지급하여야 한다(상법 제639조 제3항 단서). 이것은 보험계약이 특성상 계속성을 가진 데에서 보험자와 피보험자 또는 보험수익자의 이익을 고려하여 인정한 것이다. 따라서 피보험자 또는 보험수익자는 계약상의 수익자이므로 보험계약과 같이 법률의 규정에 의하여 위험변경증가의 통지의무(상법 제652조) 등의 일정한 의무를 지게 된다.

제 14 장 피보험자의 법적 지위

1. 총설

(1) 피보험자의 의의

보험계약법상 '피보험자' 라는 용어는 인보험과 손해보험에 따라 각기 다른 개념으로 사용되고 있다. 이 용어는 자주 혼동되므로 개념을 정확히 파악하여 쓰는 것이 의미가 크고, 이 문제는 보험계약의 효과로서 주어지는 보험계약자나 피보험자 등의 권리의무와 밀접하게 관련되는 것이기 때문이다.

1) 손해보험의 경우에, 피보험자는 피보험이익의 주체로서 보험사고의 발생시에 손해의 보상을 받을 권리를 가진 자를 이른다.

2) 인보험의 경우에, 피험자는 그 사람의 생명이나 신체에 관하여 보험이 붙여진 자, 즉 보험사고의 객체를 이른다.

3) 위와 같은 개념상의 혼란을 피하기 위하여서는 법전(法典)상 손해보험의 피보험자를 인보험의 경우와 같이 보험수익자라는 용어를 사용하는 것이 적절하다는 의견이다.

(2) 보험계약자와의 관계(關係)

1) 손해보험의 경우

손해보험에 있어서는 자기를 위한 보험계약이면 보험계약자와 피보험자가 동일인이고, 타인을 위한 보험계약인 경우에는 피보험자는 계약당사자가 아닌 제3자이다. 여기서 他人(타인)을 위한 損害保險契約(손해보험계약설)인 경우에는 보험계약자가 他人(타인)을 被保險者(피보험자)로 하여 그 他人(타인)을 위하여 自己(자기)의 이름으로 계약을 체결하는 것으로서, 보험계약자는 계약자로서 여러 가지의 권리와 의무를 가지나 그 계약의 이익, 즉 보험금지급청구권은 被保險者(피보험자)가 가진다(상법 제639조).

2) 인보험의 경우

인보험에 있어서는 자기의 생명이나 신체에 관한 보험인 경우에는 보험계약자와 피보험자가 동일인이고, 타인의 생명이나 신체에 관한 보험인 경우에는 보험계약자와 피보험자가 다르다. 따라서 자기의 생명보험과 타인의 생명보험이란 자기를 위한 생명보험.타인을 위한 생명보험과 전혀 다르게 구별되는 것이다. 그리하여 인보험에 있어서 보험계약자는 자기 이외의 자를 피보험자로 하여 보험계약을 체결하는 것은 무방하나, 다만 그것이 사망보험이나 혼합보험의 경우에는 보험계약의 체결 및 그에 의한 권리의 이전은 피보험자의 서면에 의한 동의를 요건으로 규정하고 있다(상법 제731조). 이 경우의 피보험자도 보험계약의 당사자가 아님은 물론이다.

3) 피보험자의 자격(資格)

손해보험의 경우에는 피보험이익의 주체이면 법인이든 자연인이든 누구나 피보험자가 될 수 있으나, 인보험의 경우에는 성질상 자연인에 한정됨은 물론이거니와 특히 사망보험의 경우에는 15세미만자, 심신상실자, 심신박약자는 피보험자가 될 수 없도록 규정하고 있다. 다만 심신박약자가 보험계약을 체결하거나 제753조의 3ㅇ[따른 단체보험의 피보험자가 될 때에 의사능력이 있는 경우에는 그러하지 않도록 하고 있다(상법 제732조).

2. 손해보험에 있어서의 피보험자의 지위

(1) 개관

손해보험에 있어서 피보험자는 보험금액의 청구권자로서 보험계약의 당사자인보험계약자와는 다르나 법은 아래와 같은 권리와 의무를 부여하고 있다.

(2) 권리

피보험자는 타인을 위한 보험계약인 경우에는 보험계약체결 당시 자기를 위한 것임을 알든지 모르든지, 또한 보험계약자에게 위임을 하였든 하지 않았든 당연히 그 계약의 이익을 받으므로(상법 제639조 제2항) 보험사고의 발생으로 인한 손해에 대하여 직접 그 보상청구권을 갖게 된다.

(3) 의무

1) 보험료지급의무

피보험자는 타인을 위한 보험계약으로 인하여 계약상의 이익을 받는 자이므로 원칙적으로 계약에서 나타나는 불리한 의무를 지지 않는다. 따라서 보험료의 지급의무는 보험계약자에게 있게 된다(상법 제639조 제3항). 그러나 보험계약자가 파산선고를 받거나 보험료의 지급을 지체한 때에는 보험계약상의 권리를 포기하지 않는 한 보험료는 끝까지 지급할 의무가 있다(상법 제639조 제3항 단서조항).

2) 고지의무

보험계약 체결당시에 고의 또는 중대한 과실로 인하여 중요한 사항을 고지하지 아니하거나 부실의 고지를 하지 아니할 의무를 지게 된다(상법 제651조). 이는 보험의 특성상 기술성에 의하여 보험자의 보험업운영에 대한 협조를 위하여 요구되는 것인데, 이 의무를 위반하면 계약해지의 불이익을 받게 된다. 그런데 우리 상법이 손해보험이나 인보험을 구별없이 그대로 피보험자로 함으로써 고지의무자로써는 손해보험의 피보험자가 포함되느냐의 문제가 남게 되었다. 그러나 이에 대해서는 피보험이익의 주체로서 적극적으로 해석하여 포함한다고 본다.

3) 통지의무

이 통지의무에는 두 가지 내용이 포함된다.

① 위험변경증가의 통지의무로서 피보험자는 보험기간 중에 사고발생의 위험이 현저하게 변경 또는 증가된 사실을 안 때에는 지체없이 보험자에게 통지하여야 할 의무를 지고, 이를 게을리하면 보험자가 그 사실을 안 때로부터 1월내에 당해 계약을 해지할 수 있다(상법 제652조). 이 통지의무의 법적 성질은 보험계약 성립 후에 생기는 것이므로 순수히 채무(債務)의 성질을 가진다는 견해와 피보험자로부터 위험변경과 증가의 통지를 받은 때에는 1월내에 보험료의 증액을 청구하거나 당해 계약을 해지할 수 있도록 하였다(상법 제652조 제2항).

② 보험사고발생통지의무로서 피보험자는 보험사고의 발생을 안 때에는 지체없이 보험자에게 통지하여야 할 의무를 부담하게 된다(상법 제657조). 이것은

피보험자는 보험계약의 당사자는 아니지만 피보험이익주체의의 향유자로서 보험의 객체에 대한 사항을 잘 파악할 수 있는 위치 및 지위에 있기 때문이다. 이 의무는 보험자의 책임을 묻기 위한 전제조건인 동시에 보험자에 대한 진정한 의무이다. 피보험자가 그 통지의무를 게을리함 으로써 손해가 증가된 때에는 보험자는 그 증가된 손해를 보상할 책임이 없다(상법 제657조 제2항).

4) 위험유지의무

보험기간 중에 피보험자는 보험자가 인수한 보험을 임의로 변경이나 증가시키지 아니하고 그대로 유지시켜야 할 이른바 위험유지의무가 부여된다. 그러므로 피보험자의 고의 또는 중대한 과실로 인하여 위험이 현저하게 변경 또는 증가한 경우에는 보험자는 그 사실을 안날로부터 보험료의 증액을 청구하거나 계약을 해지할 수 있도록 하고 있다(상법 제653조).

5) 손해방지의무

피보험자는 피보험이익의 주체로서 보험사고발생시에 적극적으로 손해의 방지와 경감을 위하여 노력하여야 한다(상법 제680조). 이는 보험의 원리상 보험자에 대한 신의성실의 원칙에 따르른 요구와 공익상의 필요에 의하여 요구되어지는 것이다. 이 의무를 게을리 하면 확대된 손해와 피해에 대하여는 보험자는 보상책임을 지지 않게 되며, 이미 지급한 보험금에 대하여도 손해배상을 청구할 수 있게 된다.

3. 인보험에 있어서의 피보험자의 지위

(1) 총설(總說)

인보험에 있어서의 피보험자는 손해보험에 있어서의 피보험자와는 전혀 다르게 보험계약상의 수익자가 아니고 보험사고의 객체이다. 따라서 인보험에 있어서의 보험금액지급청구권자는 보험수익자이고, 피보험자가 보험계약자 자신인 경우도 있고, 보험수익자 또는 제3자인 경우도 있다.

(2) 권리(權利)

1) 타인의 생명보험계약의 경우

타인의 사망을 보험사고로 하는 보험계약에는 보험계약체결시에 피보험자의 서면에 의한 동의를 얻어야 하고(상법 제731조 제1항), 또 그 보험계약으로 인하여 발생한 권리를 피보험자가 아닌 자에게도 양도하는 경우에도 동의를 필요로 한다(상법 제731조 제2항). 따라서 보험계약자가 타인의 사망보험계약체결 후 보험수익자를 지정.변경할 때에도 역시 그 피보험자의 동의가 있어야 하므로(상법 제734조 제2항) 사망보험계약의 경우 피보험자는 자기 이외의 제3자가 보험계약자와 보험수익자로 되어 있는 경우에 한하여 동의권을 가질 뿐이다. 이것은 타인의 생명보험을 무제한으로 인정할 경우 발생할 수 있는 여러가지 도덕적・인위적사고 및 폐단을 방지하려는 데 그 목적이 있겠다.

2) 타인을 위한 생명보험계약의 경우

타인을 위한 생명보험계약에서는 보험계약자가 보험수익자의 지정.변경권을 가지는데(상법 제733조 제1항), 보험계약자가 그 지정.변경권을 행사하지 아니하고 사망한 경우에는 그 승계인이 그 권리를 행사할 수 있다는 약정이 없는 한, 피보험자가 보험수익자의 지위를 차지하여(상법 제733조 제2항), 보험수익자로서의 권리를 가지게 된다. 그리고 보험계약자가 보험수익자의 지정 ・ 변경권을 행사하기 전에 보험사고가 생긴 경우에는 피보험자의 상속인이 보험수익자로 된다(상법 제733조 제4항).

(2) 의무(義務)

피보험자는 손해보험의 피보험자와 같이 고지의무(상법 제651조), 통지의무(상법 제652조와 제657조)를 부담한다. 또한 고의 또는 중대한 과실로 인하여 보험사고를 일으키지 않을 의무를 지는 것은 당연하다(상법 제659조). 다만 사망 또는 상해보험의 경우에는 피보험자 등의 중대한 과실로 인하여 보험사고가 생긴 경우에도 보험자는 보험금액을 지급할 책임이 있음을 주의해야 한다(상법 제732조의 2와 제739조).

제 15 장 손해보험과 피보험이익

1. 손해보험계약

(1) 손해보험계약의 의의

손해보험계약이라 함은 당사자의 일방이 약정한 보험료를 지급하고, 상대방이 보험의 목적에 대하여 생길 우연한 사고로 피보험자가 입은 재산상의 손해를 보상한 것을 약정함으로써 효력이 생기는 보험계약이다(상법 제638조, 제665조). 따라서 손해보험계약은 보험자가 보험사고로 인한 피보험자의 재산상의 손해를 보상할 책임을 지는 점에서 손해보상계약의 일종이다.

(2) 손해보상의 원칙

1) 의의

여기서 손해란 그것을 야기한 사고가 발생하기 전의 이익상태와 사고가 이미 발생한 현재의 이익상태와의 차액을 말한다. 그리고 손해보상의 원칙이란 보험사고의 발생으로 보험자가 피보험자에게 지급하게 되는 보험금은 피보험자의 실제손해를 초과해서는 안된다는 손해보험의 중심적인 말한다. 만약 보험사고 발생한 후에 피보험자의 이익상태가 보험사고가 발생하기 전의 이익상태보다 더 좋아진다면, 보험은 자칫 도박으로 악용될 수 있기 때문이다.

이것은 보험사고 발생 후의 피보험자의 이익상태가 보험사고가 발생하기 전의 이익상태보다 더 좋아지도록 보상하여서는 안된다는 이득금지의 원칙이나 보험사고로 보험자가 피보험자에게 지급하는 보험금은 사고전의 경제 상태를 복구시키는 균형적인 것이어야 한다는 실손보상의 원칙이나 모두 같은 표현이다.

2) 강행법적 원리로서 손해보상의 원칙

우리 상법에는 손해보상의 원칙 내지는 이득금지의 원칙을 명문으로 규정하고 있지는 않다. 그러나 현행 상법의 피보험이익(상법 제668조), 시가(보험가액)보상의 원칙(상법 제676조), 중복보험(상법 제672조), 보험자대위(상법 제681조, 제682조 참조) 등 제 규정으로부터 이러한 원칙을 추론할 수 있다. 화재보험을 예로 들어본다면, 가입자가 소유하는 건물이 시가 1억원이라고 한다면, 그 건물이 화재사고로 전소될 경우 건물자체에 관하여는 1억원의 손해가 발생하게 된다. 따라서 보험가입자에게 1억원의 손해액을 초과하는 보험금을 지급하는 보험계약을 체결하는 것은 원칙적으로 허용될 수 없다.

그렇다면 이러한 원칙은 강행법적으로 존재한다고 볼 것인가가 문제로 된다. 왜냐하면 오늘날의 보험거래의 실정을 보면, 기평가보험(상법 제670조)을 체결한 경우 비록 그 평가된 가액이 사고발생시의 가액을 초과하더라도 평가된 가액에 따라서 보상하거나, 기계보험에서는 목적물의 재조달가액(대체비용)을 보상하는 신가보험(상법 제676조)이 영위되고 있기 때문이다.

이에 대하여 절대설은 손해보험계약의 본질적인 내용은 손해(실손해)의 보상에 있다고 한다. 이 설은 엄격하게 관철시킨다면, 재조달가액(대체비용)을 보험가액으로 하는 신가보험과 같은 것은 인정될 수 없다는 결론에 이르게 된다. 그러나 현재에는 엄격한 의미에서의 절대설을 주장하는 분은 없는 것 같다. 한편 상대설은 손해보험계약의 본질적 내용은 손해(실손해)의 보상에 있는 것이 아니고, 일종의 조건부 금전급부의 약속을 그 내용으로 한다고 해석한다. 그런데 보험계약은 사행계약성을 갖기 때문에 그로부터 발생할 수 있는 폐해나 남용의 위험을 회피하기 위한 공익적·정책적 요청에서 손해보상의 원칙 또는 이득금지의 원칙이 인정되는 것이라고 이해한다.

생각건대 보험계약이 보험사고로 말미암아 피보험자에게 어떠한 이득을 주려는 제도는 아니라고 할 것이며, 보험사고로 인한 경제적인 수요를 충족시켜 주기 위한 제도라는 점에서 볼 때, 손해보상의 원칙은 손해보험계약의 기본적인 요소라고 이해하여야 한다. 그렇다고 하더라도 보험정책상 필요한 경우에는 그 한도에서 예외도 인정될 수 있다고 보는 상대설이 보다 설득력이 있다.

3) 손해배상과의 구별

손해보상의 개념과 구별하여야 할 것은 손해배상의 개념이다. 손해보상과 손해배상은 모두 사고전의 이익상태로 회복시켜 주려는 제도라는 점에서 유사하다. 그러나 손해보험에서 손해보상이라 함은 보험계약의 효과로서 피보험자가 보험사고로 재산상의 손해를 당한 경우에 보험자의 급부의무는 피보험자의 실손해액만을 보상하여야 한다는 원칙이다. 이것은 위법행위의 결과를 제거하려는 것이 아니고 적법행위인 계약의 효과인 것이다.

반면 손해배상이란 채무불이행이나 불법행위에 있어서 위법행위의 결과를 야기한 배상의무자(위법행위자)와 피해자 사이의 이익을 조절하는 제도하는 점에서 본질적으로 다르다. 다시 말하면 손해보험은 적법행위(보험계약)의 효과로서 권리.의무가 발생하는데 반하여 손해배상은 위법행위(불법행위)의 결과로서 권리.의무가 발생하는 것이며, 전자의 손해는 피보험자의 손해가 기준이 되지만 후자는 배상의무자의 위법행위와 상당인과관계 있는 피해자의 손해가 그 기준이 되는 것이다.

2. 피보험이익(被保險利益)

(1) 총설

1) 의의

보험계약의 체결은 우연한 사고의 발생에 대비하여 경제적 불안을 제거하려는데 그 목적이 있으며, 피보험이익은 적어도 손해보험계약의 중심요소를 이루고 있다. 이는 단적으로 "이익(利益)없으면, 보험(保險)도 없다(Ohne Interesse keine Versicherung)" 라는 말이 표현하기도 한다. 그리하여 이 피보험이익의 관념은 사행계약으로서의 보험계약을 도박 등과 차별화하는 데 결정적인 의미를 갖는다. 그러나 상법에서는 피보험이익의 용어를 "보험계약의 목적" 이라고 사용하고 있어서, 그에 대한 해석이 다양하게 나뉘고 있다. 따라서 독일의 Kö nig은 피보험이익개념 무용론(無用論)을 펴기도 하나, 손해보험계약의 불가결한 요소로서가 아니더라도 보험계약이 갖는 공서양속성(公序良俗性)의 징표로서 상대적인 의미를 가질 뿐이라는 견해도 있다.

2) 피보험이익의 개념

피보험이익의 개념을 어떻게 구성하느냐는 학설이 다양하다.

① 관계설(關係說)

이 견해는 피보험이익(被保險利益)이라는 것은 "피보험자가 보험사고가 발생하면 손해를 받게 될 우려가 있는 이익관계" 이라고 하는데, 이것은 이익의 설명함에 있어서, 손해의 개념을 전제로 하므로 결국 순환론법적인 설명이라는 비판을 받기도 한다.

② 이익설(利益說)

이 견해는 피보험이익을 "보험사고가 발생하지 않았으면 피보험자가 갖게 되는 이익(利益) 또는 가치(價値)라고 보고, 따라서 피보험이익은 객관적으로는 사고가 생기지 않는 경우에 그 재화의 속성(屬性)으로서의 이익이고, 주관적으로는 구체적인 재화(財貨)의 가치" 라 한다. 그러나 이 견해도 그 표현방식이 다를 뿐 순환론법(循環論法)이라는 점에서 관계설과 차이가 없다는 비판을 받는다.

③ 소결

결국 어떠한 견해를 취하든 그 결과와 실익에서는 차이가 없고, 피보험이익의 요건을 명확히 하면 개념정의는 충분하므로 피보험이익은 '보험의 목적에 대하여 보험사고와 관련하여 피보험자가 가지는 경제적 이익관계' 로써 정리하고자 한다.

3) 보험의 목적과의 구별

피보험이익은 상법상 보험계약의 목적이라고 사용되고 있다(상법 제668조). 이는 보험의 목적이라는 용어와 구별되는 개념으로 상법 제666조 제1호, 제675조, 제678조, 제679조 등에서 알 수 있다. 즉, 보험의 목적은 보험계약의 대상인 재화를 의미하고, 보험계약의 목적은 그것 자체가 가지고 있는 이익을 말한다. 따라서 피보험이익이 다르면 동일한 목적에 대한 보험계약이라도 별개의 보험계약으로 된다.[70]

4) 인보험에 있어서의 피보험이익개념

피보험이익은 원래 손해보험의 중심적 요소로서 인보험에서는 이를 인정하기가 어려웠고, 이는 우리나라와 독일이나 일본의 통설이나 최근 인보험에서도 보험사고로 인한 경제적 수요에 대비하는 것이고, 타인의 생명보험(상법 제731조)과 같은 경우에는 보험의 도박화의 폐해나 인위적 보험사고의 유발이라는 우려도 있기 때문에 피보험이익의 관념을 인정하여야 한다는 견해가 지배적이다.[71]

70) 예컨대, 화물을 송하인이 운송보험에 붙이는 경우와 운송인이 보험에 붙이는 경우에 있어서는 보험의 목적은 동일한 운송물건이지만 피보험이익은 송하인의 경우에는 소유권자로서의 이익이고, 운송인의 경우에는 배상책임의 불발생이라는 소극적 이익이라는 점에서 차이가 있다.

(2) 피보험이익의 요건(要件)

1) 적법한 이익

이러한 요건은 당연한 것으로서 탈세·절도·도박으로 인하여 받을 이익과 같이 불법한 것이라든가 선량한 풍속 기타 사회질서에 반하는 서적 등에 관한 이익은 피보험이익으로 될 수 없다. 이 적법성에 대한 판단은 객관적인 문제로서 당사자 또는 피보험자의 선의이든 악의이든 간에 영향을 받지 않는다. 또 피보험이익의 적법성은 이익주체의 신분이나 능력과 같은 인적 상태와는 전혀 관계가 없다. 그래서 피보험자가 전쟁과 같은 경우에 비록 적군이 된다고 하더라도 사법관계에 속하는 범위내에서는 보험계약관계의 효력에는 영향을 미치지 않게 된다.

2) 경제적 이익

피보험이익은 금전으로 산정할 수 있는 것이어야 한다(상법 제668조). 즉, 경제적인 이익을 가진 것이어야 하며, 이 이익은 주관적이든 객관적이든 관계가 없고, 적극적이든 소극적이건 간에 아무런 상관이 없다. 따라서 단순히 어느 특정인에 한하는 감정이익이나 기호이익은 피보험이익으로 할 수 없으나 반드시 법률상의 관계 또는 권리인 것을 필요로 하지는 않는다. 그리하여 피보험이익이 경제적 이익을 요건으로 하는 것은 이것이 금전으로 산정할 수 없는 한 그 소극적인 반면인 손해의 산정은 사실상 불가능하고, 또 이러한 피보험이익을 인정한다면 피보험자는 보험을 악용하여 실손해(實損害) 이상의 손해배상을 받을 염려가 있기 때문이다.

3) 확정적 이익

어느 경우나 피보험이익은 계약체결 당시에 그 존재 및 소속이 확정되어 있거나 또는 적어도 사고발생 시까지에는 확정할 수 있는 것이어야 한다. 그 이유로는 이익이 확정되지 않으면 손해를 확정하지 못하므로 보험자는 보상을 할 수 없게 되기 때문이다. 그리하여 여기에 이익은 현존하는 확정이익에 한정되지 않고, 미필적(未必的)인 이익이나 조건부이익 등도 보험계약의 목적으로

---

71) 영미국가에서는 이것이 오히려 다수설이다.

할 수 있고, 장래의 기업에서 생기는 이익 그밖에 전혀 장래에 속하는 이익이라도 관계가 없다고 본다. 그 실례로는 포괄보험(상법 제687조), 희망이익보험(상법 제689조 제2항, 제698조) 등이 있고, 소송진행 중과 같이, 그 이익의 귀속이 불확정한 경우라든가 선택적 관계에 있는 수 개의 이익에 대하여 그 주체가 미확정이라도 보험계약의 목적으로 할 수 있으나, 사고발생시까지는 산정(算定)할 수 있어야 하는 것은 당연하다.

(3) 피보험이익개념의 효용성(效用性)

1) 보험자의 책임범위를 결정기준

손해보험은 피보험이익에서 생긴 손해를 보상할 것을 목적으로 하므로 보험자의 급여책임의 최고한도액은 이 피보험이익의 가액을 기준으로 하여서 결정한다.

2) 도박보험과 초과보험 등의 방지기준

물건보험은 피보험이익을 전제로 하고, 또한 이익획득의 수단이 아니므로 도박성을 배제하고, 초과보험, 중복보험 등의 인위적 위험을 방지하는 기준이 된다.

3) 인위적 위험의 방지수단

보험사고가 발생하여도 피보험자는 피보험이익의 평가액을 한도로 하여 보상을 받게 되므로 인위적 도덕적 해이를 저지하게 된다.

4) 보험계약의 동일성을 분별기준

동일인 또는 다수인은 동일한 보험의 목적에 관하여서도 수 개의 피보험이익을 가지게 되므로 그에 따른 각각의 독립한 보험계약을 체결할 수 있다.

(4) 피보험이익의 平價

1) 개괄

물건보험계약은 보험사고로 인한 피보험이익상의 손해를 보상하는 것을 목적으로 하므로 피보험이익의 평가를 정확하게 할 필요가 있다. 그리하여 피보험이익을 금전적으로 평가한 금액을 "보험가액(保險價額)"이라 하는데, 우리 상법규정은 그 피보험이익의 평가에 대하여 아래와 같은 두 가지의 경우로 나누고 있다.

2) 기평가보험(旣評價保險)의 경우

보험계약당사자 사이에 보험가액을 협정한 보험계약을 "기평가보험"이라 하고, 이 경우에는 보험가액은 사고발생시의 가액으로 정한 것으로 추정(推定)하고 그 가액이 사고발생시의 가액을 현저하게 초과할 때에는 사고발생시의 가액을 보험가액으로 하도록 하고 있다(상법 제670조). 그러나 이러한 기평가보험이 인정되는 이유는 보험사고발생이 그 피보험이익의 평가를 둘러싸고 일어날 수 있는 분쟁을 방지하는 데 있기 때문에 보험가액의 협정이 사기나 고지의무위반 등에 의하지 아니하고 공정하게 이루어지는 한 확정적인 효력을 인정하는 것이 정당하다고 생각된다.

3) 미평가보험(未評價保險)의 경우

보험계약당사자 사이에 정하지 아니한 미평가 보험의 경우에는 사고발생시의 가액을 보험가액으로 하도록 규정하고 있다(상법 제671조). 그러나 일반적으로 보험기간이 짧고 손해발생의 시간과 장소를 결정하기 어려운 보험, 예컨대 운송보험이나 해상보험의 경우에 있어서는 평가가 쉬운 시점의 가액을 기준으로 하여서 이를 전 보험기간을 통하는 보험가액으로 하는 것이 있다(상법 제689조, 제696조에서 제698조까지). 이것을 이른바 보험가액불변경주의(保險價額不變更主義)라 부른다.

4) 신가보험

신가보험이란 보험사고의 발생으로 인한 실손해(실제 발생한 손해)를 보상하는 것이 아니라 재조달가액(대체가격)을 보상하는 것을 내용으로 하는 보험이다. 예컨대 화재보험의 경우 보험사고가 발생하면 보험자는 이득금지의 원칙에 따라서 감가상각액을 공제한 시가로 보상하여야 한다. 그러나 피보험자가 종전의 건물을 새로 재건축하기 위해서는 시가에 의한 보험금의 지급으로는 부족하고 그 부족액을 피보험자가 부담하여야 한다. 이러한 경우 그 재조달가액을 보험가액으로 하는 것이 신가보험이다.

우리 상법은 제676조 제1항 단서에 "당사자 간에 다른 약정이 있는 때에는 그 신품가액에 의하여 손해액을 산정할 수 있다"고 하여 신가보험을 명문으로 인정하고 있다.

신가보험은 보험사고 발생시의 가액을 보험가액으로 하지 않고, 물건의 재조달 가액을 보험가액으로 정하는 것이므로 이득금지 원칙과 관련하여 그 위반 여부가 문제된다. 그러나 신가보험은 보험에 의하여 피보험자에게 경제상의 이득을 얻게 하려는 것이 아니고, 보험의 목적의 일정한 상태를 유지하게 하여 계속적인 사용을 가능하게 하고자 하는 것이므로 이득금지원칙에 반한다고 할 것은 아니다. 그러나 피보험자가 보험의 목적에 대한 재축이나 수리를 하지 아니하고 재조달 가액을 요구할 수 있다. 이럴 경우 신가보험이 도박에 이용될 수도 있으므로, 이러한 잠재적인 도덕적 위험(Moral Hazard)을 배제하기 위하여 보험자는 여러 가지의 제한을 가하고 있다.

제 16 장 보험가액과 보험금액과의 관계(關係)

1. 총설(總說)

(1) 의의

보험가액이라 함은 물건보험에서 피보험이익의 가액, 즉 피보험이익을 금전적으로 평가한 가액을 이르고, 보험금액은 보험계약의 당사자가 협정에 의하여서 약정한 보험자의 급여의무의 최고한도액을 이른다. 보험금액은 손해보험이나 인보험분야에서 통용되어지는 공통적인 개념이나, 보험가액은 물건보험에서만 존재하는 개념이다.

(2) 양자의 관계

손해보험은 일종의 손해보상계약으로서 보험사고로 인하여 적극적으로 피보험자에게 이득(利得)을 주려는 것이 아니므로 보험가액 이상으로 보험금액을 지급하는 것이 아니다. 그러므로 보험자가 보상할 손해액은 보험가액에 의하여 최고의 한도가 정하여지고, 보험자의 보상액은 보험금액에 의하여 그 범위가 제한된다. 다시 말하면 보험자의 보상책임은 법률상(法律上)의 최고한도와 계약상(契約上)의 최고한도가 있는데, 보험금액은 전자에 속하고, 보험금액은 후자에 속한다. 그리하여 보험금액과 보험가액은 일반적으로 양자가 일치하는 것이 이상적(理想的)으로 기대되지만, 보험가액은 그 결정이 곤란하고, 언제나 유동적이기 때문에 계약체결의 신속성을 위하여 당사자사이에 임의로 정하는 보험금액과 일치하지 않는 경우가 대부분이어서 이른바 초과보험 · 중복보험 · 일부보험이라는 문제를 발생시키게 된다. 여기서 보험사고발생시의 보험자의 보상액과 손해액 및 보험금액과 보험가액의 관계를 정리할 필요가 있으며, 그것은 아래 표시과 같다.[72]

1) 일반적으로……보상액 ≦ 실손해액 ≦ 보험가액 ≧ 보험금액 ≧ 보상액
2) 전부보험·······보상액 = 실손해액 ≦ 보험금액 ≦ 보험가액 = 보험금액

72) 양승규 · 박길준, 전게서, 505면.

3) 일부보험……··보상액< 실손해액 ≦ 보험가액 > 보험금액 ≧ 보상액

한편 보험가액을 보험료나 손해보상액산정의 기준으로 하면 보험계약상 오히려 불편한 경우가 있으므로 이론적으로는 어쨌든 실제상에 있어서는 보험가액을 평가하지 않고, 보험금액으로 갈음하여 보험료와 손해보상액의 산정기준으로 하는 경우가 대부분이다. 또 법은 해상보험의 희망이익보험경우에 있어서는 다른 약정이 없다면 보험금액을 보험가액으로 한 것으로 추정하여 양자를 동일시하고 있음을 알 수 있다(상법 제698조).

2. 보험금액과 보험가액이 일치하지 않은 경우에 대한 검토

(1) 서언

양자가 일치하지 않은 경우로는 보험금액이 보험가액을 초과하는 경우와 보험금액이 보험가액에 미달하는 경우로 나누어 볼 수 있는데, 초과보험과 중복보험이 전자의 경우이고, 일부보험이 후자의 경우에 속한다.

(2) 초과보험

1) 의의

초과보험이란 당사자가 임의로 정한 보험금액이 피보험 이익의 평가액, 즉, 보험가액을 초과하는 보험을 말한다. 이것은 계약체결 당시부터 초과하는 경우뿐 아니라 경제사정의 변동으로 피보험이익의 가치가 떨어진 경우에도 생긴다.

2) 초과보험의 요건

① 보험금액의 현저한 초과 : 초과보험이 되려면 보험금액이 보험가액을 현저하게 초과하여야 한다(상법 제669조 제1항). 여기서 "현저하게"의 의미는 사회거래계의 통념에 따라 결정하여야할 사실문제이다.

② 보험가액의 산정기준 : 초과보험을 결정하는 보험가액의 산정기준은 계약당시의 가액의 의한다(상법 제669조 제2항). 그러나 경제사정의 변동으로 보험가액이 보험기간중에 현저하게 감소된 때에는(상법 제669조 제3항) 그 때의 가액을 표준으로 하여야 할 것이다.

3) 초과보험의 효과

① 주관주의입장의 채택 : 우리상법에서는 초과부분을 당연무효로 하지 않

고, 보험계약자의 선의(善意)와 악의(惡意)에 따라 그 효과를 달리하는 주관주의적(主觀主義的) 입장을 취하고 있다.

② 선의인 경우 : 당사자가 선의인 경우에는 계약당사자는 보험료와 보험금액의 감액을 청구할 수 있다. 이 경우에 보험료의 감액은 보험료 불가분의 원칙에 따라 장래에 대하여서만 그 효력이 있겠다(상법 제669조 제1항과 제3항).

③ 사기로 인한 경우 : 초과부분이 보험계약자의 사기로 인한 경우에는 보험계약은 초과부분뿐만 아니라 전부 무효이며, 보험계약자는 보험자가 그 사실을 안 때까지의 보험료를 지급하여야 한다(상법 제669조 제4항). 이것은 보험계약의 선의성·윤리성에 기하여 악의의 보험계약자를 제제하려는 데 그 목적이 있다.

(3) 중복보험

1) 의의

중복보험이라 함은 보험계약자가 수인의 보험자와 동일한 피보험이익에 대하여 보험계약을 체결하고, 그 보험금액의 총액이 보험가액을 초과하는 보험을 말한다. 이것은 고가물(高價物)에 대한 보험, 그 밖에 1인의 보험자와 보험계약만으로는 보험자의 자력에서 판단하여 불안한 경우에 행해지는 것이며, 동시중복보험과 이시중복보험의 구별이 있다.

2) 중복보험의 요건 : 중복보험이 되려면

① 동일한 피보험이익에 대한 것일 것,

② 보험사고가 동일할 것,

③ 보험기간이 동일 또는 중복할 것,

④ 수개의 보험계약을 수인의 보험자와 체결하였을 것,

⑤ 보험금액의 총액이 보험가액을 초과할 것

3) 중복보험의 효과

① 입법주의방식

중복보험의 효과에 대한 입법주의방식으로서는 우선주의, 비례주의, 연대주의가 있다.

② 우리 상법의 규정

(가) 연대비례주의

우리 상법은 각 보험자는 각자의 보험금액의 한도내에서 연대책임을 지도록 하고, 각 보험자는 각자의 보험금액의 비율에 따르도록 함으로써(상법 제672조 제1항), 연대비례주의방식을 채택하고 있다.

(나) 보험계약자의 사기로 인한 중복보험

중복보험이 보험계약자의 사기로 인한 경우에는 그 계약은 모두 무효이고, 보험계약자는 각 보험자가 그 사실을 안 때까지의 보험료를 지급하도록 하고 있다(상법 제672조 제3항, 제669조 제4항).

(다) 통지의무

보험계약자는 동일한 보험계약의 목적과 동일한 사고에 대하여 수개의 보험계약을 체결하는 경우에는 각 보험자에 대하여 각 보험계약의 내용을 통지하여야 한다(상법 제672조 제2항). 이 통지의무는 중복보험의 경우뿐만 아니라 병존보험의 경우에도 인정되는 것이므로 이를 게을리하면 악의의 추정(推定)을 받게 될 것이다.

(라) 보험자1인에 대한 권리포기

중복보험의 경우에 보험자 1인에 대한 권리의 포기는 다른 보험자의 권리의 무관계에 전혀 영향을 미치지 아니 한다(상법 제673조). 이것은 피보험자가 특정한 보험자와 공모하여 짜고서 다른 보험자를 해치는 것을 방지하기 위한 것으로 타당한 것이다.

(4) 보험약관상의 타보험조항

각종의 보험약관에는 동일한 보험의 목적을 담보하는 유효한 보험계약이 둘 이상 이상 존재하는 경우 다른 보험과는 손해액을 분담하는 방법에 관하여 규정하고 있는데 이를 타보험조항(other insurance clause)이라 한다. 중복보험에 관한 상법의 입법취지가 실손해를 보상하여 이득을 금지하고자 하는 것이므로, 같은 취지로 대부분의 손해보험약관에는 이 타보험조항을 두고 있다. 그 분담방식으로는 상법의 비례주의를 원용한 비례조항도 있지만, 상법과는 달리 규정한 독립책임액비례조항, 초과액조항 등도 있다. 그리고 약관에는 다른 보험계약의 체결유무를 고지의무 및 통지의무사항으로 규정하고 있다. 타보험계약이 체결되어 있다는 사실이 보험사고의 발생율에 차이를 야기한다거나 위험율의 측정에 관계있다고 말할 수는 없다. 그러나 타보험계약이 존재한다는 사실은 이른바 도덕적 위험이 가능성이 높아 보험회사의 위험측정상 중요한 사실이라 할 수 있다. 약관은 이것을 계약인수여부를 판단하는 자료로서 중요한 사항, 즉 고지의무의 대상으로 명시한 것이다.

또 수개의 책임보험계약이 체결된 경우, 책임보험에는 보험가액이 존재하지 아니하므로, 중복보험이나 초과보험의 관념이 존재하지 않는다. 그렇지만 상법은 수개의 책임보험계약이 동시 또는 순차로 체결된 경우에 같은 취지에서 이득금지의 원칙상 협의의 중복보험에 관한 규정을 준용하고 있다(상법 제725조의 2).

(5) 일부보험(一部保險)

1) 의의

일부보험이라 함은 보험금액이 보험가액에 미달한 경우의 보험을 의미하고, 보험금액과 보험가액이 일치하는 전부보험에 대한 상대적 개념이다. 이 일부보험은 계약체결당시부터 보험료를 아끼기 위하여 의도적으로 행하는 경우도 있고(의식적 일부보험), 또 보험계약성립 후에 경제적인 물가가 상승한 경우에 자연적으로 형성되는 경우(자연적 일부보험)도 있겠다.

2) 일부보험의 요건

보험가액의 일부분이 보험계약의 목적으로 된 것이다. 이 경우에 보험가액의 산정은 당사자사이에 이에 관한 협정이 있으면 그에 따르고(상법 제670조 본문), 협정이 없다면 일부보험인지? 아닌지? 여부를 판정하는 그때의 가액으로 결정한다고 해석한다[73].

3) 일부보험의 효과

① 비례부담의 원칙

일부보험의 경우에는 보험자는 보험금액의 보험가액에 대한 비율에 따라서 보상할 책임이 있다(상법 제674조). 이것을 비례부담의 원칙이라고 하며, 그리하여 전손(全損)의 경우에는 보험금액의 전액을 지급하여야 하나, 분손(分損)의 경우에는 손해액의 일부분이 보험자의 보상액이 되어 지고, 그 나머지는 피보험자의 자가보험(自家保險)으로 되어버린다. 이를 수식화하면 아래와 같다.

$$\text{손해액(損害額)} \times \frac{\text{보험금액}}{\text{보험가액}} = \text{보상액(補償額)}$$

② 제1차 위험보험(실손해 보상보험)

비례부담의 원칙은 임의(任意)규정이므로 일부보험의 경우에 당사자사이의 특약으로 보험자는 보험금액의 범위내에서 보상액의 전액을 정할 수 있다. 이 경

73) 양승규 · 박길준, 전게서, 516면.

우에는 보험자는 보험금액의 한도내에서 그 손해를 보상할 책임을 진다(상법 제674조). 이를 제1차 위험보험 또는 실손해 보상보험이라 부른다.

③ 공동보험조항(co-insurance clause)

보험자가 보험가액의 일정 비율을 부보하도록 보험계약자에게 지정하고, 보험계약자가 그 부보비율을 만족시킨 경우에 보험금액을 한도로 실손보상을 하는 공동보험조항(co-insurance clause)이 많이 사용된다.

오늘날 건물이 내화성의 재료로 지어지고, 스프링클러 등의 방재설비가 발달하여 화재로 인한 전손의 위험이 매우 희박하다. 그런데 상법은 일부보험의 경우 비례보상을 원칙으로 하여 분손이 발생하더라도 전부보험을 체결하지 않는 한 피보험자는 항상 자기부담액이 생긴다. 따라서 보험소비자들로부터 보험료 인하를 요구하는 목소리가 커지게 되었다. 또 실손보상특약의 경우에는 보험금액을 한도로 언제나 실손해를 보상하므로, 피보험자가 자기의 물건을 전액 부보하지 않게 되어 극단적인 일부보험이 생기게 된다. 이럴 경우 보험자로서는 보험경비가 상대적으로 비싸지게 된다. 그러나 부보비율조건부 실손보상특약 즉 공동보험조항을 삽입할 경우, 극단적인 일부보험을 방지할 수 있게 된다. 재산보험에 있어서 이 조항이 있는 경우 보험자가 보상할 손해액은 다음의 공식에 의하여 산출된다.

$$\text{보험자의 보상액} = \text{손해액} \times \frac{\text{실제부보금액}}{\text{요구부보금액}}$$

이때 요구부보금액은 부보재산의 가액에 공동보험조항이 지정하는 비율을 곱한 금액이다. 주의할 것은 재산손실에 대한 피보험자의 손해보상액은 실손해액을 초과할 수 없으며, 보험계약상의 약정보상한도인보험금액을 초과할 수 없다. 또한 공동보험조항의 손해액 산출공식에 의하여 결정된 액을 초과할 수 없음은 물론이다.

3. 결론

양자의 개념이 다르므로 양자가 일치하지 않는 경우에는 법률상의 여러 문제가 발생하게 된다. 따라서 양자의 개념과 그 효과를 명백하게 살펴보도록 한다.

제 17 장 보험자대위(Subrogation)

1. 총설(總說)

(1) 의의

보험자대위란 보험자가 보험사고로 인하여 입은 손실을 피보험자에게 우선 보상하여주고, 그 피보험자 또는 보험계약자가 보험의 목적이나 제3자에 대하여 갖게 되는 권리를 법률적으로 당연히 취득하는 것을 이른다(상법 제681조와 제682조). 이것은 보험의 목적에 대한 것과 제3자에 대한 것의 두 가지 제도로 나뉜다. 한편 인 보험분야에서는 원칙적으로 보험자대위가 허용되지 아니하나, 다만 상해보험계약의 경우에는 보험자는 보험약관의 당사자간의 다른 약정에 따라 보험자대위권을 행사할 수 있도록 하고 있다(상법 제729조).

(2) 보험자대위제도의 근거

보험자대위의 원칙은 원래 형평(衡平)의 관념에서 출현한 것인데, 그 근거에 관해서는 아래와 같은 두 가지 견해를 볼 수 있다.

1) 손해보상계약성에서 근거를 찾는 견해

이것은 손해보험계약은 일종의 손해보상계약으로서 보험사고로 인하여 피보험자에게 어떤 이득을 주려는 것이 아니라 단순히 손해의 보상만을 목적으로 하고 있는 점, 즉 피보험자에게 이중의 이득을 주지 않으려는 데에 그 근거를 찾고 있다.

2) 법 정책 적인 입장에서 근거를 찾는 견해

이것은 피보험자에 의한 보험사고의 유발이나 도박 등의 부정행위에 이용될 위험을 방지하기 위한 수단으로서 보험자대위제도가 고안된 것이라고 보는 견해로써, 프랑스에서는 이 견해가 제일 유력하다. 오늘날 손해보험의 성격을 띤 인보험에 있어서도 상해보험의 경우 약관에 의하여 보험자대위를 인정(상법 제729조 단서)하는 관습이나 또는 질병보험과 같은 경우에 이를 허용하는 것 등으로 미루어보아 오히려 이 견해가 타당하다고 한다.

(3) 보험자대위제도의 성질(性質)

보험자대위의 내용인보험의 목적에 관한 권리 또는 제3자에 대한 권리의 이전은 보험자가 보험금액을 지급함으로써 법률상 당연히 발생하여 당사자 사이에 의사표시를 필요로 하지 않으므로 양도행위가 아니고, 이른바 민법상의 대위(민법 제399조)와 같은 성질의 것이다. 그러므로 잔존물에 관한 권리의 이전은 물권변동의 절차(민법 제186조와 제188조)를 밟지 않고도 당연히 제3자에게 그 권리를 주장할 수 있고, 또 제3자에 대한 권리의 이전의 경우에도 지명채권양도의 대항요건(민법 제450조)의 절차가 없어도 채무자 그 밖의 제3자에게 대항할 수 있다. 또 보험의 목적에 대한 대위는 해상보험에서 인정되는 보험위부(상법 제710조)와 비슷하나, 후자는 보험의 목적이 전부 멸실한 것과 동일시되는 일정한 경우에 피보험자의 특별한 의사표시에 의하여 이루어 진다는 점에서 양자는 그 성질을 달리한다.[74]

(4) 적용범위

보험자 대위는 원칙적으로 손해보험의 경우에만 인정되고 인 보험의 경우에는 보험자 대위가 금지된다(상법 제729조). 그러나 상법은 손해보험 계약성이 있는 상해보험의 경우, 당사자 간의 약정이 있는 때에는 피보험자의 권리를 해하지 않는 범위에서 대위를 인정하고 있다(상법 제729조).

2. 보험의 목적에 관한 보험자대위제도

(1) 의의

보험의 목적의 전부가 멸실한 경우에 보험금액의 전부를 지급한 보험자는 그 목적에 대한 피보험자의 권리를 대위하여 취득한다(상법 제681조). 이것이 보험의 목적에 관한 보험자대위인데, 예컨대 화재보험에 있어서의 소적(燒跡)[75]의 잔해(殘骸), 건축물의 토대석(土臺石), 해상보험에 있어서의 침몰선(沈沒船)의 난파물(難破物) 등에 대한 권리를 보험자가 대위하여 취득하는 것이 바로 그것이다.

(2) 권리취득의 요건

1) 보험목적의 전부멸실

이 요건상 우선 보험의 목적의 전부가 멸실하여야 한다. 여기서 '멸실' 이라 함은 보험계약체결 당시 보험의 목적이 가진 형태의 멸실을 의미하고, 일부 잔존물이 있다 하더라도 경제적 가치가 전부 멸실하였으면 전손으로 본다. 또 당사자 사이에 특약에 의해서 전손에 가까운 손해[76]를 전손으로 보아 보험자가 보험금액의 지급과 동시에 잔존물의 소유권을 취득하는 것도 유효하다.

2) 보험금의 전부지급

보험자가 보험금액의 전부를 피보험자에게 지급하였어야 한다. 따라서 아직 일부만을 지급한 때에는 그 지급부분에 대해서 권리가 이전하는 것은 아니다 라고 본다.

(3) 권리이전의 효과

보험자는 보험금액을 전부 지급한 때로부터 보험의 목적에 관한 피보험자의 권리를 취득하므로 그 후는 피보험자가 임의로 그것을 처분할 수 없음은 당연하다. 그러나 아래와 같은 점에 대해서는 주의를 필요로 한다.

---

74) 이범찬, 전게서, 522면.

75) 소적이란 불사를 **소**, 자취의 **적**으로 구성된 불에 타고 남은 흔적을 말한다.

76) 예컨대, 5분의 4 이상의 손해 정도이다.

1) 이전되는 권리의 범위

피보험자가 보험의 목적에 대하여 가진 권리라 함은 '피보험이익에 관하여 피보험자가 가지는 모든 권리' 로서 목적에 대한 소유권(所有權) 뿐만 아니라 저당보험(抵當保險)에서의 채권 등도 포함된다고 해석한다.

2) 일부보험의 경우

일부보험의 경우의 대위는 성질상 보험금액의 보험가액에 대한 비율에 따라 정하므로(상법 제681조 단서), 그 잔존물에 대하여 피보험자와 공존관계에 있게 된다.

3) 목적물에 대한 부담과 대위권의 포기(抛棄)

대위에 의한 권리의 취득은 공법상의 잔존물제거의무(예컨대, 항로를 방해하는 침몰선에 대한 제거의무나 기름띠 등)를 지는 일이 있어 보험자가 오히려 불이익을 받는 경우가 있으므로 약관으로 이것을 보험계약자에게 전가하는 일이 있다. 이러한 경우에는 보험자가 그 대위권을 포기하여야 할 것이다.

3. 제 3 자에 대한 보험자대위제도

(1) 의의

손해가 제3자의 행위로 말미암아 생긴 경우에 보험금액을 지급한 보험자는 그 지급한 금액의 한도에서 그 제3자에 대한 보험계약자 또는 피보험자의 권리를 취득한다(상법 제682조). 이것이 이른바 제3자에 대한 보험자대위이며 청구권대위라고도 불리며 피보험자가 제3자의 행위로 인한 보험금청구권과 손해배상청구권을 동시에 행사함으로써 얻게 될 수 있는 것을 방지하려는 것이다.

(2) 권리취득의 요건

1) 제3자에 의한 보험사고의 발생

손해가 제3자의 행위로 인하여 발생하여야 한다. 여기서 '제3자의 행위' 라 함은 불법행위(不法行爲)뿐 아니라 채무불이행(債務不履行)으로 인하여 손해배상(損害賠償)의무를 부담하는 경우까지를 포함하고. 나아가 그 밖의 적법행위(適法行爲)에 의한 경우도 포함한다고 해석한다. 그런데 여기서 '제3자' 라 함은 보험계약자와 피보험자 이외의 자로서 손해를 발생시킨 자와 채무를 부담하는 자가 반드시 동일인임을 요하지는 않는다. 그러나 이 제3자 범위에 보험계약자 또는 피보험자의 동거가족이 포함되느냐에 대한 의문이 있으나 성질상 인정하지 않는 것이 타당하다고 본다.

2) 보험금의 지급

보험자가 보험금액을 지급하여야 한다. 보험금액의 일부를 지급하여도 그 지급한 범위 내에서 대위권을 행사할 수 있는 것(상법 제682조 단서)이 보험의 목적에 관한 경우와 다르다.

(3) 권리이전의 효과

보험자가 보험금을 지급한 때로부터 제3자에 대한 피보험자의 권리가 보험자에게 이전하므로 보험금의 지급에 의하여 대위의 효과가 생긴 후는 보험자에게 이전한 권리에 관하여 피보험자 등이 자유로이 이를 행사 또는 처분할 수 없다. 또 피보험자는 보험자의 그 권리행사에 적극적으로 협조할 의무를 진다고 해석한다.77)

(4) 피보험자 등의 제3자에 대한 권리의 처분행위와 보험자의 권리

피보험자 등이 제3자에 대한 권리를 타인에게 양도 또는 포기한 때에는 그것이 보험금지급전이면 그 금액을 지급할 보상액으로부터 공제할 수 있고, 보험금을 지급한 후라면 보험자대위로써 얻을 수 있는 금액에 관하여 피보험자 등에게 손해배상을 청구할 수 있다.

(5) 대위권의 제한

1) 제한의 범위

보험자가 피보험자에게 보상할 보험금액의 일부를 지급한 때에는 피보험자의 권리를 해하지 않는 범위 안에서만 대위권을 행사할 수 있다(상법 제682조 단서). 이러한 보험자대위권의 제한에 관하여 상법은 보험금액의 전부 · 일부를 지급을 받아도 그 손해액의 전부가 보상되지 아니할 때에는 그 잔액에 대하여는 보험계약자 또는 피보험자는 제3자에 대한 권리를 행사하지 않으므로 그 한도 내에서는 보험금액을 전부 지급하여도 대위권을 제한을 받는다고 해석한다. 또한 보험계약자나 피보험자의 제1항에 따른 권리가 그와 생계를 같이 하는 가족에 대한 것인 경우 보험자는 그 권리를 취득하지 못한다. 다만 손해가 그 가족의 고의로 인하여 발생한 경우에는 그러하지 아니하다(상법 제682조 제2항).

2) 일부보험의 경우

일부보험의 경우에 관하여는 상법 제681조 단서와 같은 규정이 없기 때문에, 이전하는 권리가 지급액상당액이라는 견해(절대설)와 비례안분의 법칙에 따른다는 견해(상대설)과 피보험자의 손해액을 충당한 나머지의 손해배상액에 대해서만 대위할 수 있다는 견해(차액원칙설) 등의 대립이 있는데, 여기서는 차액원칙설을 취한다.

(6) 재보험자의 보험대위

재보험의 경우에 재보험자는 원보험자에게 재보험금을 지급한 한도 내에서 피보험자 등의 제3자에 대한 권리를 대위취득하나 상관습법적으로는 이 경우에 원보험자가 자기명의(自己名義)로써 재보험자의 수탁자로서의 지위에서 제3자에 대한 권리를 행사할 수 있다는 것을 인정하고 있다.

(7) 피보험자 등의 협조의무

보험자의 대위권 행사를 위하여는 피보험자 등의 협조가 필요하다. 따라서 각종 보험약관에는 청구권의 보전.행사에 필요한 절차를 밟을 것을 요구하고 있다. 우리나라 자동차종합보험약관 제67조 제1항에 남으로부터 손해배상을 받을 권리가 있는 경우에는 그 권리의 보전과 행사에 필요한 조치를 취할 것을 사고발생시의 보험계약자나 피보험자의 의무로 규정하고 있고, 제2항에서는 그 의무불이행으로 말미암아 늘어난 손해액이나 회복할 수 있었던 금액을 공제하고 보상한다고 정하고 있다.

---

77) 각종 약관에는 이러한 의미를 명백히 하고 있다.

제 18 장 손해방지의무(損害防止義務)

1. 총설(總說)

(1) 개념

이 손해방지의무는 사고가 발생한 경우에 지우는 특수한 의무로서 손해보험계약에서 보험사고가 발생하였을 때에 보험계약자와 피보험자가 손해의 방지와 경감을 위하여 노력하여야 할 의무를 이른다(상법 제680조). 상법은 이 손해방지의무를 손해보험에 대해서만 규정하고 있으나 인보험분야의 상해보험에서도 손해방지의무를 인정하여 가는 추세이다.

(2) 근거(根據)

손해방지의무의 근거로는 일반적으로 아래의 몇 가지를 볼 수 있다.

1) 보험사고의 우연성으로 보험계약자 또는 피보험지의 부작위에 의하여 확대된 손해는 우연한 사고에 의하여 일어난 사고로 볼 수 없고, 보험계약자 등이 최선을 다하여 손해의 방지 또는 경감을 위하여 노력하여도 일어난 손해만이 진실한 손해라고 볼 수 있기 때문이다.

2) 국민경제적 이유로써 보험에 의하여 보장되는 위험은 개인경제뿐 아니라 국민경제에도 지대한 영향을 끼치므로 가급적이면 재화의 손실을 최소화하여 사고의 발생의 확대를 억제해야 할 필요가 있다.

3) 보험제도자체의 윤리성으로 보험계약은 그 성격상 사행계약의 성질을 갖고 있기 때문에 실질적으로 보험이 도덕상의 위험을 일으키기 쉬운 폐해가 있으므로 보험자에 대한 신의성실의 원칙상의 요구와 공익보호의 필요성에 그 근거를 찾을 수 있겠다.

(3) 법적 성질과 의무자

손해방지의무는 계약당사자인보험계약자뿐만 아니라 제3자인 피보험자도 부담하게 되는 것이므로 계약에 의한 의무가 아니라 결국에는 보험계약의 성질에 따른 보험의 목적에 대한 관리자이며, 보험계약상의 이익을 누리게 될 보험계약자 또는 피보험자에게 형평의 관념에서 법이 부여하는 의무이다. 아울러 손해보험계약에서 보험계약상의 이익을 가지는 피보험자가 손해방지의무를 부담하는 것은 당연하고, 타인을 위한 보험계약의 경우 보험계약자가 그 의무를 지는 것에 대하여는 의문이 있을 수 있으나, 예컨대, 타인을 위한 운송보험과 같이 운송인인보험계약자가 그 물건을 점유하고 있는 한 그 의무를 부담하여야 할 것이다. 그리하여 보험계약법은 보험계약자와 피보험자에게 똑같이 그 의무를 지우고 있다(상법 제680조).

2. 손해방지의무의 구체적인 내용

(1) 시(時)의 문제

시간의 문제로써 손해방지의무는 보험사고가 발생하기 전(前)[78]에 그 사고의 발생까지도 방지하는 것을 포함하느냐의 문제가 존재하나, 보험사고가 발생한 때로부터 이 의무가 있게 된다고 해석한다.

(2) 보험사고의 종류(範圍)

손해방지의무는 보험자가 담보하고 있는 보험사고가 발생한 경우에만 생긴다. 손해방지는 박애주의에 따른 행위가 아니고 보험자가 분담하는 손해를 방지하거나 경감하기 위한 행위이다. 따라서 전손(全損)만을 담보하는 계약조건에서는 분손(分損)의 위험만이 발생하면 이 방지의무는 발생하지 않는다.

(3) 방지경감행위의 종류(種類)

손해의 발생을 방지하거나 경감시키려는 행위는 직접적인 것이든 간접적인 것이든[79] 관계가 없다. 또 손해의 방지와 경감은 행위(行爲)의 목적(目的)으로서 있으면 되고[80], 그 효과는 반드시 생겨야 하는 것은 아니다.

(4) 방지경감행위의 정도

손해방지경감행위의 정도는 사고의 종류, 상태와 사고발생당시에 있어서의 보험계약

78) 예컨대, 사물의 이치에 따라서는 그러한 사고의 발생이 자연적으로 불가피하다고 인정되는 경우를 예정한다.
79) 예컨대, 보험자대위권을 용이하게 행사할 수 있는 행위이면 된다.
80) 반드시 보험자를 위한 것임을 의식할 필요는 없다고 한다.

자 등의 상태를 참작(參酌)하여 결정할 문제이나, 그것이 보험에 붙이지 않은 자기의 물건에 대한 주의라는 것을 기준으로 정하는 것이 옳다고 본다.

(5) 지시를 구할 의무

의무자는 사정이 허락하는 한 보험자의 지시(指示)나 지도(指導)를 구하여 가급적 그에 따를 것을 요구한다.

3. 방지경감행위비용의 負擔과 약관에 의한 제한의 효력

손해방지비용이란 보험계약자 또는 피보험자의 손해방지경감행위에 들어간 비용을 이른다. 그리하여 상법은 손해방지와 그 경감을 위하여 들어간 필요 또는 유익하였던 비용과 보상액이 보험금액을 초과한 경우라도 보험자가 부담하도록 하고 있다(상법 제680조 단서). 이것은 한편으로는 보험계약자와 피보험자에게 손해방지의무를 부과한 것에 대응하여 그것을 장려하는 공익적 이유와 다른 한편으로는 이 비용은 보험사고의 발생으로 인한 손해이면서 보험자의 이익을 위해서도 필요하였다는 이유에 그 근거를 두는 것이다. 또 일부보험의 경우에 보험자가 손해보상액의 비율에 따라 부담하고(상법 제674조) 나머지 부분은 피보험자가 부담한다. 그러나 상법은 전액을 보험자가 부담하도록 하고 있으나 실제 거래에서는 약관에 손해방지비용을 보험자가 전혀 부담하지 않는다는 뜻을 약정하는 경우가 많다. 이러한 약관의 효력에 대하여는 공익보호의 규정에 반하고 또 상법 제663조인보험계약자 등의 불이익변경금지의 원칙을 위반한 상법의 이념에 비추어 볼 때 무효라고 해석한다.

4. 방지경감행위의 해태

보험계약자 또는 피보험자가 손해방지의무를 게을리 한 경우에는 이것과 상당한 인과관계가 있는 손해에 대하여는 의무자의 부작위에 의한 불법행위로 보아서 보험자는 당연히 그 배상을 청구할 수 있고, 또 상계로 인하여 그 지급할 손해보상액으로부터 공제하여 지급할 수 있다.

제 19 장 보험의 목적의 양도(讓渡)

1. 총설

(1) 의 의

보험의 목적의 양도(讓渡)는 거래대상의 되는 물건보험계약에서 피보험자가 보험계약의 대상으로 되어 있는 목적물을 그 의사표시(意思表示)에 의하여 매매나 증여처럼 타인에게 양도하는 것을 이른다. 그리하여 상속이나 회의 합병 등과 같이 보험계약상의 권리의무관계가 포괄적으로 승계하는 경우는 여기에 포함되지 않는 것이다. 그 이유로는 후자(後者)는 단순한 채권양도이나 전자(前者)는 양도인이 보험계약상의 권리와 의무를 승계(承繼)하는 것이기 때문이다.

(2) 양도의 인정이유(認定理由)

본래 손해보험계약은 특정한 피보험이익(被保險利益)을 전제로 하고 있기 때문에, 피보험이익과 피보험자의 동일성(同一性)은 바로 그 보험계약의 동일성을 나타내며, 피보험자가 달라지면 보험계약의 효력도 달라지게 되는 것이다. 따라서 보험의 목적의 양도는 이론적인 측면에서는 양도인이 그 목적에 관하여 가진 원래의 피보험이익은 소멸(消滅)하고, 또 양수인은 보험자와 어떠한 관계를 가진 것이 아니므로 원칙적으로 그 보험관계를 종료(終了)시키게 된다. 그러나 실제 거래에서는 앞서의 이론에 따르는 양도인이 지급한 보험료가 무작위로 낭비되고, 또한 피보험이익이 일시적으로는 무보험상태(無保險狀態)에 처할 위험이 있으므로 이들의 불이익을 치유하기 위하여 보험관계를 소멸시키지 아니하고 양수인이 승계(承繼)하는 것을 인정하고 있으며, 이것이 당사자의 의사에 부응하는 점에서 적합하다. 이러한 거래계의 필요와 요청에 의하여 상법은 피보험자가 보험의 목적을 양도한 때에는 양수인은 보험계약상의 권리와 의무를 승계한 것으로 추정(推定)하고 있다(상법 제679조 제1항). 그러나 상호보험의 경우에는 보험의 목적을 양도하였을 때 양수인이 상호보험회사의 승인을 얻지 아니하면 양도인의 권리를 승계할 수 없다.

2. 권리양도(權利讓渡)의 추정의 요건(要件)

(1) 양도할 당시에 보험계약관계가 유지될 것

보험의 목적이 양도될 당시에 양도인과 보험자 사이에 유효한 보험계약이 있어야 하는 것은 당연한 것이며, 그리하여 특정한 보험계약이 존속하고 있다면 면책사유가 있더라도 보험계약은 양수인에게 이전하지만 보험자는 양수인에 대해서도 주장할 수 있다.

(2) 보험의 목적이 물건이어야 할 것

보험의 목적의 양도는 원래 물건에 관한 것이므로 의사, 공증인, 변호사, 임차인, 사업주 등과 같은 일정한 지위에 있는 자가 그 지위에서 생기는 책임에 대한 이른바 직업인 배상책임보험의 경우에는 그 지위가 양도되어도 보험계약의 이전문제는 생기지 않는다. 여기서 물건이라는 것의 의미는 그것이 동산이든, 부동산, 나아가 유가증권이든지 관계가 없으나 그것은 특정 또는 개별화되어 있어야 한다.

(3) 물권적 이전이 있을 것

보험의 목적의 양도는 이른바 물권적 양도이어야 한다. 따라서 보험의 목적의 이전에 관한 채권계약만이 있는 것으로는 부족하고 그 점유권이 양수인에게 이전한 때 비로소 보험관계가 이전하게 된다. 또 여기서 양도에는 영업의 양도의 경우는 포함되지만 상속이나 합병과 같은 경우는 보험의 목적의 이전과 함께 보험계약상의 권리의무도 법률상 당연히 이전하므로 상법 제679조의 적용은 없게 된다. 그러나 강제집행의 결과로 경락인에게 보험의 목적물이 귀속한 경우에는 상법 제679조는 준용된다.

3. 양도의 효과(效果)

(1) 보험계약상의 권리의무의 승계

피보험자가 보험의 목적을 양도한 경우에는 동시에 보험계약에 의하여 발생한 권리와 의무가 양수인에게 승계한 것으로 추정된다(상법 제679조 제1항). 그리하여 처음부터 타인을 위한 보험계약의 경우에는 그 계약의 성질은 아무런 변함이 없으나 '자기를 위한 보험계약' 은 그 목적의 양도로 양수인이 보험계약자로서의 지위도 아울러 승계하여 보험계약자는 보험관계에서 떠나게 된다. 그러나 보험의 목적의 양도할 당시에 아직 미지급된 보험료가 있을 때에는 양도인과 양수인이 연대하여 지급할 책임이 있다고 해석한다. 그리고 양수인은 보험계약자 또는 피보험자로서의 권리와 의무를 가지게 된다. 다만 선박보험의 경우에 선박의 양도에 대하여 보험자의 동의가 없으면 당해 보험계약은 종료되고(상법 제703조의 2 제1호), 자동차보험에서도 자동차의 양도에 대하여 보험자의 승낙이 없으면 보험계약상의 권리와 의무는 양수인에게 승계되지 아니한다(상법 제726조의 4).

(2) 양도의 통지의무

보험의 목적을 양도한 경우에는 양도인 또는 양수인은 지체없이 보험자에게 그 사실을 통지하여야 한다(상법 제679조 제2항). 통지의 방법으로는 제한이 없으나, 거래실무에서는 서면에 의한 통지와 보험자의 승인배서를 필요로 하고 있다. 양도인 또는 양수인이 보험의 목적의 양도에 관한 통지를 게을리 한 경우에는 당해 보험약관이 정하는 바에 의하여 그것을 양도한 날로부터 일정한 기간이 경과한 후에 발생한 사고에 대하여는 보험자는 보상책임을 면할 수 있다고 해석한다. 그러나 지시식보험증권의 경우나 법률상 당연한 지시증권으로 본다는 상관습이 있는 경우[81]에는 그 양도의 통지를 필요로 하지 아니하고 단지 배서만 있으면 된다고 본다.

(3) 양도의 추정과 보험계약관계

상법은 보험의 목적을 양도한 경우에는 양수인이 보험계약상의 권리와 의무를 승계한 것으로 추정(상법 제679조 제1항)할 뿐이므로 반대의 증명이 있을 때에는 그 효과가 발생하지 않는다. 그리하여 이러한 경우에 그 보험계약이 양도인에게 그대로 존속하느냐 점에 대한 의문이 남게 되는데, 양도인에게는 피보험이익이 이미 상실되었으므로 그 결과로 보험계약은 당연히 효력을 잃게 된다고 보는 것이 타당하다. 생각건대, 상법 제679조 제2항은 '단지 통지하여야 한다' 라고 규정하므로써 대항하지 못한다. 라고 규정하지 않고 따라서 이러한 불편을 제거하기 위하여 법률상 당연히 이전하는 것으로 하고, 목적물의 양수인에게 계약해지권을 주는 것이 보다 합리적이라는 입법론이 있으며, 외국의 실례를 찾아볼 수 있다.

(4) 보험자 그 밖의 제3자에 대한 관계

보험의 목적의 양도효과는 법의 규정에 의하여 반증이 없는 한 직접으로 생겨나므로 그 밖의 제3자에 대한 관계에 있어서 다른 대항요건을 구비하여야 하느냐에 대하여는 이론이 있다. 한편 상법 제679조는 보험의 목적이 양도된 경우, 양도인 또는 양수인은 지체없이 이 사실을 보험자에게 통지하여야 한다고 하여 통지의무에 대하여 규정하고 있으나, 그 위반의 효과에 대해서는 규정하고 있지 않다. 이러한 통지의무위반의 효과

81) 예컨대, 적하보험증권이나 운송보험증권의 경우.

는 통지의 성질과 관련되는데 이에 대하여는 대항요건설과 비대항요건설의 견해가 나뉜다.

우선 대항요건설(對抗要件說)은 양도인 또는 양수인은 보험의 목적의 양도사실을 보험자에게 통지함으로써 피보험자의 교체사실을 보험자 및 제3자에게 대항할 수 있다는 견해인데, 이 견해는 양도인 또는 양수인은 보험목적의 양도사실을 보험자에게 통지하지 않으면 양수인은 보험자에 대하여 보험금청구권을 행사할 수 없다고 본다. 반면에 비대항요건설(非對抗要件說)은 보험의 목적의 양도에 따른 권리와 의무의 이전은 당사자 사이에 그치는 것이 아니라 별도의 대항요건을 갖출 필요없이 보험자 및 그 밖의 제3자에게도 대항할 수 있다고 보는 것으로써, 이 견해는 양도인 또는 양수인이 보험목적의 양도사실을 입증하여 보험금청구권을 행사할 수 있다고 한다. 다만 이 경우에 보험자가 보험목적의 양도사실을 모르고 보험금을 양도인에게 지급하여도 양수인은 이의를 제기할 수 없으며, 이로 인하여 보험자가 손해를 입은 때에는 통지의무자는 이를 배상하여야 한다고 보고 있다.[82]

즉, 후자(後者)는 '대항요건을 갖출 필요없이 당연히 보험자 그 밖의 제3자에게 대항할 수 있다' 고 하고, 또 다른 전자(前者)는 '민법소정(民法所定)의 대항요건(민법 제449조와 제450조)' 을 필요로 한다는 것' 이 바로 그것이다. 그러나 보험의 목적의 양도는 채권양도와는 성질이 전혀 다르므로 민법소정의 대항요건을 필요로 하는 것은 아니라고 보고, 다만 보험자에 대한 통지의무(상법 제679조 제2항)를 게을리 한 때에 그로 인한 불이익을 받을 수 있다고 해석한다. 따라서 상법 제679조 제1항의 권리의 무승계의 추정의 효력은 제3자에게도 미치는 것이고, 상법 제679조 제2항의 통지의무는 민법 제450조 지명채권양도의 통지와는 다르므로 비대항요건설이 타당한 견해이다. 그리고 유가증권으로서의 성질을 갖는 보험증권이 발행된 경우에는 보험증권상의 권리이전의 효력요건으로서 보험증권의 배서 또는 인도를 하여야 한다.[83]

(5) 목적의 양도에 따르는 위험의 현저한 변경이나 증가의 경우

보험의 목적의 양도행위로 사고발생의 위험이 현저하게 변경되거나 증가된 때에는 보험자는 그 사실을 안 날로부터 1월 이내에 보험료의 증액을 청구하거나 당해 보험계약을 해지할 수 있다고 해석한다(상법 제653조).

82) 정찬형, 상법판례평석, 홍문사, 2000, 513면.
83) 이범찬, 전게서, 529면.

제 20 장 보험위부(保險委付)

1. 총설(總說)

(1) 의의

보험위부라 함은 해상보험에 특유한 제도로서 보험의 목적이 전부 멸실한 것과 동일시할 수 있는 특정한 사유 등이 발생한 경우에 그의 보험의 목적에 대한 모든 권리를 보험자에게 위부하고, 보험자에 대하여 보험금액의 전부를 청구할 수 있는 제도이다.

(2) 보험위부제도의 유용성과 법적 성질

손해보험에 있어서는 피보험자는 피보험이익의 전부 또는 일부의 멸실을 증명하지 않으면 손해의 보상을 받을 수 없는 것이 원칙이다. 그러나 해상보험에 있어서는 현실적으로 그 사고의 성질상 전손은 아니더라도 경제적으로 이러한 상황과 동일시할 수 있는 경우에나 또는 그 손실이 전손으로 보아야 하는 것이 거의 확실시되나 그 입증이 어려운 경우에 전손에 준하여 피보험자의 편의를 도모해 줄 필요가 있는 경우에 위부제도의 활용성이 매우 크며[84], 그 존재이유가 있다. 보험위부의 성질은 "불요식의 법률행위이면서 보험자의 승낙을 필요로 하지 않는 단독행위로서 일방적 의사표시에 의하여 일정한 법적 효과를 발생시키는 것" 이므로 형성권이다.

(3) 제도의 역사(歷史)

보험위부제도는 해상보험의 발생과 때를 같이하여 고안된 것으로서 애초에는 선박이 행방불명인 경우에 보험의 목적물이 전손일거라고 추정하여 일단 보험금의 전액을 지급하나 후에 피보험자가 보험의 목적에 대한 권리를 회복한 때에는 보험금액을 반환하여야 되는 것으로 되어 있었다.

---

84) 양승규 · 박길준, 전게서, 533면.

2. 보험위부의 원인(原因)

(1) 서언

보험위부의 원인으로는 상법 제710조에 세 가지를 명시하고 있다. 다만 선박의 행방불명은 선박의 존재자체가 2개월간 분명하지 아니한 경우에는 이를 전손으로 추정하여(상법 제711조), 이를 보험사고로 취급하여 곧바로 피보험자의 보험금청구권을 인정하고 있으므로 이를 보험위부의 원인으로는 볼 수 없다.

(2) 세 가지 원인들

1) 선박이나 적하의 점유상실(占有喪失),

이는 보험사고로 인하여 피보험자의 선박이나 적하의 점유를 잃고 이를 회수할 가능성이 전혀 없거나 회수하기 위한 비용이 그 선박이나 적하를 회수하였을 때의 가액을 훨씬 초과하리라고 예상될 때에는 그 선박이나 적하를 위부 할 수 있으며(동조 제1호). 그러나 선박이 침몰이나 훼손되었으나 적하보험의 목적인 적하가 구조된 경우에는 그 적하에 대하여는 위부하지 못한다(상법 제712조).

2) 선박의 수선비용(修繕費用)이 과다할 때

이는 선박이 보험사고로 인하여 매우 심하게 훼손되어 이를 수선하기 위한 비용이 수선후의 선박가액을 초과하리라고 예상될 때에는 그 선박을 위부 할 수 있다(동조 제2호).

3) 적하의 수선비용이나 그 운송비용이 과다(過多)할 때

이는 보험사고로 인하여 적하가 심하게 훼손되어 이를 수선하기 위한 비용과 적하를 그 목적항 까지 운송하기 위한 비용과의 합계액이 도착 시에 있어서의 적하가액을 초과하리라고 예상될 때에는 그 적하를 위부 할 수 있다(동조 제3호). 다만 선박이 심하게 훼손된 경우에 그 배에 실은 적하를 선장이 지체없이 다른 선박으로 운송을 계속한 때에는 피보험자는 그 적하를 위부 할 수 없다(상법 제721조).

3. 보험위부의 요건

피보험자가 위부권을 행사하려는 경우에는 아래와 같은 요건에 의하여야 한다.[85]

85) 양승규 · 박길준, 전게서, 535면.

(1) 위부의 통지

피보험자가 위부를 하려고 할 때에는 상당한 기간 내에 보험자에게 그 통지를 발송하여야 한다(상법 제713조). 여기서 상당한 기간이라 함은 피보험자가 위부의 원인을 입증하고 위부권을 행사할 수 있도록 하는 합리적인 시간이라고 본다.

(2) 위부의 단순성

위부는 무조건적으로 단순하여야 한다(상법 제714조 제1항). 다시 말해서 위부는 지극히 단순하여야 하므로 어떠한 조건(條件)이나 기한(期限)을 붙여서는 안된다.

(3) 위부의 범위

위부는 보험의 목적의 전부에 대하여 행사한다(상법 제714조 제2항 본문). 위부는 전손과 동일시할 피해가 있는 경우에 인정되므로 원칙적으로 불가분이기 때문이다. 그러나 위부의 원인이 보험의 목적의 일부에 대하여 발생한 경우에는 그 부분에 대하여는 위부 할 수 있다(상법 제714조 제2항 단서). 또한 보험가액의 일부를 보험에 붙인 경우에는 위부는 "보험금액의 보험가액에 대한 비율" 에 따라서만 할 수 있다(상법 제714조 제3항).

(4) 다른 보험계약 등에 관한 통지

피보험자는 위부를 행사함에 있어서 보험자에게 보험의 목적에 관한 다른 보험계약과 그 부담에 속한 채무의 유무와 그 종류 및 내용을 통지하여야 한다(상법 제715조 제1항). 이는 보험자에게 중복보험의 유무를 알리고, 또 담보물권자의 권리행사에 대비하기 위한 조치이며 보험자는 위와 같은 통지를 받을 때까지 보험금액의 지급을 거부할 수 있다(상법 제715조 제2항). 그리고 보험금액의 지급기간의 약정이 있는 경우에는 그 기간은 보험자가 위의 통지를 받은 날로부터 기산한다(상법 제715조 제3항).

4. 보험위부의 효과

(1) 서언

보험위부는 단독행위로서 그 효력발생에는 보험자의 동의가 필요하지 않으며, 그 의사표시가 보험자에게 도달된 때에 효력이 생기고, 위부사유의 발생 시로 소급하지 않으며, 보험자의 보험금지급여부도 상관없다.

(2) 보험자에 대한 효력

피보험자는 위부로 인하여 피보험자가 보험의 목적에 관하여 가지고 있는 모든 권리를 취득한다(상법 제718조 제1항). 그러나 일부보험의 경우에는 보험금액의 보험가액에 대한 비율에 의하여 그 권리를 취득한다(상법 제714조 제3항).

(3) 피보험자에 대한 효력

피보험자는 위부로 인하여 보험금액의 전부의 지급을 청구할 수 있고(상법 제710조). 피보험자가 위부를 한 때에는 보험의 목적에 관한 서류를 보험자에게 위부 하여야 한다(상법 제718조 제2항).

(4) 보험자의 위부에 대한 승인과 불승인의 효력[86]

1) 승인한 경우에는 피보험자는 위부원인을 입증할 필요가 없이 또 나중에 그 위부에 대하여 이의를 하지 못한다(상법 제716조).

2) 불승인한 경우에는 피보험자는 위부의 원인을 입증하지 아니하면 보험금액의 지급을 청구하지 못한다(상법 제717조).

(5) 선박의 행방불명

선박의 존부가 2월간 분명하지 아니한 때에는 그 선박은 행방이 불명한 것으로 보며 전손으로 추정한다.(상법 제711조).

86) 양승규 · 박길준, 전게서, 536면.

제 21 장 타인의 생명보험

1. 개관

(1) 의의

본래 생명보험계약은 보험계약의 당사자인보험계약자 자신(自身)을 피보험자(被保險者)로 하는 경우가 대부분이고, 이를 자기의 생명보험계약이라 한다. 반면에 보험계약자가 자기 이외의 제3자를 피보험자로 하여 체결하는 생명보험계약을 타인의 생명보험이라 칭한다. 이것은 제3자를 보험수익자로 하는 이른바, '타인을 위한 생명보험'과는 구별되는 것이다. 결국 타인의 생명보험계약은 타인을 보험수익자로 하는 타인을 위한 생명보험과는 구별되므로 혼동하기 쉽다. 그리고 좁은 의미의 타인의 생명보험이라고 할 때에는 타인의 사망을 보험사고로 한 것을 의미하게 된다.

(2) 법의 태도

일반적으로 타인의 생사(生死)를 보험사고로 하여 계약을 체결하는 것이 인정되어지는 데, 이는 생명보험에서는 손해보험과는 다르게 피보험이익의 관념이 없기 때문에 가능한 것이다. 다만 생명보험에 있어서도 손해보험과 같이 보험사고로 인한 보험수익자의 불이익을 제거하거나 경감시키려는 데 그 주된 목적이 있고 또 보험계약의 성질에 따른 사행계약성이 그대로 적용된다. 그리하여 자기의 생명보험의 경우에는 보험수익자가 누구이든 불법의 목적으로 이용되는 일은 없겠으나, 타인의 사망을 보험사고로 한 보험상품을 무제한적으로 인정하게 되면, 도박이나 도덕적 해이(Hazard)와 같은 여러 폐단이 생기게 된다. 이 폐단에 대한 제한이 요청되고, 따라서 각 국의 입법례는 이에 대한 특별한 제한을 가하는 아래의 형식의 규정을 두고 있다.

1) 이익주의로써 피보험자인 타인의 생사에 관하여 어떠한 이익을 가지는 자만이 이 보험계약을 체결할 수 있다는 입법형식주의로 이에는 영미법, 중국의 입법례 등이 이에 속한다.
2) 동의주의로써 피보험자인 타인의 동의를 필요로 한다는 입법형식주의이다. 이에는 일본, 프랑스, 독일의 입법례 등이 이에 속한다.
3) 상법의 입장은 동의주의를 채택하여 타인의 사망을 보험사고로 하는 보험에 있어서는 그 당해 보험계약뿐만 아니라 권리양도의 경우에도 피보험자의 서면에 의한 동의를 요건으로 하고 있으며(상법 제731조), 특히 만15세미만자, 심신상실자 또는 심신박약자 등에 대해서는 사망보험은 인정하지 않고 있다(상법 제732조).

2. 피보험자의 동의권

(1) 피보험자의 동의를 필요로 하는 경우

상법은 동의주의를 취하고 있는 바, 피보험자의 동의를 필요로 하는 경우로는 첫째로 상법 제731조 제1항에 의한 타인의 사망을 보험사고로 한 사망보험 또는 혼합보험계약의 경우, 둘째로 상법 제731조 제2항에 의한 타인의 사망보험계약으로 인하여 생긴 권리를 피보험자가 아닌 자에게 양도하는 경우, 셋째로 상법 제734조 제2항에 의하여 타인의 사망보험계약체결한 후 보험계약자가 보험수익자를 지정 또는 변경하는 경우 등이 여기에 해당한다.

(2) 동의권의 성질

타인의 생명보험에 있어서 피보험자의 동의는 당사자간의 특약으로도 배제할 수 없는 강행법규성의 성질을 가진다. 그리하여 피보험자의 동의의 법적 성질에 대하여는 이 동의가 계약의 성립요건이라는 견해도 있으나, 어떠한 계약이 당사자 쌍방의 의사표시 이외에 제3자의 의사표시를 성립요건으로 해석한다는 것은 계약의 일반적인 관념에 반하는 것이고, 또 타인의 생명보험계약도 일반적인보험계약과 같이 낙성(諾性)계약이므로 이 동의는 효력발생요건으로 해석하는 것이 타당하다.

(3) 동의의 시기와 그 방식

피보험자인 타인의 동의는 보험계약 체결 시에 서면에 의하여야 한다(상법 제731조 제1항). 그리하여 서면에 의하지 않는 한 그 효력이 없고, 그 동의는 보험자가 보험계약의 청약에 대한 승낙을 할 때까지 이루어지면 가능하나, 실무상에서는 보험청약시에 피보험자로 하여금 자필서명방식을 취하도록 하고 있는 것이 일반적이다.

(4) 동의의 철회

피보험자가 애초에 해준 동의는 계약의 성립 전에는 철회할 수 있으나 일단 동의에 의하여 계약의 효력이 발생한 때에는 그것을 임의로 철회할 수 없고, 보험수익자 또는 피보험자의 동의를 필요로 한다고 해석한다. 다만 동의행위 그 자체에 하자가 있는 경우에는 일반적인 원칙에 따라 그 동의의 무효(無效) 내지 취소(取消)를 주장할 수 있다.

(5) 동의의 능력

상법 제732조에 따라 15세 미만자, 심신상실자 또는 심신박약자의 사망을 보험사고로 한 계약은 무효로 한다. 그러나 이들은 유효한 동의를 할 수 없으며, 그 동의 또한 무효이다. 따라서 15세 이상의 미성년자의 사망보험의 경우에 동의방식이 문제가 되는데, 이런 경우에 피보험자는 동의를 함에 있어서 민법 제5조[87]의 해석상 법정대리인의 동의를 얻도록 하고 있다.[88]

제 22 장 보험수익자의 지정·변경권

1. 총설(總說)

(1) 보험수익자의 지정.변경권

1) 보험수익자개념

보험수익자라 함은 생명보험에 있어서 보험사고로 이하여 이익을 받는 자로서 즉, 보험금청구권을 갖는 자이다. 여기서 보험계약자는 자신이 보험수익자가 되는 경우도 있고, 또 제3자를 보험수익자로 하는 타인을 위한 생명보험계약을 체결할 수 도 있다. 따라서 타인을 위한 생명보험계약에 있어서는 그 타인은 당연히 보험계약의 이익을 누리게 되고 그에 대한 수익의 의사표시를 할 필요는 없다(상법 제639조).

2) 보험계약자의 수익자의 지정.변경권

생명보험계약은 일반적으로 장기간에 걸쳐서 유지되는 계약이므로 보험계약자가 계약 당시와 다른 사정변경에 의하여 보험수익자를 지정 또는 변경을 희망하는 경우가 생길 수 있다. 이러한 사정으로 법은 보험계약자에게 타인을 위한 생명보험계약을 체결함에 있어서 그 '타인', 즉 보험수익자의 지정.변경권을 인정하고 있다(상법 제733조 제1항). 이것이 이른바 보험계약자의 보험수익자의 지정.변경권을 의미한다. 그리하여 보험계약자는 자기를 위한 보험계약을 체결한 경우에도 나중에 다시 제3자를 보험수익자로 지정하거나 변경할 수 있음은 당연하다.

(2) 지정.변경권의 법적 성질

보험계약자는 보험자의 동의를 받지 않고 그 권한을 유보하고 있는 한, 자유롭게 보험수익자를 지정·변경할 수 있으므로 그 지정.변경권은 일종의 형성권적 성질이면서, 상대방의 수령을 필요로 하지 않는 단독행위이다.

---

87) 민법 제5조; ① 미성년자가 법률행위를 함에는 법정대리인의 동의를 얻어야 한다. 그러나 권리만을 얻거나 의무만을 면하는 행위는 그러하지 아니하다. ② 전항의 규정에 위반한 행위는 취소할 수 있다.

88) 법정대리인이 보험수익자 또는 보험계약자인 때에는 미성년자와 이익이 상반되는 경우이므로 법원이 선임한 특별대리인의 동의를 필요로 한다(민법 제921조 참조).

2. 보험계약자의 지정.변경권 행사와 그 대항요건

상법은 보험수익자의 지정.변경권의 행사방법에 대하여는 별도의 제한은 없으므로 서면에 의할 것을 요하지도 않고, 또 명시적이든 묵시적이든 관계가 없다. 그러나 보험계약자가 계약체결 후에 지정.변경권을 행사한 때에는 보험자에 대하여 그 통지를 하지 않으며 보험자에게 대항할 수 없다(상법 제734조 제1항). 또한 약관에 의하면 보험증권에 점유자에 의한 승인의 배서를 필요로 한다는 뜻의 조항을 담고 있는 경우가 많으므로 이것은 지정.변경권의 효력에는 상관없이 대항요건으로서 통지 외에도 증권상의 배서를 요구하는 취지라고 해석되고 있다. 보험수익자의 이러한 지정.변경권은 보험계약자와 그 관계자와의 관계에 있어서 정하는 것으로서 보험자에 대하여는 대항요건만이 남게 되는 것이다.

3. 지정.변경권의 행사시기와 피보험자의 동의

(1) 행사시기

보험계약자의 보험수익자의 지정.변경권은 보험기간 중에 행사할 수 있으나,
일단 보험사고가 발생하면 그 권리를 행사할 수 없게 된다(상법 제733조 제4항).

(2) 피보험자의 동의

보험계약자는 보험수익자의 지정.변경권을 행사할 수 있으나, 다만 그것이 타인의 사망보험의 경우에, 그 지정.변경권을 행사할 때에 있어서는 반드시 피보험자의 서면에 의한 동의를 얻어야 한다(상법 제734조의 제2항, 제731조 제1항). 따라서 보험계약자가 보험수익자의 지정.변경권을 행사할 당시에 피보험자의 서면에 의한 동의를 얻지 아니하면 그 효력이 생길 수 없다.

4. 보험계약자의 지정.변경권과 보험수익자의 법적 지위(地位)

법은 타인을 위한 생명보험계약에서 보험계약자와 보험수익자의 관계를 고려하여 보험계약자에게 보험수익자의 지정.변경권을 인정하고 있으므로 그것의 성격과 행사와 관련하여 보험수익자의 지위가 어떠한가를 살펴볼 필요가 있다. 특히 보험수익자의 지

위에 대해서는 그 지정·변경권을 유보하고 있는 경우와 유보하고 있지 않은 경우로 나누어 아래와 같이 살펴볼 필요가 있다.

(1) 지정·변경권을 유보(留保)한 경우

1) 보험계약자가 사망한 경우

보험계약자가 보험수익자의 지정·변경권을 유보하고 있는 경우에는 보험수익자는 확정되지 않는다. 그러므로 이러한 경우에 보험계약자가 그 권리를 행사하지 않고 사망한 때에는 보험수익자를 누구로 할 것인가의 문제가 생기는데, 이 경우에는 보험계약자의 승계인이 그 권리를 행사할 수 있다는 약정이 있는 때를 제외하고는 보험계약자가 지정권을 행사하지 아니하였으면 피보험자가 보험수익자로 되고, 변경권을 행사하지 아니하였으면 그 보험수익자의 지위는 그대로 확정되며(상법 제733조 제2항) 이 조항은 미래의 분쟁을 방지하기 위하여 법이 인정한 것이다.

2) 권리행사 전(前)에 보험사고가 발생한 경우

보험계약자가 지정권을 행사하기 전에 보험사고가 생긴 경우에는 피보험자의 상속인이 보험수익자로 되고(상법 제733조 제4항), 변경권을 행사하지 아니한 때에는 보험수익자의 법적 지위가 그대로 인정된다.

(2) 지정·변경권을 유보(留保)하지 않은 경우

1) 보험수익자가 사망한 경우

보험계약자가 보험수익자의 지정·변경권을 유보하지 않은 경우에는 보험수익자가 피보험자 이외의 제3자인 경우에 그 자(者)가 보험계약의 존속 중에 사망한 때에는 보험계약자는 다시 보험수익자를 지정할 수 있다(상법 제733조 제3항 전단부분).

본래 보험금청구권은 금전채권적인 성질을 가지므로 그것은 상속 또는 양도할 수 있는 것이지만, 보험수익자를 정하는 데는 그 사람의 개성이 중시되기 때문에 보험계약자의 재지정권을 인정하고, 다만 보험계약자도 그 지정권을 행사하지 아니하고 사망하면 보험수익자의 상속인이 보험수익자로 된다(상법 제733조 후단부분). 그러나 약관에서는 보험계약자의 상속인 그 밖의 승계인도 그 지정권을 가지는 것으로 하는 것이 보통이다. 이것은 승계인은 보험수익자에 대하여 반드시 보험계약자와 같은 개인적 관계를 가졌다고 할 수 없으며, 또 보험계약자의 승계인이 보험료지급의무를 부담한다는 점을 고려한 데에 있다. 또 만일 승계인에게 그 권리를 인정하지 않으면, 승계인이 보험수익자를 위하여 보험계약을 계속할 것을 원하지 않을 경우에는, 그 계약을 해지함으로써 오히려 불편을 가져올 우려가 있기 때문이다.

2) 재지정권 행사 전(前)에 보험사고가 발생한 경우

보험수익자가 사망한 후 보험계약자가 새로이 보험수익자를 지정하지 아니한 동안에 보험사고가 생긴 경우에는 보험수익자의 상속인이 보험수익자로 된다(상법 제733조 제4항). 이것은 피보험자의 사망으로 보험사고가 생기면 보험계약자는 지정권을 행사할 수 없으므로 보험수익자의 상속인에게 그 법적 지위를 인정한 것이다. 왜냐하면 여시서 보험금청구권은 보험수익자의 권리로서 그 상속재산을 구성하는 것이기 때문이다.

제 23 장 보험료를 선일자수표로 지급

1. 총설

(1) 선일자수표의 보험료지급의 경우의 문제점

선일자수표로 보험료를 지급하였을 때, 선일자수표를 발행.교부한 날이 되는 지, 아니면 수표문면상에 기재된 발행일 이후 실제로 지급제시가 된 날이 지급한 일자가 되는 것인지가 문제이다.

1) 선일자수표의 의의

선일자수표(先日字手票)는 '발행일자를 현실의 발행일보다 후일의 일자로 기재한 수표' 를 말한다. 즉, 그 발행자와 수취인간에 특별한 합의가 없었더라도 일반적으로 수취인이 그 수표상의 발행일 이전에는 자기나 양수인이 지급을 위한 제시(提示)를 하지 않을 것이라는 약속이 이루어져 발행된 유가증권이다. 따라서 대부분의 경우 당해 발행일자 이후의 제시기간내의 제시에 의해 결제되는 것이다. 예컨대, 2010년 12월 12일날 수표를 발행하면서 수표의 발행일을 2011년 2월 12일로 기재하는 것이다. 물론 선일자수표도 본질적으로 일람불출급성을 잃은 것은 아니므로 발행일자 이전에 지급을 위한 제시가 있을 때에는 그날에 지급하여야 되게 되어 있음은 수표법 제28조 제2항에 의하여 분명하고, 이것은 동시에 발행자에게 위험부담을 강요하는 것과 같은 측면이 없지 아니하나 그렇다고 해서 선일자수표가 발행.교부된 날에 액면금의 지급효과가 발생된다고 볼 수 없다. 참고로 지급제시기간은 수표법상 10일내이다.

2) 선일자수표의 유효성

수표에 기재된 사항은 수표상의 의사표시의 내용이지 사실의 기록이 아니므로 비록 수표에 발행일로 기재된 일자와 실제 발행일이 다르더라도 수표발행의 효력에는 아무런 영향이 없다. 따라서 선일자수표는 유효하며, 수표법에서도 선일자수표의 유효성을 전제로 그 일람출급성(一覽出給性)[89]을 규정하고 있다. 또 지급제시의 특약을 위반하면 손해배상책임을 지게 된다.

89) 수표법은 수표의 일람출급성을 관철하기 위하여 제28조 제2항에서 '기재된 발행일자 이전에 지급제시를 한 때에도 그 제시일에 지급하여야 한다' 따라서 선일자수표의 발행일자전에 지급제시를 한 경우 지급인이 발행인의 자금이 없어 지급을 거절한 때에도 그 소지인은 발행인에 대하여 소구(遡求)할 수 있다(수표법 제39조). 참조.

(2) 보험료지급에 관한 내용

보험계약에 있어서 보험료로 지급한 어음이나 수표의 상법 제656조의 보험료지급시점에 대한 논의에 대하여 학설이 대립된다.

1) 어음수표의 일반법리에 따르자는 견해(정지조건설)
이 견해는 어음.수표에 있어서의 일반적인 법리에 따른 변제의 효과를 보험료 지급시에도 그대로 적용시키려는 입장이다. 따라서 이 견해에 따르는 한, 어음.수표의 지급이란 당사자간의 민법 제466조의 대물변제의 특약이 존재하지 않는 한 어디까지나 "지급을 위한" 효과밖에 인정할 수 없게 된다. 즉, "이행에 갈음한다." 라는 효력은 나타나지 않게 되므로 상법 제656조의 해석상 어음.수표의 교부를 통한 보험료의 지급이 있는 경우에는 원칙적으로 추후에 현실적인 어음.수표금의 지급이 있게 되는 시점에 비로소 보험자의 책임이 개시된다고 볼 수 있다. 따라서 그 결제 전에 일어난 보험사고에 대해서는 보험자는 책임이 없다. 다만 보험자가 어음.수표를 받고 보험증권을 교부한 경우에는 어음을 보험료지급에 갈음한다는 묵시적 합의가 있는 것으로 추정하여 책임을 인정한다. 그러나 이 견해를 고집하면, 계속적인 채무관계로서의 보험계약에 있어서는 보험자의 책임개시의 시기가 부당하게 늦추어져서 보험계약자 및 피보험자의 보호에 충실하지 못할 수 있다는 비판이 있다.

2) 해제조건부 대물변제설[90)]
이 견해는 어음.수표의 지급이 이루어지지 아니하는 것을 해제조건으로 보험자가 어음.수표를 교부받은 날짜를 보험료의 지급일로 하여 보험자의 책임개시의 시점(始點)으로 정하고자 하는 학설이다.[91)] 그러나 이 견해는 해제조건부이기는 하나, 일반적인 어음.수표를 통한 대금지급 시 단순한 "이행을 위한" 효과만이 인정되는 의사해석의 기본원칙과는 거리가 먼 보험계약자의 자의적인 입장이 된다.

3) 지급유예설(猶豫說)
이 견해는 어음.수표를 보험자가 보험료지급을 위하여 수령한 경우, 일반원칙에 따라 어디까지나 이행을 위한 효과밖에 없는 것으로서 변제의 효과가 도래한다고 볼 수는 없겠으나 보험자가 어음.수표를 수령하는 행위 속에는 묵시적으로 최소한 거래의 관행상 어음.수표의 지급(보험료의 납입)이 이루어지는 시점까지 보험자가 보험계약자의 보험료지급의무를 유예시켜준 것으로 해석하는 학설이다.[92)] 따라서 만약에 보험자가 보험증권을 어음.수표의 실질적인 지급이 이루어지기 이전의 시점에 이미 발행.교부하

90) 일본의 학설과 판례의 입장이라 한다. 채이식, 495면.
91) 최준선, 상법사례연습(하), 202면.
92) Edgar Hofmann, Privatversicherungsvertragsrecht, 2. Aufl., S. 90, Rdnr, 227.: 최기원, 220면 : 장경환, 법정고시, 97년 11월호, 77면 ; 손주찬 '상사법의 제문제' , 275-285면.

여 주었다면 별단의 사정이 없는 한, 이러한 유예의 의사표시로 해석된다고 한다.[93] 그러나 이 견해를 취한다하더라도 예컨대, 보험자가 보험증권 등에 명시적으로 보험료가 언제까지 지급되어야 한다는 시점을 지정하고 있으면, 묵시적인 유예의 효과가 도래할 수는 없을 것이므로 일의적으로 유예가 되었다고 단정할 수는 없다. 즉, 보험자와 보험계약자간의 의사표시해석의 문제가 될 것이고, 보험자가 보험료의 지급이 이루어지지 않았다는 이유로 자신의 면책을 주장하는 것은 개개의 사례에 있어서는 신의칙위반(信義則違反)이나 권리남용(權利濫用)의 경우가 되기도 할 것이다.

4) 구분설

어음은 신용증권이므로 지급기일까지 보험료의 지급을 유예한 것(선일자수표를 어음과 같이 취급함)으로 본다. 그리하여 결제시에 비로소 지급이 있고, 그 이전의 사고에 대하여는 책임을 지지 않는다. 반면 수표를 교부한 경우에는 지급거절을 해제조건으로 한 대물변제로 설명하므로 일단 보험자가 수표를 수령하면, 그 때부터 책임을 지게 된다. 다만 보험사고가 났으나 수표가 지급거절 되면 보험료를 납입하지 않은 것이 되므로 보험자는 책임을 지지 않게 된다.[94]

2. 학설의 검토와 판례입장

앞서의 견해들을 비교하여 검토한 결과로는 현재 다수설은 세 번째 견해인 유예설로서, 그 이론적 구성에 있어서 가장 문제점이 적은 것으로 판단되므로 원칙적으로 이를 택하고, 개개의 보험계약관계에서 구체적인 의사해석의 문제에 맡겨야 할 것이다. 우리의 보험계약법에서는 영미의 보험계약법상의 'cover note'나 독일 보험계약법상의 'vorlä ufige Deckungszusage' 같은 개념에 대해서는 논의가 거의 이루어지지 못하고 있는 실정이어서 보험자의 책임개시의 시기를 합리적으로 설정함에 있어서 더욱 난점이 제기된다고 본다. 보험계약관계의 종국적인 성립을 위해서는 보험자의 사무처리상 정당한 시일이 요구되는 경우, 그 정식의 보험가입의 시점까지 우선적인보험보호를 제공하는 상기의 제도들은 흔히 보험자의 책임개시의 시점을 정하는 문제와 결부되어 보험계약당사자간의 의사해석의 대상이 된다.

우리 대법원판결은 선일자수표로 보험료를 납부한 경우에 있어서 해제조건부에 입각하여 수표발행일에 이르기까지에는 지급제시가 이루어지지 않는다는 점만을 강조한 나머지 보험계약관계의 관행에 적합하지 못한 결정을 하여 보험자의 책임개시의 시점을 부당히 늦춘 감이 있다. 그러나 정지조건부에 입각한 견해로는 당사자간에 별도의 특약이 없으면 보험자는 선일자수표를 교부받은 것만으로는 보험료를 수령하였다고

93) Hofmann, a. a. O., S. 90.; 재인용.
94) 현실적으로 보험사고후에 수표를 부도낼 보험계약자는 없을 것이므로 보험자가 부도를 이유로 면책되는 경우는 지극히 적을 것이다.

볼 수 없고, 따라서 이때에 보험기간이 개시되는 것으로 볼 수 없으므로 그 수표의 결제 전에 발생한 보험사고에 대하여 보험금지급책임이 없다고 본 대법판결[95]은 타당하다고 한다.

3. 결론

보험료의 지급과 보험자의 책임개시시기에 대하여 상법 제656조에 규정하고 있다. 이때에 보험계약자가 보험료로 어음·수표를 낸 경우에, 보험자의 책임발생시기인 언제가 되는지의 문제이다. 이에 대하여 학설은 대체적으로 '보험자는 어음·수표의 결제전의 보험사고에 대하여 보험금지급채무를 부담한다' 고 보고 있다.

한편 상법 제638조의 2 제3항과 제656조와의 관계가 문제가 된다. 따라서 전자는 보험계약이 성립하기 전에 보험자가 책임을 지는 경우이고, 후자는 보험계약이 성립한 후에 보험자가 책임을 지는 경우이다. 보험자가 보험계약상 책임을 지는 기간을 보험기간이라 하는데, 이러한 보험기간은 원칙적으로 보험계약이 성립한 후에 개시된다. 이러한 보험기간은 당사자간에 다른 약정이 없으면 원칙적으로는 보험자가 최초의 보험료를 지급받은 때부터 개시되는데, 당사자간의 다른 약정 등에 의하여 보험계약의 성립전의 어느 시기를 보험기간이 발생하는 시점으로 할 수도 있다(소급보험). 그리고 상법 제638조의 2 제3항과 같이 계약이 성립하기도 전에 책임도 지는 바, 이는 당사자간에 이에 관한 약정이 없는 경우에도 적격피보험체를 보호하기 위하여 정책적으로 인정된 규정이라고 할 수 있다.

95) 대판 1989, 11, 28. 선고, 88다카 33367 판결.

제 24 장 책임보험계약의 특질(特質)

1. 서설(序說)

(1) 책임보험계약의 의의

책임보험계약이라 함은 피보험자가 보험기간중의 사고로 인하여 제3자에게 배상할 책임을 지는 경우에 보험자가 이를 보상할 것을 목적으로 하는 손해보험계약을 이른다(상법 제719조). 이는 직접 피보험자에게 발생한 손해를 배상하는 것이 아니고, 피보험자의 책임으로 돌아갈 사고로 인하여 제3자에게 발생한 손해를 배상하는 이른바 간접손해를 보상하는 것을 목적으로 한다는 점에서 일반적인 손해보험과 차이가 있다. 특히 책임보험에서의 책임은 민사책임만을 의미한다.[96] 민사적 책임인 이상 법률사의 책임, 불법행위, 채무불이행으로 인한 손해배상책임, 보증인의 책임 등 어느 것이나 책임보험의 대상이 된다. 다만 일정한 한도 내에서 벌금 등 형사적 책임으로 인한 손해도 보상하는 경우도 있다.

(2) 책임보험제도의 발전과정

18세기 이후 현대의 과학기술이 발전함에 따라서 많은 산업재해와 교통사고가 많이 발생함으로써 "과실이 없으면 책임이 없다"는 사법상의 과실책임주의의 법원리로써는 사회의 정의(正義)와 안전(安全)을 기대할 수 없으므로 기업주의 엄격한 책임을 인정하여 피해자(被害者)의 보호를 꾀하지 않을 수 없게 되었다. 다시 말하여서 현대의 기업생활에 있어서는 공장주, 운송인, 자동차운전자 등 타인에게 손해를 가하여 무과실책임을 져야 할 가능성에 처하는 자가 많으며, 이들은 그 기업상의 책임을 타인에게 전가(轉嫁)하므로써 기업의 원활한 운영을 도모할 필요가 있다. 여기서 책임보험제도의 효용이 있으며, 이것은 배상책임자를 보호하여 기업의 유지발전에 이바지할 수 있는 자위수단이 되는 동시에 피해자인 제3자에게는 위험부담을 보험자에게 전가함으로써 손해배상액의 확보로서 경제생활의 안정을 꾀할 수 있도록 하는 사회적 기능을 다하게 되어 현대보험제도의 총아(Wunderkind)가 되고 있다[97]. 이러한 책임보험제도는 사회의 발전과 더불어 그 형태도 나날이 변화하게 될 것이다. 우리나라에 있어서도 일

96) 최준선, 보험법 · 해상법(제3판), 삼영사, 253면.
97) 양승규 · 박길준, 전게서, 538면.

반배상책임보험이 영위되는 이외에 자동차배상책임보험, 산업재해보상보험, 신체손해배상 특약부 화재보험, 원자력손해배상책임보험 등이 법률에 의하여 강제되고 있으며, 앞으로의 그 발전이 많이 기대된다. 또한 이 제도를 이용하여 가해자의 무자력으로 인한 피해자의 보호도 꾀하여 피해자의 손해배상청구권을 강화하는 수단이 된다.

(3) 책임보험계약의 성질[98]

1) 손해보험성(損害保險性)

책임보험은 보험자가 피보험자의 제3자에 대한 배상책임으로 인한 손해를 배상하는 보험이므로 당연히 손해보험으로 분류된다.

2) 재산보험성(財産保險性)

책임보험은 특정한 물건에 대하여 발생한 손해가 아니고 피보험자의 전 재산(全財産)에서 생기는 손해를 보상하는 것이므로 재산보험에 속한다.

3) 소극보험성(消極保險性)

책임보험은 피보험자가 제3자에 대하여 지게 되는 배상책임으로 인한 손해를 보상하는 것이므로 소극보험(Passivenversicherung)으로 규정한다.

2. 책임보험계약의 특이성(特異性)

(1) 서언

책임보험은 손해보험의 일종이므로 손해보험의 일반적인 규정이 적용되는 것은 당연하나, 그 계약의 성질에서 몇 가지 특이성을 찾아볼 수 있겠다.

(2) 보험의 목적

책임보험은 일반손해보험과 마찬가지로 특정물건에 대한 손해를 보상하려는 것이 아니고, 보험사고로 인한 피보험자의 재산상의 손해의 보상이 주된 목적이므로 보험의 목적은 특정한 개개의 재화가 아니고, 피보험자가 지게 되는 배상책임이며, 그 배상책임의 담보가 되는 것은 바로 피보험자의 전 재산이 된다. 그리하여 피보험자가 제3자의 청구를 막기 위하여 들어간 필요적 비용은 피보험자가 배상책임을 지지 않는 경우

98) 양승규 · 박길준, 상게서, 538면.

에도 보험의 목적에 포함된 것으로 하고(상법 제720조 제1항), 영업책임보험의 경우에는 피보험자의 대리인 또는 사업감독자의 제3자에 대한 배상책임도 보험의 목적에 포함되는 것으로 한다(상법 제721조).

(3) 피보험이익(被保險利益)

책임보험은 재산보험에 속하므로 그 피보험이익은 피보험자가 제3자에 대한 재산적 급여를 하는 책임을 지는 사실이 발생하지 아니하는 것에 대하여 가지는 경제적 이익이다.

(4) 보험가액(保險價額)

책임보험은 역시 재산보험이므로 일반 손해보험에 있어서와 같은 보험가액은 원칙적으로 존재하지 않고, 초과보험이나 중복보험 그리고 일부보험의 문제가 생기지 않는다. 그리하여 손해배상액은 단순히 보험금액과 손해액의 범위 내에서 결정된다. 다만 예외적으로 물건의 보관자의 책임보험의 경우와 같이 목적물이나 책임의 최고한도액이 제한된 경우에는 보험가액을 측정할 수 있으며, 이런 경우에만 초과, 중복, 그리고 일부보험이 인정된다. 그리고 수개의 책임보험계약이 있을 때에는 중복보험에 준하여 이를 다루어야 할 것이다(상법 제725조의 2).

(5) 보험사고

책임보험의 보험사고에 대하여는 그 성질상 여러 견해의 대립이 있다.

1) 손해사고설로써 제3자가 손해를 입은 사고가 발생한 보험사고라는 견해이다.

2) 배상청구설로써 피보험자가 제3자로부터 그 책임에 관하여 배상청구를 받은 것을 보험사고로 보는 견해이다.

3) 책임부담설로써 피보험자가 법률상의 배상책임을 지게 된 것을 보험사고라는 견해이다.

4) 이외에도 피보험자가 제3자에 대하여 부담할 채무가 확정된 것을 보험사고로 보는 채무확정설(상법 제723조 제1항) 또는 피보험자가 제3자에 대한 손해배상채무를 이행한 것을 보험사고로 보는 배상의무이행설(상법 제724조 제1항) 이 있으나, 우리나라에서는 이러한 설들은 전혀 받아들여지지 않는다.

5) 결론적으로 보험사고에 대한 불필요한 대립은 책임보험의 성격과 법의 규정이 일률적이 아니라는 데에서 구할 수 있으나, 그 중에서도 손해사고설이 가장 타당하다고 생각된다. 그 이유로는 오는 날 책임보험이 기능적으로는 피해자를 위한 보험으로 변화하여 피해자인 제3자에게 직접적으로 보험금청구권(상법 제

724조 제2항, 자배법 등)을 인정하고 있는 점에서도 굳이 손해사고와 보험사고를 구별할 실익이 없기 때문이다.

(6) 손해배상책임

책임보험은 피보험자가 피해자인 제3자에게 손해배상책임을 부담함으로써 입은 손해를 보험자가 보상하기 위한 것이므로 그 배상책임이 중심을 이루고 있다. 여기서 보험자의 배상책임은 피보험자의 피해자에 대한 불법행위책임을 전제로 한 것이다. 그리하여 책임보험에 있어서는 보험관계와 불법행위책임관계는 밀접한 관계를 맺고 있다.

(7) 수 개의 책임보험

책임보험계약에서는 보험가액의 관념이 없으므로 수개의 책임보험계약이 체결되어 있어도 이를 중복보험으로 다룰 수는 없기 때문에 상법은 피보험자가 동일한 사고로 제3자에게 배상책임을 부담함으로써 입은 손해를 보상하는 수개의 책임보험계약이 동시 또는 순차적으로 체결된 경우에 그 보험금액의 총액이 피보험자의 제3자에 대한 손해배상액을 초과하는 때에는 이를 중복보험에 준하여 보험자는 각자의 보험금액의 한도 내에서 연대하여 그 보험금액의 비율에 따라 보상책임을 지도록 하고 있다(상법 제725조의 2).

3. 책임보험의 효과(效果)

(1) 서설

책임보험계약의 효과는 보험자와 피보험자(또는 보험계약자)간의 관계 즉 내부관계와 보험자와 제3자(피해자) 간의 관계 즉 외부관계로 나누어 고찰할 수 있다.[99]

(2) 내부관계

1) 보험자의 보상의무

① 의의

책임보험의 보험자는 피보험자가 보험기간 중 손해사고로 인하여 제3자에게 손해배상책임을 진 경우에 이를 보상할 책임이 있다(상법 제719조).

---

99) 강위두 · 임재호, 상법강의(하), 형설출판사, 658면.

② 보상범위

(가) 피보험자의 제3자에 대한 채무

책임보험계약도 손해보험계약이기 때문에 책임보험에 있어서 보험자는 보험금액의 한도 내에서 피보험자가 제3자에 대한 손해배상책임을 부담함으로써 입은 손해를 보상할 책임이 있다. 또한 영업책임보험에 있어서 보험자는 피보험자의 대리인 또는 그 사업감독자가 제3자게 대한 손해배상책임을 부담함으로써 입은 손해를 보상할 책임이 있다.(상법 제721조) 그리고 피보험자의 제3자에 대한 변제.승인.화해 또는 재판으로 인하여 채무가 확정된 (상법 제723조 제1항) 경우에는 보험자는 이를 보상할 책임이 있고, 또한 피보험자가 보험자의 동의없이 제3자에게 변제.승인도는 화해를 한 경우에는 보험자가 책임을 지지 않는다는 합의가 있더라도 그 행위가 현저하게 부당한 것이 아니니 한 보험자는 보상책임을 면하지 못한다(상법 제723조 제3항)

(나) 방어비용[100]

피보험자가 제3자의 청구를 방어하기 위하여 지출한 재판상 또는 재판 외의 필요비용은 보험자가 부담하여야 하고(상법 제720조 제1항 1문), 피보험자는 보험자에 대하여 그 비용의 선급을 청구할 수 있다(상법 제720조 제1항 2문).

피보험자의 방어비용의 성질은 상법 제680조 단서 손해방지비용이고[101] 보험자의 방어비용부담에 관한 상법 제720조는 주의적 규정이다. 피보험자가 제3자의 청구를 방어하기 위하여 지출한 비용은 당연히 보험자가 부담하여야 하는 것은 아니나, 이를 피보험자로 하여금 부담하게 하는 것은 피보험자에게 너무 가혹하므로 상법은 정책적으로 특별히 보험자가 이를 부담하도록 할 것이다.

(다) 담보의 제공· 공탁

피보험자가 담보의 제공 또는 공탁에 의하여 재판의 집행을 면할 수 있는 경우에는, 보험자에 대하여 보험금액의 한도 내에서 그 담보의 제공 또는 공탁을 청구할 수 있다(상법 제720조 제2항).

(라) 보험자의 지시에 의한 방어비용·담보비용 공탁

피보험자의 방어비용의 지급이나 담보의 제공 또는 공탁이 보험자의 지시에 의한 것인 경우에는, 그 금액에 손해액을 가산한 금액이 보험금액을 초과하여도 보험자가 이를 부담하여야 한다(상법 제720조 제3항).

---

100) 대판 1995. 12. 8, 94 다 27076; 피해자가 반드시 재판상 청구한 경우에 한하여 방어비용이 인정되는 것은 아니다. 또한 2002. 6. 28, 2002 다 22106; 변호사비용에서 미리 보험자의 동의를 받지 아니하면 보험자가 보상할 책임이 없다는 취지의 약관조항은 무효이다.

101) 양승규, 전게서, 323면.

③ 보상시기

보험자는 특별한 약정이 없으면 피보험자로부터 채무확정의 통지를 받은 날부터 10일 내에 보험금을 지급하여야 하지만(상법 제723조 제2항) 피보험자가 책임을 질 사고로 인하여 생긴 손해에 대하여 제3자가 그 배상을 받기 전에는 보험자는 피보험자에게 보험금의 전부 또는 일부를 지급하지 못한다(상법 제724조 제1항). 이것은 피보험자가 보험금을 받고 피해자에게 지급하지 않거나 늦게 지급하는 것을 방지함으로써 피해자를 보호하지 위한 것이다.

2) 피보험자의 의무

① 보험자에 대한 통지의무

(가) 사고발생의 통지의무

일반손해보험에서와 같이, 피보험자가 제3자에 대하여 손해배상책임을 지게 될 사고(손해사고)가 발생한 것을 안 때에는 지체없이 보험자에게 그 통지를 발송하여야 한다(상법 제657조 제1항).

(나) 배상청구의 통지의무

피보험자가 제3자로부터 손해배상청구를 받은 때에는 지체없이 보험자에게 그 통지를 발송하여야 한다(상법 제722조). 여기에서 손해배상청구는 정당한 청구이든 부당한 청구이든, 재판상의 청구이든 재판 외의 청구이든 불문하고, 또 통지는 구두에 의하든 서면에 의하든 묻지 않는다..[102] 이 배상청구통지의무는 보험자로 하여금 보험금지급의 준비를 할 수 있도록 하기 위한 것이다. 따라서 보험자가 제3자의 손해배상청구가 있은 사실을 알고 있는 경우에는, 피보험자는 그 통지를 할 필요가 없다.

(다) 채무확정의 통지의무

피보험자의 제3자에 대한 변제 · 승인 · 화해로 인하거나 재판으로 인하여 채무가 확정된 때에는 피보험자는 지체없이 보험자에게 그 통지를 발송하여야 한다(상법 제723조 제1항). 이 통지의무의 성질과 그 사실을 안 때의 통지의 불요는 위의 피보험자의 손해배상청구를 받은 사실의 통지의무의 경우(상법 제722조)에서와 같다.

② 보험자에 대한 협의의무

피보험자가 제3자의 손해를 보상하면 이는 보험자의 부담으로 되고 또 손해배상청구권의 유무나 그 행사내용이 반드시 정당한 것이라 단정할 수는 없으므로, 피보험자

102) 양승규, 전게서, 368면.

가 제3자에 대하여 변제 · 승인 또는 화해를 하여 채무를 확정하는 때에는 미리 보험자와 협의하여야 한다.103) 그러나 피보험자가 보험자의 동의없이 제3자에 대하여 변제 · 승인 또는 화해를 한 경우에는 보험자가 보상책임을 지지 않는다는 합의가 있는 때에도, 그 행위가 현저하게 부당한 것이 아닌 한 보험자는 그 보상책임을 면하지 못한다(상법 제723조 제3항). 이것은 피보험자의 제3자에 대한 채무의 확정에 반드시 보험자와의 협의를 요하도록 하면 제3자에 대한 손해배상의 원활성을 해할 염려가 있으므로, 보험자와의 협의가 없어도 그 채무의 확정이 현저하게 부당하지 않으면 보험자가 그 책임을 면하지 못하는 것으로 한 것이다. 피보험자가 보험자의 동의없이 현저하게 부당한 변제 · 승인 또는 화해를 한 때에는, 보험자는 그 부당한 부분에 대한 보상을 거절할 수 있다.104)

(3) 외부관계

1) 서 설

보험자와 피보험자간의 관계는 보험관계이고 피보험자와 제3자간의 관계는 손해배상책임관계로서 양자는 별개이면서, 독립적인 관계이므로 보험자는 제3자에 대하여 책임과 의무가 없는 것이다. 그러나 상법은 피해자인 제3자를 보호하기 위하여 제3자의 보험자에 대한 직접청구권을 인정하고(상법 제724조 제2항 본문), 이 경우 보험자의 제3자에 대한 항변권(상법 제724조 제2항 단서), 보험자의 피보험자에 대한 통지의무(상법 제724조 제3항). 피보험자의 협조의무(상법 제724조 제4항) 등을 규정하고 있다.

2) 제3자의 직접청구권

① 의 의

제3자는 피보험자가 책임질 사고로 입은 손해에 대하여 보험금액의 한도 내에서 보험자에게 직접 보상을 청구할 수 있다(상법 제724조 제2항 본문). 이러한 제3자의 직접청구권은 모든 책임보험계약에 인정되는 것이다. 그러나 이외에 보관자의 책임보험에 있어서 물건의 소유자는 보험자에 대하여 손해의 보상을 청구할 수 있고(상법 제725조), 자동차손해배상책임보험에 있어서 의료기관은 보험사업자 등에게 자동차보험진료수가를 청구할 수 있고(자동차손해배상보장법 제11조), 신체손해배상특약부화재보험에 있어서 피해자는 손해보험회사에 대하여 보험금의 지급을 청구할 수 있고(재해보상보험가입법 제9조), 또 원자력손해배상책임보험에 있어서 피해자는 보험금에 대하여 다른 채권자에 우선하여 변제받을 권리를 가져(원자력손해배상법 제8조), 상법과 특별법에서 특별히 제3자의 직접청구권을 인정하고 있다.105)

---

103) 양승규, 전게서, 370면.
104) 강위두 · 임재호, 상법강의(하), 형설출판사, 659면.
105) 강위두 · 임재호, 전게서, 659면.

② 법적 성질

제3자의 직접청구권의 법적 성질에 관하여, 손해배상청구권설과 보험금청구권설이 대립해 있다. 손해배상청구권설은 책임보험은 보험자가 피보험자의 제3자에 대한 손해배상채무를 인수하는 것이므로 제3자의 직접청구권은 제3자의 보험자에 대한 손해배상청구권이라 하고[106], 보험금청구권설은 책임보험은 보험자가 피보험자의 제3자에 대한 손해배상책임의 부담으로 인하여 손해를 보상하는 것이므로 제3자의 직접청구권은 제3자의 보험자에 대한 보험금청구권이라 한다.[107]

판례는 제3자의 직접청구권의 법적 성질은 "보험자가 피보험자의 피해자에 대한 손해배상채무를 병존적으로 인수한 것으로서 피해자가 보험자에 대하여 가지는 손해배상청구권이고, 피보험자의 보험자에 대한 보험금청구권의 변형 내지 이에 준하는 권리가 아니다[108]" 고 판시하여 손해배상청구권설을 취한 것도 있고 또한「자동차 종합보험약관에 피보험자가 피해자에게 지는 손해배상액이 판결에 의하여 확정되는 등의 일정한 경우에는 피해자가 보험회사에 대하여 직접보험금의 지급을 청구할 수 있도록 규정되어 있더라고, 약관에 의하여 피해자에게 부여된 보험금액청구권은 상법 제662조 보험금액청구권과 다르지 않으므로 이를 2년간 행사하지 않으면 소멸시효가 완성된다.[109]」고 판시하여 보험금청구권설을 취한 것도 있다.

3) 보험자의 항변권

제3자가 보험자에 대하여 직접청구를 한 경우에, 보험자는 피보험자가 그 사고에 관하여 제3자에 대하여 가지는 항변으로써 그 제3자에 대항할 수 있다(상법 제724조 제2항 단서). 이것은 제3자에게 보험자에 대한 직접청구권을 인정함과 동시에 보험자에게 제3자에 대한 항변권을 인정함으로서 제3자와 보험자간에 형평을 기한 것이다.

4) 보험자의 통지의무

보험자가 제3자로부터 직접청구를 받은 경우에는 지체없이 피보험자에게 이를 통지하여야 한다(상법 제724조 제3항). 이것은 제3자가 직접청구를 한 경우에, 보험자로서는 제3자의 청구가 정당한 것인가를 확인할 필요가 있으며 피보험자로서는 제3자에 대하여 방어할 수 있는 기회를 가져야 하기 때문이다.[110]

5) 피보험자의 협조의무

제3자가 직접청구권을 행사 한 경우 피보험자는 보험자의 요구가 있는 때에는 필요

---

106) 김성태, 전게서, 623면.
107) 양승규, 전게서, 375면.
108) 대판 1999. 2. 12 [98 다 44956.
109) 대판 1993. 4. 13 93 다 3622.
110) 강위두 · 임재호, 상법강의(하), 660면.

한 서류 · 증거의 제출, 증언 또는 증인출석에 협조하여야 한다(상법 제724조 제4항). 여기에서 피보험자의 서류 · 증거의 제출, 증언, 증인출석 등의 협조의무는 예시적인 것이다.[111]

4. 보관자의 책임보험

(1) 의의

창고업자, 임차인, 질권자 등 보관자의 책임보험은 임차인 기타 타인의 물건을 보관하는 자가 그 지급할 손해배상을 위하여 그 물건을 보험에 붙인 경우이다(상법 제725조). 이는 물건의 소유자를 피보험자로 하는 타인을 위한 보험계약이 아니라 보관자 자신을 피보험자로 하는 자기를 위한 책임보험계약의 일종이다.

(2) 요건 및 효과

이 요건으로는 타인의 물건보관자가 보험계약자로서 보험계약을 체결하여야 한다. 그리하여 자기소유의 물건을 보관하는 경우에는 보관자의 책임보험계약이 있을 수 없다. 둘째, 보관자가 자기를 위하여 보험계약을 체결하여야 한다. 환언하면 보관자가 소유자에 대하여 손해배상책임을 부담함으로써 입을 손해를 보상하기 위하여 보험계약을 체결한다.

그 효과로는 보관자의 책임보험계약에 있어서 물건의 소유자는 보험자에 대하여 직접 그 손해의 보상을 청구할 수 있다(상법 제725조). 이러한 보관자의 책임보험계약은 보관자의 자기를 위한 보험계약이므로 보험사고 발생시에는 보관자가 피보험자로서 보험금청구권을 행사하여야 하는 것이나, 보관자가 보험자로부터 보험금을 받고도 피해자에게 배상을 하지 않거나 파산에 의하여 배상하지 못할 염려가 있으므로, 본조는 소유자를 보호하기 위하여 소유자의 보험자에 대한 직접청구권을 인정한 것이다. 즉 보관자의 보험금청구권이 보험자의 책임보험계약의 효력발생과 동시에 법률상 당연히 소유자에게 이전하는 것이다.

그러나 이로 인하여 피보험이익 자체가 변경되는 것이 아니므로, 이것이 타인을 위한 보험계약으로 되는 것이 아니다. 이는 경제적으로는 타인인 소유자가 보호를 받으므로 타인을 위한 보험의 기능을 하고 있다.

111) 손주찬, 전게서, 644면.

(3) 보관자의 권리와 소유자의 권리의 관계

보관자와 소유자는 보험자에 대하여 손해보상청구권을 가지나 보관자가 소유자에게 손해배상을 하지 않는 한 소유자는 보관자에 우선하여 보상을 받을 수 있다고 보아야 할 것이다. 이에 대하여는 청구권병존설과 소유자청구권우선설의 대립이 있으나, 자기를 위하여 보험금지급청구를 할 수 없다고 보는 것이 타당하다. 이외에 보관자의 권리와 소유자의 권리와의 관계에 관하여는 책임보험부분에서 가해자에 대한 손해배상청구권과 보험회사에 대한 직접청구권과의 관계를 유추적용하면 될 것이다[112].

(4) 책임보험과 소유자 자신의 보험과의 관계

소유자가 별도로 자신의 소유권을 피보험이익으로 하여 보험계약을 체결한 경우, 피보험이익이 다르므로 중복보험이 되지 않아 양 보험계약은 병존하게 된다. 만약 소유자가 소유권에 관한 보험계약에 기하여 보험금을 청구한 경우에는 이중이득금지의 원칙상에 의하면 보관자의 책임보험 청구권은 보상받은 범위 내에서 소멸한다. 다만 보상을 해준 보험자는 보관자의 책임보험자에 대하여 보험자대위권을 행사할 수 있다(상법 제682조).

112) 최준선, 전게서, 277면.

제 25 장 재보험

1. 총설

1) 재보험 계약의 의의

재보험계약이라 함은 어떤 보험자가 인수한 보험계약상의 책임의 전부 또는 일부를 다른 보험자에게 인수시키는 보험계약을 말한다. 이 경우 최초의 보험을 원보험이라 한다. 보험자는 그 보험계약이 손해보험계약이든 인보험계약이든 보험사고로 인하여 부담할 책임에 대하여 다른 보험자와 재보험계약을 체결할 수 있다(상법 제661조).

2) 재보험제도의 기능

원보험자는 재보험제도를 통하여 자신이 인수한 위험을 수직적으로 분산시킴으로써 거대한 위험을 인수할 수 있게 되고, 보험사업의 경영합리화를 꾀할 수 있다. 재보험은 국제적으로 거래되어 위험을 국제적으로 분산하는 기능을 한다. 그러나 재보험은 위험의 분산이 수직적인 점에서 여러 보험자가 위험을 수평적으로 분산시키는 공동보험과는 다르다.

3) 법적 성질

재보험계약의 법적 성질에 대하여는 다툼이 있다. 먼저 ① 재보험은 경제적인 성질에서 보아 당사자간에 위험의 분산과 이익의 분배를 공동의 목적으로 하는 조합계약이라고 하는 설과 ② 재보험계약은 책임보험의 일종으로서 손해보험계약에 속한다는 설이 있다.

재보험계약은 원보험계약이 손해보험계약이든 인보험계약이든 원보험계약과는 별개의 독립한 보험계약이며 원보험자의 원피보험자에 대한 급여책임을 재보험자가 보상하여 주는 것을 내용으로 하는 보험이므로 생명보험의 재보험이든 책임보험의 일종이라 보는 것이 통설이며 타당하다.

우리 상법은 책임보험에 관한 규정을 재보험계약에 준용하고 있는데 이것은 재보험을 책임보험으로 이해하고 있기 때문이다(상법 제726조).

2. 재보험계약의 종류

1) 특별재보험과 일반재보험

특별재보험은 개개의 원보험계약을 개별적으로 재보험에 붙이는 방법이며, 일반재보험(포괄재보험)은 일정한 기간동안 계속적으로 특정한 원보험자의 위험을 인수하는 방법이다. 일반재보험은 다시 임의적 재보험과 특약 재보험으로 나누어진다.

2) 임의적 재보험과 특약 재보험

임의적 재보험은 특정보험계약이 체결될 때마다 원보험자가 위험을 통지하여 재보험자는 자유로이 인수 또는 거절할 수 있는 재보험제도이다. 이러한 임의적 재보험은 재보험 처리절차가 번잡하고 인수여부가 불분명하므로 재보험의 기능을 못 살리는 단점이 있다.

임의적 재보험은 미리 담보할 위험과 인수조건 등을 포괄적으로 협의하여 놓고 그 조건에 합치하는 원보험 계약에 대하여 재보험자가 이의 없이 인수하도록 한 재보험제도로서 재보험 처리절차가 간소하여 많이 이용되고 있다.

3) 비례재보험특약과 초과액재보험특약

의무적 재보험은 비례재보험과 초과액재보험이 있는데 이것은 출재의 방식에 관한 특약(Treaty)에 따라 구별된다. 비례재보험 특약(Quota Share Reinsurance Treaty)은 원보험 계약의 보험금액에 대한 일정비율은 모두 재보험자에게 출재하고 재보험자는 이의 없이 인수할 의무를 가지는 것이다. 이러한 방식은 소액의 계약까지도 일정비율을 의무적으로 출재하여야 하므로 보험료가 누출되는 단점이 있다.

초과액 재보험 특약(Surplus Feinsurance Treaty)은 원보험자의 보유액을 미리 정하여 두고, 이를 초과하는 보험금액에 대하여만 재보험자에게 출재하는 방식이다. 초과액 재보험은 원보험자의 보유한도액을 미달하는 소액의 보험계약에 대하여 그 전부를 원보험자가 보유하므로 보험료가 누출될 염려가 없다.

4) 비비례적 재보험(Non-proportional Reinsurance)

비비례적 재보험은 손해가 발생하는 경우 일정한도를 초과하는 손해액 또는 일정 손해율을 초과하는 부분에 대하여 재보험자가 책임을 지는 형태의 재보험이다. 보험료는 특약별 초과손해액의 발생가능성 및 발생규모에 따라 산정되며, 원보험자와 재보험의 책임에 대한 비례성이 존재하지 않는다. 동 재보험특약 형태로는 초과 손해액 재보험특약(Excess of Loss)과 초과손해율 재보험특약(Excess of Loss Ratio Cover 또는 Stop Loss Cover)으로 구분된다.

① 초과손해액 재보험특약(Excess of Loss Cover)

사고발생시 원보험자는 일정손해액까지는 담보하지 않는다. 즉 원보험자의 부담액을

Deductible(또는 Priority)이라고 하며, 동 Deductible을 초과하는 손해액에 대하여 재보험자가 부담하게 된다. 이 방식은 보험금액으로 보유액과 출재액을 정하지 않으므로 사무비용이 적게 들고, 거대리스크나 거대손실의 발생 가능성이 있는 누적리스크를 담보하는 데에 적당하다. 그러므로 보유보험료를 증대시킬 수 있는 장점이 있으나 적정수준의 보유손해액을 결정하는 데에는 상당히 전문적인 기술을 요한다. 초과손해액 재보험특약은 원보험자가 원보험금액(Sum Insured) 또는 책임한도액(Limit of Liability) 기준으로 인수한 위험에 대해 일정 손해액 이상의 대형사고 발생에 대비하기 위한 일종의 안전장치 역할이라고 할 수 있다.

② 초과손해율 재보험특약

원보험자의 당해연도의 보험위험에 대한 연간 손해율이 이미 정해진 일정 비율을 초과하는 경우 재보험자가 부담토록 되어 있는데, 이는 원보험자가 특약년도 기간내의 실적안정을 도모하기 위하여 이용되고 있는 비비례재보험특약 형태의 일종이다. 초과손해율 재보험특약은 원보험자의 영업실적이 평균손해율을 크게 상회하는 비정상적인 경우에 대비하여 경영의 안정을 기할 수 있으며. 주로 자연재해를 담보하는 보험종목에 이용된다.

3. 재보험계약의 법률관계

1) 책임보험규정의 준용

재보험계약은 손해보험의 일종인 책임보험계약에 속하는 바 그 법률관계에 관하여는 그 성질에 반하지 아니하는 한 책임보험에 관한 규정을 준용하도록 하고 있다(상법 제726조).

2) 재보험자의 의무(재보험금 지급의무의 발생시기)

재보험자의 의무로서 특히 중요한 것은 손해보상의무이다(상법 제665조). 이때 재보험자의 손해보상의무가 발생하는 시기에 대하여 ① 원보험자가 원보험 계약상의 의무를 이행하여 보험금을 지급한 때라는 견해가 있는데 그 근거는 원보험자가 보험금을 지급하지 않는 한 재보험계약의 피보험자인 원보험자에게는 손해가 발생하지 않았기 때문이라 하는 견해가 있다. 이에 대하여 ② 원보험계약상의 보험사고가 발생하면 재보험금을 청구할 수 있다고 하는 것이 다수설인데, 원보험자는 보험사고의 발생 시에 손해가 있다고 볼 것이며(손해사고설) 원보험자가 파산한 경우 원보험의 피보험자를 보호할 수 있기 때문이다라는 견해가 있다.

3) 원보험과 재보험과의 관계

① 재보험의 독립성

재보험은 법률상 원보험과는 별개의 독립된 계약이다. 따라서 각 보험계약은 서로 영향을 미치지 아니한다(상법 제661조). 그러므로 원보험자는 원보험료의 지급이 없다는 이유로 재보험료의 지급을 거절할 수 없으며, 원보험자는 재보험금의 지급이 없다는 이유로 원보험계약의 피보험자에게 원보험금의 지급을 거절하지 못한다.

② 원보험계약자와 재보험자와의 관계

원 보험의 보험계약자는 재보험자에 대하여 직접적인 권리.의무가 없다. 그러나 원 보험의 보험계약자가 원보험의 보험료를 지급하지 않고 있을 때에 재보험자는 민법상의 채권자대위권에 관한 규정에 따라서 원보험자의 보험료지급청구권을 대위 행사 할 수 있다(민법 제404조).

③ 원피보험자와 재보험자와의 관계

상법은 책임보험계약에서의 제3자의 직접청구권을 인정하고 있다(상법 제724조 제2항). 재보험계약은 책임보험계약이라고 보는 것이 통설인데 직접청구권에 관한 규정은 재보험계약에 준용되므로 원보험계약의 피보험자는 재보험자에게 직접 재보험금을 청구할 수 있다. 이 경우 재보험자는 원보험자에 대하여 가지는 항변으로써 원피보험자에게 대항할 수 있다고 해석된다(상법 제724조 제2항 단서).

4. 재보험자의 보험대위

재보험자가 재보험금을 원보험자에게 지급한 경우에 재보험자는 원보험자가 제3자에 대하여 가지는 권리를 대위취득하게 된다. 그러나 재보험자는 직접 대위권을 행사하지 않고, 원보험자가 자기의 이름으로 제3자에게 대하여 이를 행사하고 회수한 액을 재보험자에게 교부하는 관습이 있다.

제 26 장 자동차보험

1. 자동차보험의 의의

자동차보험은 피보험자가 자동차를 소유, 사용 또는 관리하는 동안에 발생한 사고로 인하여 생긴 손해를 보험자가 보상하기로 약정한 손해보험이다(상법 제726조 제2항).

2. 자동차보험의 필요성

자동차라는 교통승용구는 육상의 여객운송은 물론 물류수송 등을 통하여 우리의 생활을 윤택하게 만들어 주고 있고 전국적인 도로망은 이제 사회간접자본 중에서도 가장 중요한 국가의 인프라이다. 그러나 자동차의 발전은 더불어서 바람직스럽지 못한 교통사고의 피해자를 다수 출현시켰다. 일컬어서 자동차를 달리는 흉기라고도 한다. 그렇지만 현대를 살아가면서 자동차의 사용을 포기할 수도 없다.

결국 사고의 피해자에 대한 가해자의 손해배상제도의 완비가 시급하다. 나아가서 가해자들에게 배상의 자력이 없다면 피해자의 구제는 사실상 곤란하다. 그러므로 자동차사고의 피해자구제와 가해자의 보호라는 문제가 중요한 사회적 과제로 되는 것이며 이러한 필요를 충족시키는 보험이 자동차보험이다.

3. 자동차보험증권

자동차보험증권에는 제666조에 게기한 사항 외에 ① 자동차소유자와 그 밖의 보유자의 성명과 생년월일 또는 상호, ② 피보험자동차의 등록번호, 차대번호, 차형년식과 기계장치, ③ 차량가액을 정한 때에는 그 가액을 기재하여야 한다(상법 제726조 제3항).

4. 자동차보험의 종류

(1) 자동차손해배상책임보험(대인배상 I)

자동차손해배상보장법에 의하여 자동차 소유자가 의무적으로 가입하여야 하는 강제보험이다. 이 보험은 피해자구제를 보장하기 위한 사회적 보험적 성격을 가지는바 면책사유가 제한되어, 보험계약자 또는 피보험자에게 고의가 있었던 경우에만 면책된다. 그러나 피해자가 보험자에게 직접청구권을 행사한 때에는 비록 보험계약자 또는 피보험자에게 고의가 있었던 경우에도 보험자는 보험금을 지급하고 그 금액을 피보험자에게 청구하여야 한다. 결국 피해자에 대한 관계에서는 무면책 보험이다. 보험금액은 2005년 2월 현재 사망 1억원, 부상 2,000만원, 후유장애 1억원을 한도로 실제발생한 손해액을 보상한다. 단 사망의 경우 2,000만원을 최저보험금으로 한다.

(2) 자동차종합보험(임의보험, 대인배상Ⅱ)

자동차종합보험은 그 가입이 자유로워 임의보험이라고도 하며 네 가지의 기본적인 담보인 대인배상Ⅱ, 대물배상, 자기차량사고, 자기신체사고를 하나의 증권으로 인수하는 Package의 보험이다. 최근에는 무보험차 상해담보와 타차운전담보가 추가되었다. 이하 자동차보험의 담보종목을 살펴보면 다음과 같다.

1) 대인배상Ⅱ

피보험자가 피보험자동차를 소유, 사용, 관리하는 동안에 생긴 피보험자동차의 사고로 인하여 남을 죽게 하거나 다치게 하여 법률상 손해배상책임을 짐으로써 입은 손해 중 대인배상Ⅰ로 지급되는 금액을 넘는 손해를 보상한다. 자동차보험의 여러 가지 담보종목 중에서 가장 중요한 지위를 차지한다.

2) 대물배상

피보험자가 피보험자동차를 소유, 사용, 관리하는 동안에 생긴 피보험자동차의 사고로 남의 재물을 멸실, 파손 또는 오손하여(대물사고) 법률상 손해배상책임을 짐으로써 입은 손해를 보상한다. 2005년부터 자동차손해배상보장법에 의하여 가입이 강제된다.

3) 자기신체사고

피보험자가 피보험자동차를 소유, 사용, 관리하는 동안에 생긴 피보험자동차의 사고로 인하여 피보험자 자신이 사상한 때에 그 손해를 보상한다.

4) 자기차량손해

피보험자가 피보험자동차를 소유, 사용, 관리하는 동안에 피보험자동차가 파손, 도난당한 경우 수리비 및 차량가격을 보상한다.

5) 무보험자동차에 의한 상해

기명피보험자 자신이나 그 가족이 무보험자동차에 의하여 사상한 경우, 그로 인한 손해를 1인당 2억원을 한도로 보상한다.

5. 자동차의 양도

자동차의 양도란 피보험자가 보험기간 중에 보험계약의 대상으로 되어 있는 피보험자동차를 그 개별적인 의사표시(매매, 증여, 교환 등)에 의하여 타인에게 양도하는 것을 말한다.

물건보험의 경우 피보험자가 보험의 목적을 양도한 때에는 보험계약으로 인하여 생긴 권리와 의무를 동시에 양도한 것으로 추정하고 있다(상법 제679조). 그러나 자동차를 양도한 경우 상법은 양수인이 보험자의 승낙을 얻은 경우에 한하여 보험계약으로 인하여 생긴 권리와 의무를 승계한다고 규정하고 있다(상법 제726조 제4항). 이는 자동차보험이 요율체계에 운전자중심 요율체계를 가미하고 있는 사정을 고려하여 보험자의 이익을 보호하기 위한 것이다.

양수인은 양도사실을 보험자에게 통지할 의무가 있는 것은 물건보험과 같다. 보험자가 양수인으로부터 양수사실을 통지받은 때에는 지체없이 낙부를 통지하여야하고 통지 받은 날부터 10일내에 낙부의 통지가 없을 때에는 승낙한 것으로 본다.

제 27 장 상해보험계약과 질병보험계약

1. 서설(序說)

상해보험의 발전은 다른 보험과는 다르게 비교적 뒤늦게 이루어진 것으로 기차운송수단의 출현과 함께 나타났었다. 즉, 미국에서 1846년부터 시행된 철도교통사고로 인한 피해자에 대한 손해보상을 위한 보험제도가 상해보험의 시초라고 볼 수 있는데, 과학이 발달한 오늘날에는 기계문명의 발달로 인하여 필연적으로 사람의 신체상의 상해를 일으키는 사고발생의 위험이 매우 증가하여 상해보험은 보험의 중요한 분야로 발전하고 있으며, 제3보험 분야로 전개되고 있다. 그리하여 상법에서는 인 보험의 하나로 규정하여 생명보험에 관한 규정만을 준용하도록 하고 있는데(상법 제739조),

2. 상해보험에 대한 고찰

(1) 상해보험계약의 개념

상해보험계약이라 함은 보험계약자가 보험료를 지급하고 보험자가 피보험자의 신체의 상해에 관한 보험사고가 생길 경우에 보험금액 기타의 급여를 할 것을 책임을 부담하는 보험계약이다(상법 제638조, 제737조). 이러한 상해보험에서 의미하는 상해는 피보험자가 외부적이면서 급격한 원인에 의한 우연한 사고로 인하여 불측의 피해를 입은 신체의 손상을 이른다. 그러므로 과로로 인한 신체의 손상이나 중독, 마취, 일사(日射), 열병(熱病) 또는 정신적인 충동으로 인한 신체의 상해는 여기서 말하는 상해에는 포함되지 아니한다.

(2) 상해보험의 성질

1) 인 보험의 성질을 갖는 상해보험은 사람의 신체의 상해를 보험사고로 하고 있다는 점에서 인 보험에 속하고, 재산상의 손해의 보상을 목적으로 한다는 점에서 재산보험과는 구별된다.

2) 생명보험과는 다른 점이 상해보험이 생명보험과 같이 인 보험으로 분류되고 있지

만 후자는 사람의 생사(生死)를 보험사고로 하는 보험으로서 언제나 정액보험(定額保險)이나 전자는 사람의 신체(身體)의 상해를 보험사고로 하는 점에서 아래와 같이 세 가지로 나뉜다. 첫째로 상해로 말미암아 사망한 이른바 상해사망의 경우에 약정한 보험금액을 지급하기로 하는 순수한 정액보험, 둘째로 상해의 태양(態樣)이나 정도에 따라 일정한 보험금액을 지급하기로 하는 불확정한 정액보험(定額保險), 셋째로 상해로 말미암아 보험금액을 소요되는 손해와 비용을 지급하기로 하는 손해보험으로 구별한다. 이와 같이 손해보험계약에서는 그 보험사고 발생의 결과에 따라 보험자가 정액보상을 하느냐가 정해지는데, 상해보험계약에서는 이러한 세 가지 경우를 포함시키고 있다.

3) 손해보험으로서 상해보험

앞서와 같이 상해보험은 정액보험과 손해보험의 두 가지 성질을 띠고 있다. 보험업법 제10조에서는 인 보험과 손해보험의 겸영을 금지하면서도 손해보험자에게 상해보험의 겸영(兼營)을 인정하였다. 따라서 상해보험이 치료비 등의 지급을 목적으로 하는 손해보험의 성격을 띠는 경우에도 보험가액의 관념이 없으므로 초과보험, 중복보험, 일부보험의 문제가 발생하지 않는다.

4) 보험사고

상해보험약관 제1조 제1항은 「우리 회사는 피보험자가 급격하고도 우연한 외래의 사고로 신체에 상해를 입었을 때에는 그 상해로 생긴 손해를 보상하여 드립니다」라고 규정하고 있다. 그러므로 상해보험의 약관상 상해의 요건은 급격성, 우연성, 외래성을 요한다.

① 급격성

급격성이라 함은 사고가 돌발적으로 발생하여, 원인으로 된 사고로부터 상해의 결과에 이르기까지의 경과가 직접적이고 시간적 간격이 없는 불가피성을 말한다.

② 우연성

우연성이라 함은 피보험자가 사고원인과 상해결과의 발생을 예측할 수 없었던 상태를 말한다.

③ 외래성

외래성이라 함은 상해의 원인이 피보험자의 신체 외부로부터 작용하는 것을 말한다. 이 요건은 신체의 내부에 있는 원인으로 인한 사고를 제외시키고자 하는 취지이고 질병보험과 그 보장의 범위를 구별하는 기준이 된다. 그러므로 지병인 간질발작의 결과 생긴 외상은 외래성을 결하는 것이 된다.

3. 상해보험에 관한 특칙(特則)의 검토

(1) 상해보험증권(傷害保險證券)

상해보험계약의 경우에 피보험자와 보험계약자가 동일인이 아닐 때에는 그 보험증권 기재사항 내용 중에서 피보험자의 주소, 성명, 및 생년월일에 갈음하여 피보험자의 직무 또는 직위만을 기재할 수 있다(상법 제728조, 제738조). 이는 예컨대, 자동차의 대체운전자 또는 공장의 불명(不明)의 기술자 등 일정한 직무 또는 직위에 있는 자를 그 사람의 교체를 문제삼지 않고 피보험자로 정할 수 있도록 한 것이다.

(2) 보험자의 책임(責任)

상법 제737조에 따르면 보험자는 피보험자의 신체의 상해에 관한 보험사고가 발생하면 보험금액 기타의 급여를 할 책임을 진다. 여기서 '기타의 급여' 가 의미하는 것은 치료 또는 의약품의 급여와 같이 현금 이외의 급여를 이르고, 또 보험자는 보험금액을 생명보험의 경우처럼 일시금(예컨대, 사망보험) 또는 연금(가령, 발화의 경우)의 형식적으로 지급할 수 있다(상법 제735조의 2, 제739조). 즉, 상해보험에 있어서 보험사고가 발생하면 보험자는 사망보험금과 후유장해보험금 및 의료보험금[113] 등을 지급한다. 한편 보험자는 면책사유가 있을 때에는 보험금의 지급책임을 면하게 되는데, 특히 상해보험에서는 보험계약자 또는 피보험자의 중대한 과실로 인하여 보험사고가 발생한 때에도 보험금액의 지급책임을 지게 된다(상법 제732조의 2, 제739조). 이것은 피보험자를 보호하기 위하여 인정된 특칙이라 할 수 있다.

(3) 약관상 면책사유

1) 보험계약자나 피보험자의 고의가 있는 경우, 다만 중대한 과실에 인하여 사고가 발생하여 상해를 입은 경우에는 보험자는 급여책임을 지며 2) 보험수익자의 고의, 그러나 사망보험수익자가 두 사람 이상일 때 다른 사람이 수취할 금액에 대하여는 책임을 진다. 3) 피보험자의 자해, 자살, 자살미수, 범죄행위 또는 폭력행위(정당방위가 인정되는 경우는 제외함)로 인한 상해. 4) 피보험자의 무면허운전 또는 음주운전으로 인한 상해, 5) 피보험자의 뇌질환, 질병 또는 심신상실에 의한 손해, 6) 피보험자의 임신, 출산, 유산, 또는 외과적 수술 그 밖의 의료처치로 인한 상해, 그러나 상해를 입고 이를 치료하기 위하여 수술을 받다가 사망한 경우에는 보험자는 면책이 되지 않는다. 7) 피보험자의 형의 집행, 8) 지진, 분화, 해일, 또는 이와 비슷한 천재지변에 의한 손해, 9) 군인으로서 군무수행 중 또는 군인이 아닌 자로서 군사작전을 수행하거나 입영하여

113) 의료보험금의 경우에는 사고마다 증권에 기재된 의료보험가입금액을 한도로 지급한다.

군사훈련을 받는 중에 입은 손해, 10) 전쟁, 외국의 무력행사, 혁명, 내란, 사변, 폭동, 소요 기타 이와 유사한 사태로 인한 손해, 11) 핵연료물질 또는 이에 의하여 오염된 물질의 방사성, 폭발성 또는 그 밖의 유사한 특성에 의한 사고로 인한 상해, 12) 앞의 11가지 이외에 방사성조사 또는 방사성오염으로 인한 손해

(4) 생명보험에 관한 규정의 준용(準用)

상해보험에 관하여는 15세미만자, 심신상실자, 심신박약자를 피보험자로 하는 사망보험의 무효를 규정한 상법 제732조의 법규정을 제외하고 생명보험에 관한 규정이 준용된다(상법 제732조). 다만 심신박약자가 보험계약을 체결하거나 제735조의 3에 따른 단체보험의 피보험자가 될 때에 의사능력이 있을 경우에는 그러하지 아니하다고 개정하였다(상법 제7332조의 단서) .생명보험계약에서 타인의 사망을 보험사고로 하는 타인을 위한 생명보험(상법 제731조, 제733조)이 인정되고 있으나, 상해보험에서는 피보험자와 보험수익자를 달리하는 타인을 위한 상해보험은 체결할 수 없다고 해석한다.

(5) 보험자대위의 문제

인보험에 있어서 보험사고가 제3자의 행위로 생긴 경우에 보험금액을 지급한 보험자는 보험사고로 인하여 보험계약자 또는 보험수익자의 제3자에 대한 권리를 대위하여 행사하지 못하는 것이 원칙이다(상법 제729조 본문). 이것은 피보험자가 제3자의 가해행위로 사망한 경우에 그가 가해자에 대하여 가지는 손해배상청구권은 보험자가 보험금액을 지급한 뒤라 할지라도 이를 취득하지 못한다는 것을 명정한 것이다. 그러나 상해보험계약의 경우에 당사자간에 다른 약정이 있는 때에는 보험자는 피보험자의 권리를 침해하지 아니하는 범위내에서 그 권리를 대위하여 행사할 수 있다(상법 제729조). 또 특별법으로서 산업재해보상보험법, 국민건강보험법 등에서도 청구권대위를 인정하고 있다. 이것은 상법이 손해보험의 성격을 띠는 상해보험의 경우에 약관의 정함에 따라서 보험자대위권을 행사할 수 있는 길을 마련한 것이다[114].

2. 질병보험

최근 개정된 상법 제 739조의 2에서는 질병보험계약의 보험자는 피보험자의 질병에 관한 보험사고가 발생한 경우 보험금이나 그밖의 급여를 지급항 책임이 있다고 규정하고 있고, 상법 제739조의 3에서는 질병보험에 관하여는 그 성질에 반하지 아니하는 한 생명보험 및 상해보험에 관한 규정을 준용하도록 하고 있다.

114) 대판 2001. 9. 7. 2000 다 21833.

제 28 장 화재보험

1. 개관

(1) 의의

화재보험계약(contract of fire insurance)는 화재로 인하여 발생하는 손해를 보상할 것을 목적으로 하는 손해보험계약이며, 화재로 인하여 생긴 손해는 그 원인여하를 따지지 아니하고 보상하지만 화재이외의 재해로 인하여 생긴 손해는 보상하지 않는다[115]. 여기서 화재는 성질과 규모를 지닌 화력의 연소작용을 말한다.

2. 화재보험계약의 특성

(1) 보험사고

화재보험에 있어서 보험사고인 "화재"는 그 의의에 대하여는 상법에는 규정이 없다. 여기서 화재는 보험자의 책임유무의 기준으로 되어 중요한 것이므로 화재의 정의에 대하여 많은 논란이 있었으나, 아직 완전한 것으로 승인된 것은 없다.

종래의 통설은 「통상의 용법에 의하지 않은 불로서, 독립한 연소력을 가진 연소작용」이라 한다.[116] 따라서 불을 통상의 용법에 따라 이용한다는 것은 불을 적절한 기구.설비.장소를 선택하여 이용한다는 것이다. 예컨대 난방구의 복사열에 의하여 보험의 목적물이 불에 탄 손해는 통상의 용법에 의한 손해로서 화재가 아니나, 난방구가 넘어져 가구가 불에 탄 손해는 통상의 용법에 의하지 않은 손해로서 화재로 된다.

이와 같이 통설에 의하면 아주 미묘한 문제가 생기므로, 최근의 유력설은 화재를 「사회통념상 연소의 불이라고 인정되는 성질과 규모를 가진 화력의 연소작용」이라 한다. 예컨데 화재의 의의를 규명하려는 것은 보험자의 책임의 유무를 명확히 하려는 것이므로, 오히려 그보다 면책조항을 정비하여 보험자의 책임을 명확히 하는 것이 타당하겠다.

---

115) 화재보험은 보통 보험기간을 1년으로 하고 보험료를 년액으로 정하여 선급하는 것이 보통이나, 보험료를 12회 분할하여 월납하게 하고 만기에 지급보험료의 3분의 1에 상당하는 금액을 만기환급금으로 보험계약자에게 환급하는 「월부화재보험」이 있다. 이는 보험사고가 발생치 않고 보험기간이 만료된 경우 보험계약자가 그 지급보험료가 무위로 되었다고 생각할 우려가 있어 이를 배려한 것이다.

116) 김성태, 전게서, 512면, 양승규, 전게서, 269면.

(2) 위험보편의 원칙

화재로 인하여 보험의 목적물에 손해가 생긴 때에는, 그 화재가 어떤 원인에 의하여 발생하였는가를 불문하고 보험자는 보험금지급의무가 있다(상법 제683조). 이것을 「위험보편의 원칙」이라 한다.[117]

그러나 상법이나 보험약관에서 보험자의 면책조항을 두고 있는 경우 즉 상법상 ① 보험계약자나 피보험자의 고의 또는 중대한 과실로 인하여 사고가 생긴 경우(상법 제659조), ② 전쟁 기타 변란으로 사고가 생긴 경우(상법 제660조), ③ 목적물의 성질.하자 또는 자연소모로 인하여 손해가 생긴 경우(상법 제670조)에는 보험자가 보험금지급의무를 지지 않고, 또 보험약관상 ① 피보험자로 하여금 보험금을 받도 록 하기 위하여 그 피보험자와 세대를 같이 하는 친족.고용인이 고의로 손해를 일으킨 경우, ② 화재가 났을 때에 도난이나 분실로 손해가 생긴 경우, ③ 화재로 생긴 것이든 아니든 파열 또는 폭발로 손해가 생긴 경우, ④ 발전기・여자기, 변류기, 변압기, 전압조정기, 축전기, 개폐기, 차단기, 피뢰기, 배전반 기타 전기기기나 장치의 전지적 사고로 인하여 손해가 생긴 경우, ⑤ 원인의 직접・간접을 불문하고 지진, 분화, 전쟁 혁명, 내란, 사변, 폭동, 소요 기타 이들과 유사한 사태로 인하여 화재・연소 기타 손해가 생긴 경우 등에는 보험자는 보험금지급의무를 지지 않는다. 따라서 위험보편의 원칙은 법률이나 보험약관에 보험자의 면책조항이 없는 경우에 적용되는 일반원칙인 것이다.[118]

(3) 화재사고의 발생시점

보험법에서 화재는 일정한 시간적 범위와 일정한 공간적 범위에서 연소하는 것이다. 따라서 여기에서는 어느 시점을 보험사고의 발생시로 볼 것인가가 문제되며, 특히 약관에서 「보험기간은 그 초일의 오후 4시에 개시하여 말일의 오후 4시에 종료 한다」고 규정하고 있으므로, 그 직전 또는 직후에 보험사고가 발생한 때에 문제된다. 또한 보험의 목적이 현실로 불이 붙어 타기 시작한 때에 보험사고가 발생 한 것으로 보아야 할 것이며 이와 같이 보면 기상 등의 주위의 사정으로 보아 보험의 목적에 불이 번지는 것이 분명하다고 판단되더라도 현실로 불이 붙지 않은 때에는 화재 즉 보험사고가 발생하지 않은 것으로 된다.

3. 화재보험의 목적과 피보험이익

(1) 범위

117) 대판 1993. 4. 13, 92다 45261・45278;화재보험에서 폭발에 의해 손해는 보험자가 보상책임이 없다.

118) 강위두・임재호, 전게서, 661면.

화재보험의 목적 즉 화재보험사고 발생의 객체는 성질상 유체물에 한하며, 동산이든 부동산이든 불문한다. 상법은 하재보험증권의 기재사항에서 건물을 보험에 붙이는 경우와 건물 내의 동산을 보험에 붙이는 경우로 구분하여 규정하고 있으나(상법 제685조), 보험의 목적이 이에 한한다는 취지는 아니고 건물외의 교량이나 입목 또는 건물내에 있지 않은 동산도 보험의 목적으로 할 수 있다.

실무상 건물의 부속물인 대문, 담, 간판, 선전탑, 네온사인, 안테나, 가재 등을 보험의 목적으로 하는 경우에나 통화, 유가증권, 귀금속, 귀중품, 보석, 그림, 골동품, 조각물, 장부 등을 보험의 목적으로 하는 경우에는 이를 보험증권에 기재한다.

(2) 집합보험

집합보험은 보험계약에 있어서 보험의 목적이 경제적으로 독립된 다수의 물건의 집합체로 되어 있는 보험이다. 집합보험은 화재보험에 특별한 것은 아니나, 유체물을 보험의 목적으로 하는 화재보험에 특히 많이 이용되고 있어, 상법은 화재보험의 절에 집합보험의 규정(상법 제686조)을 두고 있다.

집합보험에서는 피보험자의 가족과 사용인의 물건도 보험의 목적에 포함되고(상법 제686조 1문), 이 경우 그 보험은 가족 또는 사용인을 위하여 체결한 것으로 본다(상법 제686조).

(3) 총괄보험

총괄보험은 1개의 보험계약에 있어서 보험의 목적이 복수의 물건 또는 사람이고 보험기간 중에 수시로 그 교체가 인정되는 보험이다. 총괄보험은 보험의 목적이 복수의 물건 또는 사람인 점에서 집합보험과 유사하나, 보험기간 중에 수시로 보험의 목적이 교체될 수 있고 교체되어도 보험계약 자체는 아무 변동이 없는 점에서 집합보험과 다르다. 따라서 총괄보험에 있어서는 보험의 목적에 속하는 물건이 교체되어도 보험사고 발생 시에 현존하는 물건이 보험의 목적으로 된다.

(4) 피보험이익

1) 소유자의 이익

화재보험계약에 있어서 피보험이익의 대표적인 것은 피보험자가 보험의 목적에 대하여 가지는 소유자의 이익이다. 물보험(物保險)에 있어서는 특별한 사정이 없으면, 물건의 소유자의 이익을 보험에 붙인 것으로 보는 것이 당사자의 의사에 합치한다. 여기에서 소유자는 법적 의미의 소유권자뿐만 아니라 예컨대 소유권유보매매계약의 매수인과 같이 사실상 보험의 목적의 멸실·훼손 등으로 인하여 소유권자와 같은 손해를 입는 관계에 있는 자(경제적 의미의 소유자)도 포함한다.

2) 담보권자의 이익

담보권의 목적물이 화재로 인하여 소실된 때에는 피담보채권의 변제를 받을 가능성은 감소되나, 그렇다고 하여 피담보채권을 상실하는 것은 아니므로, 채권자(담보권자)는 채무자로부터 그 채권의 변제를 받을 수 있다. 그러므로 담보권자의 이익을 피보험이익으로 하는 화재보험에 있어서는 보험사고가 발생하였다고 하여 당연히 보험금을 지급하는 것이 아니다.

3) 타인의 물건의 보관자의 이익

타인의 물건의 보관자는 그 보관 중의 물건이 화재로 인하여 소실된 때에는 면책사유가 없는 한 소유자(위탁자)에 대하여 손해배상책임을 부담하게 되며 이와 같이 보관자가 손해배상책임을 부담함으로써 입은 손해를 보상하는 보험으로서 상법은 보관자의 책임보험(상법 제725조)이라는 특별규정을 두고 있다.

4) 비용이익.영업중단이익

보험의 목적이 화재로 인하여 소실된 때에 그 후 그 처리를 위하여 불가피하게 지출하는 비용의 손해 즉 비용이익이 생길 수 있고 점포로 사용하고 있는 건물이 소실되어 휴업하게 되었거나 임대가옥이 소실되어 임대수입을 받지 못하게 되어 얻을 수 있는 이익을 상실하는 손해, 즉 영업중단이익이 생길 수 있다. 이러한 비용이익이나 영업중단이익을 보험에 붙인 경우도 화재가 원인이므로, 이는 광의의 화재보험이라 할 수 있다.

4. 화재보험계약의 효과

(1) 손해보상책임

화재보험에 있어서도 보험사고로 인하여 손해가 생긴 때에는 보험자는 피보험자에게 그 손해를 보상할 책임이 잇다. 화재보험에 있어서 법정·약정의 면책사유는 후술하기로 한다.

화재보험증권에는 제666조에 게기한 사항 외에 ① 건물을 보험의 목적으로 한 때에는 그 소재지, 구조와 용도 ② 동산을 보험의 목적으로 한 때에는 그 존치한 장소의 상태와 용도 ③ 보험가액을 정한 때에는 그 가액을 기재하여야 한다(상법 제685조). 화재보험약관은 대문, 담, 곳간, 간판, 네온사인, 안테나, 선전탑 및 이와 비슷한 건물의 부착물과 통화, 유가증권, 인지, 우표, 귀금속, 보석, 서화, 골동품 등은 보험증권에 기재하여야만 보험의 목적이 된다고 정하고 있다(화보약관 제3조). 이것은 보험의 목적에 포함되는지 여부를 놓고 당사자간에 분쟁이 생기는 것을 막고 나아가서 도덕적 위험을 방지하기 위한 것이다.

제 29 장 해상보험

1. 의의

해상보험이라 함은 해상사업에 관한 사고로 인하여 생기는 손해의 보상을 목적으로 하는 손해보험이다(상법 제693조). 해상보험에서의 보험사고는 해상사업에 관련하여 생기는 모든 사고이다. 1991년 개정상법은 "항해에 관한 사고"를 "해상사업에 관한 사고"로 개정하였다. 그 취지는 해상보험자의 책임범위를 해상사업에서 부수하게 되는 육상위험까지도 담보하도록 확장하고자 함이다. 보험사고는 침몰(Sinking), 좌초(Stranding), 충돌(Collision) 등 항해의 고유한 사고에 한하지 않고, 화재, 폭발, 도난, 포획, 선원의 악행 등도 포함된다. 그러나 약관에서는 해상위험 이외의 위험을 확장하여 담보하는 경우도 있고, 반대로 면책사유로 제한하는 경우도 있다.

해상보험에서는 보험가액을 협정하여 두는 경우가 많지만, 그러한 협정이 없는 경우에는 보험가액불변경주의에 의한 특칙이 있다. 즉 선박보험에 있어서는 보험자의 책임이 개시될 때의 선박가액(상법 제696조), 적하보험에 있어서는 선적한 때와 곳의 적하의 가액과 선적 및 보험에 관한 비용을 합산한 가액을 보험가액으로 한다고 한다(상법 제697조). 또 희망이익보험(적하의 도착으로 인하여 얻을 이익 또는 보수의 보험)에 있어서는 보험금액을 보험가액으로 한 것으로 추정한다고 규정하고 있다(상법 제698조).

해상보험의 경우 오랜 기간동안에 걸쳐 해상보험업계의 중심이 되어 온 영국의 법률과 관습에 따라 당사자간의 거래관계를 명확하게 하려는 영국법 준거약관을 사용하는 경우가 있다. 이에 대하여 우리 대법원은 우리나라의 공익규정 또는 공서양속에 반하는 것이라거나 보험계약자의 이익을 부당하게 침해하는 것이라고 볼 수 없어 유효하다고 한다. 그러므로 영국법 준거약관이 적용되는 선박보험계약에 있어서 고지의무 위반을 이유로 한 보험계약의 해지에 관하여는 영국 해상보험법 제18조, 제17조가 적용되고 같은 법 소정의 고지의무 위반을 이유로 한 보험계약의 해지는 우리 상법 제651조 소정의 그것과는 그 요건과 효과를 달리하고 있는데 이에 대하여 상법 제655조의 인과관계에 관한 규정은 적용될 여지가 없다. 또한 영국법상의 해지권 제척기간인 상당한 기간을 일률적으로 우리 상법 제651조 소정의 제척기간에 상응하는 1개월 내라고 단정할 수는 없다고 하였다.

2. 해상보험의 종류

(1) 피보험이익에 따른 분류

해상보험은 피보험이익에 따라 크게 선박보험, 적하보험, 운임보험, 희망이익보험 등이 있다.

1) 선박보험

보험의 목적물인 선박의 소유자로의 피보험이익에 관한 보험을 말한다. 선박 자체는 물론 선박의 속구, 연료, 양식 기타 항해에 필요한 모든 물건은 보험의 목적에 포함된 것으로 한다(상법 제696조).

2) 적하보험

보험의 목적인 적하의 소유자로서의 피보험이익에 관한 보험이다. 실제로는 적하의 가액 중에 희망이익도 포함시켜서 평가하여, 적하보험에 붙이는 일이 많다.

3) 운임보험

선박소유자, 운송인, 운송주선인 등이 하물 또는 선객을 무사히 운송한 경우에 얻을 운임에 관하여 가지는 피보험이익에 관한 보험이며 선박이 해상사고로 항해를 중단하거나 포기하는 경우 그 사고가 발생하지 않았다면 취득하였을 운임의 손실을 보상해 주는 보험이다.

4) 희망이익보험

보험의 목적인 적하의 도착에 의하여 얻을 이익 또는 보수에 관하여 가지는 피보험이익에 대한 보험이다.

여기서 보수라 함은 중개인등이 적하의 도착으로 취득하게 될 보수를 말한다. 적하에 관한 이익의 경우 보험가액을 정하는 것이 곤란하기 때문에, 보통은 적하에 대한 일정비율(통상10%)의 희망이익을 가산하여 적하보험으로 부보한다.

(2) 보험기간에 따른 분류

1) 기간보험(Time Policy)

보험기간을 시간상의 일정기간으로 정한 보험이다. 주로 선박보험에 사용되는데 특별한 경우를 제외하고 대부분 12월(1년)을 보험기간으로 한다.

2) 항해보험(Voyage Policy)

항해보험은 주로 적하보험에 사용되는데 보험기간을 어느 장소로부터(from) 다른 장소까지(to) 즉 특정한 항해로 표시된 보험이다.

3) 혼합보험(Mixed Policy)

혼합보험(Mixed Policy)은 동일한 하나의 보험증권에 항해와 기간에 대한 계약을 포함한 보험증권이며 예를 들면 "LA로부터 부산까지 6개월 동안" 보험에 가입한 경우이다.

3. 해상보험의 요소

(1) 보험의 목적

해상보험의 목적은 선박 또는 적하이고 유상운송보험과는 달리 운송물뿐만 아니라 운송용구인 선박도 보험의 목적이 된다(상법 제696조). 선박이기만 하면 영리선 뿐만 아니라 국공유의 선박이나 건조증인 선박도 보험의 목적이 될 수 있다. 적하란 해상운송의 객체가 되는 물건을 말하며, 희망이익이나 운임도 보험의 목적이 될 수 있다. 그러나 항해와 관련하여 생긴 인적 손해는 상해보험에서 담보하므로 여객은 해상보험의 목적이 될 수 없다.

(2) 보험사고

해상보험의 보험사고는 해상사업에 관한 사고이다. 해상사업에 관한 사고란 선박의 항해와 관련하여 생기는 모든 위험 예컨대 선박의 침몰, 좌초, 충돌 등 해상의 위험뿐만 아니라, 화재, 해적, 도난, 포획, 선원의 불법행위 등을 포함한다.

(3) 보험기간

보험기간은 보험자가 위험을 담보하는 기간으로써 당사자가 정하는 것이 보통이나 상법은 특별한 규정을 두고 있다.

1) 선박보험

항해단위로 선박을 보험에 붙인 선박보험의 경우 보험자의 책임은 하물 또는 저하의 선적에 착수한 때에 개시한다(상법 제699조 제1항). 또한 하물 또는 저하의 선적에 착수한 후에 보험계약이 체결된 경우 보험자의 책임은 그 계약이 성립한 때에 개시한다(상법699조 제3항). 그리고 이 경우 보험자의 책임은 도착항에서 하물 또는 저하를 양륙한 때에 끝난다. 다만 양륙이 불가항력으로 인하지 아니하고 지연될 때에는 그 양륙이 보통 종료될 때에 끝난다(상법 제700조).

2) 적하보험.희망이익보험

적하를 보험에 붙인 경우 보험자의 책임은 하물의 선적에 착수한 때에 개시한다.

그러나 출하지를 정한 경우에는 그 곳에서 운송에 착수한 때에 개시한다(상법 제699조 제2항). 또 이미 하물 또는 저하의 선적에 착수한 후에 보험계약이 체결된 경우에는 계약이 성립한 때에 개시하고, 양륙항 또는 도착지에서 하물을 인도한 때에 끝난다(상법 제700조). 다만 양륙이 불가항력으로 인하지 아니하고 지연된 때에는 그 양륙이 보통 종료될 때에 끝난다(상법 제700조). 희망이익보험의 경우 적하의 도착으로 얻을 이익이나 보수만을 분리해서 부보하는 것이 아니고 적하보험과 함께 취급되므로 보험기간은 적하보험과 동일하다.

(4) 보험가액 불변경주의

해상보험계약에서 보험가액은 당사자 사이에 협정이 있는 기평가보험의 경우에는 그에 따르나, 합의가 없는 미평가보험의 경우에는 보험가액불변경주의에 따르고 있다. 즉 선박보험에 있어서는 보험자의 책임이 개시될 때의 선박가액(상법 제696조 제1항), 적하보험에 있어서는 선적한 때와 곳의 적하의 가액 그리고 선적 및 보험에 관한 비용(상법 제697조), 희망이익보험에 보험가액의 협정이 없으면 보험금액(상법 제698조)을 보험가액으로 한다.

4. 해상보험증권

해상보험증권에는 제666조에 게기한 사항 외에 ① 선박보험의 경우에는 그 선박의 명칭, 국정과 종류 및 항해의 범위 ② 적하보험과 희망이익보험의 경우에는 선박의 명칭, 국적과 종류, 선적항, 양륙항 및 출하지와 도착지를 정한 때에는 그 지명 ③ 보험가액을 정한 때에는 그 가액을 기재하여야 한다(상법 제695조).

5. 보험자의 손해보상책임

(1) 보상하는 손해

해상보험자는 보험기간 중 해상사업에 관한 사고로 인하여 생긴 손해를 보상할 책임이 있다(상법 제693조). 그러나 창고약관이나 운송약관 등 다른 약정이 있는 때에는 육상의 위험으로 생긴 손해도 담보한다. 이때 그 손해는 보험사고와 상당인과관계에 있는 손해이어야 하는 것은 당연하다.

1) 공동해손

공동해손이라 함은 선장이 선박과 적하에 공동의 위험이 발생했을 경우 그러한 위험을 제거하거나 경감하기 위하여 선체와 그 장비 및 화물의 일부를 처분하거나 혹은 필요한 경비를 지출하였을 때 이러한 손해와 경비를 말하며, 공평의 관념에서 항해단체의 이해관계자들이 공동으로 분담하는 것이 타당하므로 공동해손분담제도가 인정된다. 이 공동분담액은 결국 해상사업에 관한 사고이므로 보험자는 피보험자가 지급할 공동해손의 분담액을 보상할 책임이 있다. 그러나 일부보험의 경우 보험자가 보상할 분담액은 보험금액의 보험가액에 대한 비율에 따라 이를 정한다. 다만 보험의 목적의 공동해손분담가액이 보험가액을 초과할 때에는 그 초과액에 대한 분담액은 보상하지 아니한다(상법 제694조).

2) 구조료

보험의 목적인 선박이나 적하가 해난에 부딪쳐 구조를 받았을 경우 피보험자는 해난구조자에게 그 구조료를 지급하여야 한다(상법 제849조). 따라서 피보험자가 해난구조를 받은 경우에는 보험사고로 인한 손해를 방지한 결과가 되므로 보험자는 피보험자가 지급한 구조료를 보상할 책임이 있다. 그러나 보험의 목적물의 구조료분담가액이 보험가액을 초과할 때에는 그 초과액에 대한 분담액은 보상하지 아니한다(상법 제694조의 제2항).

3) 특별비용

보험자는 보험의 목적의 안전이나 보존을 위하여 지급할 특별비용도 보험사고와 인과관계 있는 비용이므로 보험금액의 한도내에서 보상할 책임이 있다(상법694조 제3항).

4) 선박의 충돌로 인한 손해

선박의 충돌로 인한 피보험자의 직접손해는 보험자가 이를 부담하여야 할 것이다. 문제는 이러한 선박충돌로 인한 손해배상의무에 대하여도 보험자의 책임을 인정할 것인지의 여부이다.

이에 대하여 상법은 특별한 규정이 없으므로 특약이 없는 한 보험자의 책임은 부정하여야 할 것이다. 그러나 약관에서는 이러한 손해를 보험자가 보상한다고 정하고 있는 것이 보통약관이며 또한 충돌약관이라고 하는데 그 성질은 책임보험에 속하는 것이다.

(2) 보상책임의 범위

보험자의 손해보상액은 전손의 경우에는 보험가액의 전액이 손해액이고 따라서 보험금액의 한도에서 그 손해액 전부를 보상하여야 한다.

그러나 분손의 경우에는 보상액의 산정이 문제가 된다. 상법은 선박과 적하의 일부손해의 경우에 관하여 다음과 같은 특별한 규정을 두고 있다.

1) 선박의 일부손해의 보상(상법 제707조의 제2항)

① 선박의 일부가 훼손되어 그 훼손된 부분의 전부를 수선한 경우에는 보험자는 수선에 따른 비용을 1회의 사고에 대하여 보험금액을 한도로 보상할 책임이 있다. ② 선박의 일부가 훼손되어 그 훼손된 부분의 일부를 수선한 경우에는 보험자는 수선에 따른 비용과 수선을 하지 아니함으로써 생긴 감가액을 보상할 책임이 있다. ③ 선박의 일부가 훼손되었으나 이를 수선하지 아니한 경우에는 보험자는 그로 인한 감가액을 보상할 책임이 있다.

2) 적하의 일부손해의 보상(상법 第708조)

적하가 훼손되어 양륙항에 도착한 때에는 보험자는 그 훼손된 상태의 가액과 훼손되지 아니한 상태의 가액과의 비율에 따라 보험가액의 일부에 대한 손해를 보상할 책임이 있다.

3) 적하매각으로 인한 손해의 보상(상법 第709조)

① 항해 도중에 불가항력으로 보험의 목적인 적하를 매각한 때에는 보험자는 그 매각대금에서 운임 기타 필요비를 공제한 금액과 보험가액과의 차액을 보상하여야 한다. 이는 불가항력으로 인한 적하의 매각대금이 저렴하여 지는 점을 고려하여 그 차액을 훼손손해에 준하여 처리하는 것이다. ② 매수인이 대금을 지급하지 아니한 때에는 보험자는 그 금액을 지급하여야 하며, 보험자가 그 금액을 지급한 때에는 피보험자의 매수인에 대한 권리를 취득한다.

(3) 면책사유

보험자는 일반적인 면책사유 이외에 다음과 같은 사유가 있으면 보상책임을 지지 아니한다.

1) 법정면책사유(상법 第706조)

① 선박보험 또는 운임보험의 경우에는 발항당시 안전하게 항해를 하기에 필요한 준비를 하지 아니하거나 필요한 서류를 비치하지 아니함으로 인하여 생긴 손해
② 적하를 보험에 붙인 경우에는 용선자, 송하인 또는 수하인의 고의 또는 중대한 과실로 인하여 생긴 손해
③ 도선료, 입항료, 등대료, 검역료, 기타 선박 또는 적하에 관한 항해중의 통상비용

2) 약관에 의한 보상책임의 한정

항해에 의한 사고는 광범위하기 때문에 보험자의 입장에서는 보상책임의 범위를 한정하여 둘 필요가 있다. 또한 보험계약자로서도 보험료를 절약하기 위하여 이것을 한정할 필요가 있다. 이에 영국의 관행에 따라 약관에 의하여 이것을 한정하는 관습이

널리 행하여지고 있다.

① 전손만의 담보
이것은 보험의 목적이 전손 및 이것에 준할 경우, 즉 보험위부가 있는 경우(상법 제710조)에만 보험자가 보상책임을 지고, 공동해손·단독해손·손해방지비용 기타 전손 이외의 모든 손해와 비용에 대하여 책임을 지지 않는 경우이다. 영국의 TLO(total loss only)· FAA(free of all average)에 해당하는 것이다.

② 특담분손부담보
이것은 전손 이외에는 원칙적으로 공동해손에 대해서만 보험자가 담보하고, 단독해손 즉 선박이나 적하의 일방만에 관한 손해(분손)를 담보하지 않는다. 이것은 영국의 FPA(free from particular average)에 해당하는 것이다. 그러나 선박의 침몰·좌초·화재·충돌에 기인한 손해에 관하여는 단독해손을 담보하는 약관도 있다.

③ 특담분손담보
이것은 상법과 약관의 규정에 의한 일반적인 예외 이외의 손해에 관하여 보험자가 담보한다. 영국의 AR(all risk)· WA(with average)에 해당하는 것이다.

6. 해상보험계약의 변경·소멸

(1) 항해의 변경(상법 제701조)

항해의 변경 보험계약에서 정한 발항항 또는 도착항을 변경하는 것을 말한다. ① 선박이 보험계약에서 정하여진 발항항이 아닌 다른 항에서 출항한 때, ② 선박이 보험계약에서 정하여진 도착항이 아닌 다른 항을 향하여 출항한 때에는 보험자는 책임을 지지 아니하며 ③ 보험자의 책임이 개시된 후에 보험계약에서 정하여진 도착항이 변경된 경우에는 보험자는 그 항해의 변경이 결정된 때부터 책임을 지지 아니한다.

(2) 이로(상법 제701조2항)

선박이 정당한 사유없이 보험계약에서 정하여진 항로를 이탈한 경우에는 보험자는 그때부터 책임을 지지 아니하며 손해발생 전에 원래 항로로 돌아온 경우에도 같다.

(3) 발항 또는 항해의 지연(상법 제702조)

피보험자가 정당한 사유없이 발항 또는 항해를 지연한 때에는 보험자는 발항 또는 항해를 지체한 이후의 사고에 대하여 책임을 지지 아니한다.

(4) 선박변경(상법 제703조)

적하를 보험에 붙인 경우에 보험계약자 또는 피보험자의 책임있는 사유로 인하여 선박을 변경한 때에는 보험자는 그 변경후의 사고에 대하여 책임을 지지 아니한다.

(5) 선박의 양도 등의 효과(상법 제703조 2항)

선박보험의 경우 보험자의 동의 없이 ① 선박을 양도, ② 선박의 선급을 변경, ③ 선박을 새로운 관리로 옮긴 때에는 보험계약이 종료된다. 이는 선박보험에서 선박과 피보험자의 관계가 중요한 때문이다.

7. 선박의 변경

(1) 의의

적하보험에서 하물을 실을 선박을 지정한 경우에 이를 변경하는 것을 선박의 변경이라 한다. 이것은 적하보험계약에서 애초부터 하물을 선적할 선박이 특정된 경우에 인정되는 것이고, 환적이 예정된 경우에는 선박변경의 문제가 생기지 않는다. 그리고 선박미확정의 예정보험에서도 선박이 확정될 때까지는 선박의 변경은 있을 수 없다. 그러나 선박미확정의 예정보험의 경우 특정선박을 지정하지는 아니하였으나 선박의 종류나 톤수 등을 지정한 경우에 그와 다른 선박에 하물을 실은 때에는 선박변경이 있는 것으로 보아야 한다.[119)]

(2) 변경의 효과

적하보험에서 보험의 목적은 하물이나 선박은 적하의 운송을 맡고 있는 용구로서 보험자에게는 항해와 관련하여 가장 중요한 사항에 해당한다. 그리하여 선박의 변경은 비록 보험계약의 내용의 변경은 아니라 하더라도 선박의 변경(상법 제701조), 이로(상법 제701조의 2) 및 발항 또는 항해의 지연(상법 제702조)과 함께 위험의 변경을 가져오는 것이 된다. 그러므로 보험계약자 또는 피보험자의 책임있는 사유로 선박을 변경한 때에는 그 변경후의 사고에 대하여 책임을 지지 아니한다(상법 제703조). 이것은 해상보험의 보험사고는 선박과 밀접한 관련을 가지는 것이기 때문이다. 이 경우의 선박변경은 우수한 선박으로 변경한 경우도 같다. 이에 따라 피보험자는 선박변경이 있은 경우에는 그것이 보험계약자나 피보험자의 귀책사유로 인한 것이 아니다 라는 것을 입증하지 못하는 한 보험자에 대하여 선박변경 후의 사고로 인한 손해의 보상을 청구할 수 없게 된다.[120)]

---

119) 양승규, 상법사례연구, 삼영사, 197면.
120) 대판 1966. 1. 25, 64 다 53 참조.

제 30 장 선박미확정의 예정보험

1. 총설

(1) 예정보험의 개념

예정보험이라 함은 보험증권에 기재할 보험계약의 내용121)의 일부 또는 전부가 계약체결 당시에 확정되어 있지 않은 보험계약을 말한다. 예정보험은 해상보험, 운송보험, 재보험 등에서 많이 이용되고 있으며, 화재보험에 있어서도 포괄보험의 경우에 빈번하게 이용된다(상법 제687조). 이러한 예정보험은 각종 보험에 이용될 수 있으나 실제적으로는 해상보험, 특히 적하보험에서 가장 많이 이용되고 있는 실정이다. 그리하여 상법은 선박미확정의 적하보험에 대해서만 예정보험에 대한 조문을 두고 있다(상법 제704조).

(2) 예정보험의 법적 성질

예정보험계약은 그 불확정한 사항이 확정된 때에 보험자가 당연히 위험을 담보하는 것이기 때문에 보험계약의 예약이 아니라 독립적인보험계약이며 다시 말해서 이것은 장래에 일정한 보험계약을 체결할 것을 미리 약속하는 것이 아니고, 예정보험계약을 체결함으로써 그 미확정부분이 확정됨에 의하여 보험계약자의 통지의무를 위요한 법적효과를 발생시킨다는 점에서 보험계약의 예약과는 개념이 전혀 다르다.

2. 선박미확정(船舶未確定)의 적하예정보험

(1) 의의

선박미확정의 예정보험은 보험계약체결 당시에 하물을 적재할 선박을 지정하지 아니한 보험을 말한다(상법 제704조 제1항). 이것은 보험의 목적인 하물을 적재하여 운송할 선박을 특정하지 아니하고, 선박특정 후의 적하에 대한 손해를 보험자가 담보하는 보험계약이다.

---

121) 예컨대, 荷物을 실을 배의 명칭, 적하물의 종류나 수량 그리고 보험금액 등을 이른다.

(2) 계약의 체결

선박미확정의 적하보험은 보험계약의 체결장소와 선적지가 다르거나 또는 선적할 때가 보험계약을 체결할 때와 다른 경우에도 선박만을 지정하지 아니하고 유효한 계약을 체결함으로써 보험계약자의 무보험상태로 인한 위험을 제거하고, 또 현대적 경제수요에도 적용시키고자 하는 제도이다. 그러므로 계약당사자는 이 보험계약을 체결함에 있어서 선박의 종류를 정해두고, 특정한 선박만을 지정하지 아니하거나 애초부터 그 종류까지 정하지 않는 것을 제외하고는 일반해상보험의 경우와 같다.

(3) 계약의 효과

선박미확정의 예정보험계약의 효과에 있어서는 그 선박의 미확정이라는 점을 제외하고는 일반 해상보험과 전혀 같으므로, 여기에서는 선박의 확정에 의한 보험계약자와 피보험자의 통지의무에 따르는 문제가 핵심이 된다.

1) 선박확정의 통지의무(通知義務)

선박미확정의 예정보험에 있어서는 보험계약자 또는 피보험자가 그 하물이 선적되었음을 안 때에는 그 선박의 명칭과 국적과 하물의 종류, 수량과 가액의 통지를 발송하여야 한다(상법 제704조 제1항).

① 통지의무의 근거

보험계약은 일종의 사행계약으로 당사자의 협조를 필요로 하고 특히 해상보험의 경우의 보험사고는 해상사고와 관련하여 생기는 모든 사고이므로(상법 제693조 참조) 그 범위가 넓고 또 운송용구인 선박은 개성에 따라 보험사고발생의 위험률이 상이하다. 그러므로 적하를 운송할 선박은 적하보험계약을 체결함에 있어서 일반적으로 그 명칭, 종류, 성상(性狀), 톤수 등은 중요한 사항으로서 보험계약자 또는 피보험자가 보험자에게 고지하여 보험자의 합리적인보험업경영에 협조할 의무를 진다(상법 제651조 참조). 따라서 선박미확정의 적하보험에 있어서는 거래의 편의를 위하여 운송할 선박을 확정하지 않고 계약을 체결하는 것으로 그 선박확정의 통지의무는 보다 강하게 요구되는 것이다.

② 통지의무의 성질

이 의무는 법률상의 진정한 의무가 아니므로 간접의무에 지나지 않고 그리고 이 선박확정통지의무는 보험계약 체결 시 지는 고지의무와는 구별되는 것이다.

③ 확정통지의 시기

선박확정의 통지 시기는 보험계약자 또는 피보험자가 하물이 선적된 사실을 안 때에 비로소 그 선박의 명칭과 국적을 알 수 있으리라고 기대가 되므로 그 선적사실을 안 때를 기준으로 하고 있다. 그러므로 보험계약자 또는 피보험자가 하물의 선적사실을 안 때가 보험사고의 발생전이냐 아니냐를 따지지 않고 그 사실을 안 후 지체없이 통지를 발송하면 그 의무를 다하는 것이다.

④ 확정통지의 방법

확정통지의 방법에 관하여는 법에 구체적으로 명시한 바가 없으므로 구두이든 서면이든 상관이 없으나 그 통지의 발송사실에 대한 입증책임은 보험계약자 또는 피보험자가 부담한다고 해석한다.

2) 통지의무해태의 효과(效果)

선박보험에 있어서 예정보험의 보험계약자와 피보험자는 하물의 선적사실을 안 때에는 지체없이 선박확정의 통지를 발송할 의무를 지는데, 이 의무를 게을리 한 때에는 보험자는 그 사실을 안 날로부터 1월내에 계약을 해지할 수 있다(상법 제704조 제2항). 그리하여 보험자가 보험사고발생후에 그 통지의무위반을 이유로 보험계약을 해지하여도 보험금지급의무뿐만 아니라 보험료반환의무도 지지 않는다.

제 31 장 운송보험

1. 총설

(1) 의의

운송보험계약(contract of transport insurance, Transport kersicherungsvertrag)에는 광의의 운송보험계약과 협의의 운송보험계약이 있다. 광의의 운송보험계약은 육상운송보험계약과 해상운송보험계약을 포함하고, 협의의 운송보험계약은 육상운송보험계약 즉 육상(地面 · 地中 포함) 또는 호천(호수·하천), 항만(평수구역 내)에서 운송물에 관한 사고로 인하여 발생할 손해를 보상할 것을 목적으로 하는 손해보험계약에 포함되며 상법은 운송보험(제4편 제2장 제3절)에서 육상(협의의)운송보험계약(이하「운송보험계약」이라 칭한다)에 관하여서만 규정하고, 반면에 해상운송보험계약(이하「해상보험계약」이라 함)에 관하여서는 해상보험(제4편 제2장 제4절)에서 따로 규정하고 있으나, 반면에 항공보험에 대하여는 아무런 규정을 두지 않고 있다.

원래 운송보험은 해상보험에서 비롯한 것으로서 해상보험을 응용한 것이므로 양자간에 본질적 차이가 있는 것이 아니지만 운송보험에는 해상보험의 규정을 준용한다는 규정이 없어도 당연히 해상보험의 규정이 유추 적용된다.

그러나 오늘날에는 컨테이너의 발달로 육상·해상에 걸친「통운송」(복합운송)이 널리 일괄적으로 행하여지고 있고 피보험자로서는 통운송에서도 운송위험으로부터 보호받을 필요가 있으므로, 운송보험과 해상보험은 사실상으로나 법률상으로나 밀접하게 관련되어 있다.

2. 운송보험계약의 요소

(1) 보험의 목적

운송보험은 '운송물'에 관한 보험으로서, 운송물에 관한 보험만 인정되고 운송용구나 여객이나 운송수단자체에 관한 보험은 인정되지 않는다. 이 점에서 운송보험은 적하보험 외에 선박보험이 인정되는 해상보험과 다르다.

(2) 보험사고

운송보험은 운송인이 운송물을 수령한 때부터 이를 수하인에게 인도할 때까지 운송물에 관하여 생기는 모든 사고를 보험사고로 한다. 따라서 운송보험사고는 운송물에 관하여 생기는 사고인 한, 운송으로 생기는 사고뿐만 아니라 화재·수재·도난·파손 등으로 생기는 사고도 포함된다. 이것은 운송물이 하주(荷主)의 지배에서 떠나 있어 운송물에 손해가 생겨도 하주는 그 손해의 원인을 증명할 수 없는 것이 보통이기 때문이지만 그러나 당사자는 운송보험계약에서 특정의 사고를 약관을 통하여 보험사고에서 제외할 수 있다.

(3) 보험기간

운송보험의 보험기간은 당사자간의 다른 약정이 없으면, 운송인 또는 운송주선인이 운송물을 수령한 때부터 이를 수하인에게 인도할 때까지이다(상법 제688조).

당사자간의 다른 약정은 보험약관에 운송인 또는 운송주선인이 운송물을 수령한 때부터 시작하여 도착지의 터미널에 도착한 후 일정한 시간이 경과할 때까지로 정하는 것이 보통이다.

운송인 또는 운송주선인에게 운송물을 인도한 후에 운송보험계약이 성립한 경우에 있어서 보험기간은 원칙적으로 보험계약이 성립한 때부터 시작하나, 특약으로 운송물을 인도한 때에 소급하여 보험자의 보상책임이 생기는 것으로 정할 수 있다(통설).

운송인이 수하인의 불명이나 수령거부 또는 수령불능으로 운송물을 수하인에게 인도할 수 없어서 운송물을 공탁 또는 경매(상법 제142조, 제143조)하는 때에는 인도를 한 경우에 준하여 보험기간이 종료된 것으로 보아야 할 것이다.

(4) 보험가액

1) 기평가보험의 경우

보험가액은 당사자 간에 이에 관한 합의가 있는 경우 그 합의가 상당한 때에는 그 협정가액에 의한다(상법 제670조).

2) 미평가보험의 경우

보험가액에 관한 협정가액이 없는 경우에 손해보험법의 통칙(제4편 제2장 제1절)에 의하면「사고발생시」의 가액이 보험가액으로 결정되나(상법 제671조), 사고발생시의 운송물의 실제가액을 정확하게 산정하기가 곤란하므로 운송물을「발송한 때와 곳의 가액과 도착지까지의 운임 기타의 비용을 전 보험기간의 보험가액으로 한다.」(보험가액불변경주의)(상법 제689조 제1항).

여기에서 기타의 비용은 세금, 공과금, 포장비, 하역비 등 하주가 부담할 비용이다. 이러한 비용은 보험사고가 발생하면 하주의 손실로 되므로 보험가액에 산입한 것이다.[122]

122) 강위두 · 임재호, 전게서, 630면.

3) 피보험이익(被保險利益)

운송보험에서는 통상 송하인이 운송물의 소유자로서 가지는 이익을 피보험이익으로 하나, 여러 가지 이며, 당사자간의 특약에 의하여 장래 운송물의 도착으로 인하여 얻을 이익 즉, 희망이익을 보험가액 중에 산입할 수 있다(상법 689조 제2항). 이러한 희망이익을 피보험이익으로 하는 보험을「희망이익보험」이라 한다[123].

희망이익보험은 주로 해상보험에서 이용되며, 운송보험에서는 당사자간에 약정이 있는 때에 한하여 희망이익을 보험가액에 산입한다(상법 제689조 제2항).

3. 운송보험계약의 효력

(1) 손해배상책임

운송보험자는 다른 약정이 없으면 운송인이 운송물을 수령한 때부터 수하인에게 인도할 때까지 생긴 손해를 보상할 책임이 있다(상법 제688조).

손해액의 산정은 보험가액을 기준으로 하고, 운송보험의 보험가액은 전술한 바와 같이 보험가액불변경주의를 취하여 운송물을 발송한 때와 곳의 가액과 도착지의 운임 기타의 비용을 보험가액으로 하며(상법 제689조 제1항) 당사자간의 약정이 있는 때에는 희망이익을 보험가액에 산입한다(상법 제689조 제2항).

(2) 면책사유

1) 법정면책사유

운송보험에서는 상법 제4편(보험)의 통칙(제1장)의 면책사유(상법 제659조, 제660조)와 손해보험 규정(제4편 제2장)상의 면책사유(상법 제678조)외에, 운송보험의 특유한 면책사유로서「운송보조자의 보험사고의 유발로 인한 손해에 대한 면책」(상법 제692조)을 정하고 있다.

보험사고가 송하인 또는 수하인의 고의 또는 중대한 과실로 인하여 발생한 때에는, 보험자는 이로 인하여 생긴 손해를 보상할 책임이 없다(상법 제692조). 송하인과 수하인은 보험계약자도 피보험자도 아니나 운송에 있어서 일정한 권리의무를 가지므로(상법 제139조 내지 제141조), 송하인·수하인의 고의·중과실로 인한 보험사고를 보험계약자·피보험자의 고의·중과실로 인한 보험사고(상법 제659조)와 같이 취급하여 보험자의 면책사유로 규정한 것이다[124].

2) 약정면책사유

운송보험약관상으로는 ① 포장의 불완전, ② 운송지연, ③ 핵연료물질 또는 핵연료물질에 의하여 오염된 물질, 방사성 그 밖의 유해한 특성 또는 이들의 특성에 의한 사

123) 강위두·임재호, 전게서, 631면.
124) 양승규, 전게서, 285면.

고, ④ 방사선의 조사(照射) 또는 방사능의 오염, ⑤ 이사화물 중독 또는 항아리, 병 등의 파손, ⑥ 동맹파업, 태업, 작업장 폐쇄, 쟁의행위, 폭동, 소요 또는 이와 비슷한 사건, ⑦ 억류, 압류 또는 이와 비슷한 행위, ⑧ 지진, 분화 또는 이와 비슷한 사고, ⑨ 보험의 목적이 야적되거나 덮개 없는 차 또는 완전히 덮여지지 않은 운송용구에 적재, ⑩ 냉동냉장고·냉동냉장기계장치의 파손이나 공장 등의 사유로 생긴 손해는 보험자가 보상책임을 지지 않는다고 규정하고 있다.

(3) 보험증권 교부의무

운송보험계약이 성립한 때에도 보험자는 다른 보험의 경우와 같이 지체없이 운송보험증권을 작성하여 보험계약자에게 교부하여야 한다(상법 640조 제1항). 운송보험증권에는 손해보험증권에 공통적인 기재사항(상법 제666조) 외에, ① 운송의 노순(路順)·방법, ② 운송인의 성명(또는 상호)·주소, ③ 운송물의 수령·인도의 장소, ④ 운송기간을 정한 경우에는 그 시간, ⑤ 보험가액을 정한 경우에는 그 가액 등을 기재하여야 한다(상법 제690조).

4. 운송의 중지와 변경(變更)

(1) 운송의 중지 변경과 보험계약의 효력

해상운송에 있어서 항로의 변경은 위험발생의 가능성에 크게 영향을 미치나, 육상운송에 있어서는 노순을 변경하더라도 위험발생에 본질적 영향을 미치지 않고 또 실제에 있어서도 운송의 일시중지나 노순변경이 자주 일어나고 있으므로 이러한 사실의 발생으로 곧 운송보험계약이 그 효력을 상실한다고 하는 것은 피보험자의 통상의 의사에 반한다. 그러므로 운송보험에 있어서는 당사자 간에 다른 약정이 없으면, 운송의 필요에 의하여 일시 운송을 중지하거나 운송의 노순 또는 방법을 변경하여 운송보험계약은 그 효력을 상실하지 않는다(상법 제691조).

(2) 운송의 중지 변경과 상법 제653조의 관계

운송의 필요에 의하여 일시 운송을 중지하거나 변경함으로써 사고 발생의 위험이 현저하게 변경 또는 증가한 때에 상법 제653조에 이하여 보험자가 보험료증액청구나 보험계약해지를 할 수 있는지 문제가 되며 이에 관하여는 긍정설[125]과 부정설이 나뉜다. 운송의 중지·변경의 경우에 보험계약이 효력을 잃지 않는 것은 운송의 중지·변경이 위험발생에 본질적 영향을 미치지 않기 때문이므로, 운송의 중지·변경으로 사고발생의 위험이 현저하게 변경·증가될 정도인 때에는 보험자는 보험료증액청구나 보험계약해지를 할 수 있다고 보는 긍정설이 타당하다[126].

125) 양승규, 전게서, 286면, 채이식, 전게서, 565면, 정찬형, 전게서, 619면 .

제 32 장 보증보험

1. 보증보험의 의의

보증보험계약(Contrat of fidelity insurance, Kautionsversicherungsvertrag)은 계약상의 채무불이행이나 법령상의 의무불이행으로 인한 손해를 보상할 것을 목적으로 하는 보험이며 보증보험은 상법사의 보험이 아니라 보험업법상의 보험이다.[127] 보증보험은 채권자에겐 채무자가 채무를 이행하지 않는 경우 그 손해를 보상하므로 담보적 기능을 하고, 채무자에게는 채권담보의 보증금을 납입하여야 하는 부담이 없으므로 신용보완적 기능을 한다.

종전에 보증보험은 전형적인 상법상 보험이 아니라 보험업법상 보험으로 정리하였으나 2014년 신설규정되었다[128]. 이러한 보증보험과 책임보험은 양자가 채무의 이행을 담보한다는 점에서는 유사하나, 전자는 보험계약자의 피보험자에 대한 책임을 담보하는 것이고 보험계약자와 피보험자가 상이하므로 타인을 위한 보험인데 반하여, 후자는 피보험자의 제3자에 대한 책임을 담보하는 것이고 원칙적으로 보험계약자와 피보험자가 동일한 자기를 위하 보험인 점에서 다르다.

2. 보증보험계약의 성격

보증보험에서는 보험계약자의 고의로 인한 사고도 보험사고로 인정되어 보증보험의 보험사고에 우연성을 인정할 수 없기에 보증보험을 보험으로 인정할 수 있는지가 의문시 되었으나 보험사고의 우연성은 보험계약의 성립 당시에 보험사고의 발생이 불확실하여야 한다는 것으로서, 보험사고가 보험계약자의 고의로 발생하였는가 아닌가 하는 것은 보험사고의 우연성과 관계없는 문제이다. 예컨대, 채무자의 채무불이행도 우연한 사고이므로, 이로 인한 손해를 보상하는 보증보험도 손해보험의 일종으로 보는 것이 타당하다(통설). 그러나 보증이 주목적인 점이나 우연성을 요건으로 하는 보험의 일반 특성과는 달리 보험계약자의 채무불이행이라는 인위적인 사고에 의하여 사고가 발생하기 때문에 보험계약법의 규정을 그대로 적용하기가 어렵다는 점에서 특수한 형태의 손해보험이다. 특히 개정 상법 제726조의 7에 의하여 민법의 보증채무에 관한 규정을 준용하도록 하고 있다(상법 제 726조의 7).

126) 강위두 · 임재호, 전게서, 633면.

127) 최준선, 전게서, 305면.

128) 제726조의 2(보증보험자의 책임)에서 보증보험계약의 보험자는 보험계약자가 피보험자에게 계약상의 채무를 이행 또는 법령상의 의무불이행으로 입은 손해를 보상할 책임이 있다고 명문으로 규정하고 있다.

3. 보증보험의 효용성과 종류

(1) 효용성

보험제도는 어떠한 위험을 전제로 하는데, 채권자와 채무자간의 관계에 있어서 채권자는 채무자의 채무불이행이라는 위험이 있고, 그에 따른 채권자는 이같은 위험을 회피하기 위하여 채무자에게 물적 담보나 인적 담보를 요구한다. 그러나 물적 담보의 구비는 담보물이라는 객체가 존재하여야 하고, 담보권을 실행하는 절차가 복잡하고 번거롭다는 문제가 있다. 한편 인적 담보에 관하여도 보증인으로서의 과중한 책임 때문에 타인의 보증을 구하기가 어렵다. 이에 채무자의 이행의 보장이라는 측면과 쉽게 보증을 얻을 수 있는 경제적 측면이 조화를 이룬 것이 보증보험이다. 이는 피보험자인 채권자에게는 확실한 이행보장을 보험계약자인 채무자에게는 손쉬운 보증제공이라는 양면의 효과가 있다.

(2) 종류

보증보험은 계약상의 채무와 법령상의 의무를 담보하는 보험이다. 전자를 담보하는 보험으로는 이행보증보험, 할부판매보증보험, 소액대출보증보험, 리스보증보험, 사업자주택자금보증보험, 개인주택자금보증보험, 크레디트카드보험, 가계수표보험 등이 있고, 후자를 담보하는 보험으로는 납세보증보험, 인허가보증보험, 보석보증보험 등이 있다.

이행보증보험은 건설공사계약, 납품계약 등의 각종 계약상의 채무이행을 담보하는 보험으로서, 입찰보증금, 계약보증금, 하자보증금, 선급금, 물품외상판매대금등의 지급을 보증하며, 이행보증보험으로는 이행(입찰)보증보험, 이행(계약)보증보험, 이행(하자)보증보험, 이행(선급금)보증보험, 이행(상품판매대금)보증보험, 이행(지급)보증보험 등이 있다.

4. 보증보험계약의 효력

(1) 보험금의 지급

보증보험의 보험사고는 채무자인보험계약자가 채권자인 피보험자에게 주계약상의 채무를 이행하지 않은 것이며 보험계약자(채무자)의 주계약상의 채무의 불이행으로 인하여 피보험자(채권자)에게 손해가 발생한 경우에 보험자는 피보험자에게 보험금을 지급하여야 한다(상법 제665조)[129].

---

129) 대법원 1999.6.22, 99다 36931.

(2) 면책사유

보증보험의 피보험자의 손해가, ① 천재지변, 전쟁, 내란 기타 이와 비슷한 변란, ② 피보험자의 책임있는 사유, ③ 피보험자가 정당한 이유없이 보험자의 손해조사에 협조하지 않은 등으로 인하여 생긴 경우에는, 보험자가 보험금지급책임을 지지 않는다. 열거된 면책사유 중에서 ①은 상법 제660조의 '보험사고가 전쟁 기타 변란으로 인하여 생긴 때'에 해당하기 때문이고, ②는 피보험자의 귀책사유를 보험사고로 하면 이는 신의칙에 반하고 보험을 도박화 할 염려가 있기 때문이며, ③은 보험자의 손해조사에 피보험자가 협조하지 아니하여 손해가 증가된 경우에 그 손해는 피보험자가 부담하여야하기 때문이다.

(3) 보험자의 대위

1) 서설

상법 제682조는 '손해가 제3자의 행위로 인하여 발생한 경우, 보험자는 그 지급한 보험금의 한도에서 보험계약자 · 피보험자의 제3자에 대한 권리를 취득한다'고 하여 보험자대위를 규정하고 있다. 보증보험에서는 보험사고가 보험계약자에 의하여 발생될 것이 예상되어 있으므로 보험계약자가 제3자에 포함되어 보증보험에 본조가 적용되는지 문제된다. 이에 관하여 포함설과 불포함설이 대립해 있다.

2) 학설

① 포함설

이 견해는 보증보험은 보험계약자(채무자)와 피보험자(채권자)가 다른 타인을 위한 보험계약이고, 보험계약자는 채무불이행 즉 보험사고를 발생하게 하여 피보험자에게 손해를 가할 수 있으므로, 보증보험에 있어서 보험계약자는 본조의 제3자에 해당하여 보험자는 본조에 의하여 보험자대위를 할 수 있다고 한다.[130]

② 불포함설

보증보험의 보험계약자는 어디까지나 보험계약의 당사자이고 제3자가 아니며, 따라서 보증보험에서는 보험자가 보험자대위를 할 수 없다고 하고, 다만 보험자는 민법상의 수탁보증인의 구상권(민법 제441조[131])에 의하여 변제 기타의 출재로 주채무를 소멸하게 한 때에는 보험계약자에 대하여 구상권을 가진다고 한다.[132]

---

130) 최기원, 전게서, 679면, 정동윤, 전게서, 666면.

131) 민법 제441조; ① 주채무자의 수탁으로 보증인이 된 자가 과실없이 변제 기타의 出財로 주채무를 소멸하게 한 때에는 주채무자에 대하여 구상권이 있다. ② 제425조 제2항의 규정은 前項의 경우에 준용한다.

132) 양승규, 전게서, 431면; 정찬형, 전게서, 695면.

3) 검토

우리의 경우에 예컨대, 입찰보증보험약관에서는 '보험자는 보험금을 지급한 때에는 보험계약자에 대하여 구상권을 가지고, 피보험자의 이익을 해하지 않는 범위 내에서 피보험자가 보험계약자에 대하여 가지는 권리를 대위하여 가진다' 라고 규정하여 포함설을 취하고 있다.

5. 보증보험계약해지권의 해결

(1) 보험자의 해지권의 제한

일반의 보험계약에서는 보험계약자 또는 피보험자가 그 의무를 위한한 때에는 보험자가 보험계약을 해지할 수 있으나(상법 제657조~제653조) 보증보험은 보험계약자의 채무이행을 보험자가 담보하는 것이므로 그 의무위반이 보험계약자에게만 있는 때에는 보험자가 그 보증보험계약을 해지할 수 없다고 본다.[133]

(2) 보험계약자의 해지권의 제한

일반의 보험계약에서는 보험사고가 발생하기 전에는 보험계약자는 언제든지 보험계약의 전부 또는 일부를 해지할 수 있으나(상법 제649조), 타인을 위한 보험계약에서는 보험계약자가 그 타인의 동의가 없거나 보험증권을 소지하고 있지 아니하면 그 보험계약을 해지할 수 없으므로(상법 제649조 제1항 단서) 보증보험계약에 있어서도 보험계약자는 피보험자의 동의가 없거나 보험증권을 소지하고 있지 않으면 그 보험계약을 해지할 수 없다.

6. 신용보험

신용위험에 대비하여 채권자가 스스로 보험에 가입하는 자기를 위한 보험이다. 신용보험약관은 보험자가 보험금을 지급한 경우 피보험자(채권자)는 채무자에 대한 권리를 양도하여야 한다고 규정하고 있는 채권양도에 의한 구상의 형식을 취하는 것이 특징이며 보험자 대위와 같이 법률의 규정에 의한 당연한 구상으로 보지 않는 것이 큰 특징이다.

133) 양승규, 전게서, 434면.

제 33 장 인보험

1. 인 보험의 의의

인보험은 인보험자가 보험료를 받고 피보험자의 생명 또는 신체에 관하여 보험사고가 생길 경우에 보험계약의 정하는 바에 따라 보험금액 기타의 급여를 지급하기로 하는 보험이다(상법 제727조). 즉 인보험은 사람의 생명 또는 신체에 관한 사고를 보험사고로 하는 보험으로서 생명보험, 상해보험, 의료보험 등이 있다. 다만 보험금은 당자간의 약정에 따라 분할하여 지급할 수 있도록 하고 있다(상법 제727조의 제2항).

2. 인보험증권

인 보험 증권에는 제666조에 게기한 사항 외에 ① 보험계약의 종류, ② 피보험자의 주소·성명 및 생년월일을 기재하여야 한다(상법 제728조). 여기서 보험수익자는 계약의 체결 당시에 정하지 않고, 후에 정하기로 유보할 수도 있다(상법 제733조).

3. 보험자대위의 금지

인 보험에 있어서 보험사고가 제3자의 행위로 생긴 경우에 보험금액을 지급한 보험자는 제3자에 대하여 대위권을 행사하지 못하는 것이 원칙이다. 다만 상해보험계약에 있어서는 당사자간에 특약이 경우 보험자는 피보험자의 권리를 해하지 않는 범위 내에서 대위권을 행사할 수 있다(상법 제729조).

4. 인 보험과 이득금지의 원칙

(1) 서언

손해보험계약에 타당한 이득금지원칙은 정액급부방식의 생명보험계약에는 그 적용이 없는 것이 원칙이며 생명보험에도 이득금지의 원칙을 적용하기 위해서는, 생명보험의 목적으로 된 사람(피보험자)이 사망한 경우에 그로 인하여 발생한 손해액을 먼저 확정하여야 한다. 그러나 사람의 사망에 의한 손해를 금전적으로 평가한다는 것이 불가능하므로 생명보험의 경우에는 이득금지원칙이 적용될 수 없다고 하는 것이 다수설의 입장 입장이며 이러한 이유로 우리 상법은 보험을 손해보험과 생명보험으로 나누고 있는 것이다.

(2) 피보험이익

손해보험에서와 달리 인보험에서는 피보험이익을 인정하지 않은 것이 통설적인 견해이다. 사람의 생명 또는 신체에 관한 보험이라는 점에서 이에 대한 금전적 평가가 부정된다. 따라서 인보험의 경우 초과보험이나 중복보험 또는 일부보험의 관념은 인정되지 않는다. 그러나 영국이나 미국의 경우 인보험에 있어서도 피보험이익의 관념을 인정하고 있다. 이처럼 영미에서 인보험에 대하여 피보험이익의 관념을 인정하는 이유는 인보험의 도박화 방지 또는 도덕적 위험의 방지에 있다. 이러한 점에서 볼 때, 우리나라도 인보험계약에 있어서 피보험이익의 관념을 인정하여, 보험계약자나 보험수익자가 피보험자와 가족관계 또는 경제적 이해관계가 있는 경우에 한하여 그 부보를 인정하는 것을 검토할 필요가 있다고 본다.

(3) 보험자 대위

보험자 대위의 존재이유로 다수설은 보험가입자의 이득방지에 있다고 한다. 그러므로 다수설에 의하면 이득금지의 원칙이 적용되지 않는 정액보험으로서 생명보험에서는 대위제도가 필요하지 않다고 한다. 실제로 상법은 인 보험에 있어서 대위를 원칙적으로 금지하고 있다. 그러므로 정액보험으로 운영되는 상해보험이나 질병보험도 대위는 금지된다. 여기서 문제는 손해보험방식으로 운영되는 상해보험이나 질병보험에 있어서의 보험자 대위의 인정여부인데 반해 우리 상법은 상해보험계약에 있어서는 당사자간의 특약이 있는 경우 보험자는 피보험자의 권리를 해하지 않는 범위 내에서 대위권을 행사할 수 있다(상법 제729조)고 정하고 있다. 그리하여 실무상 실손보상방식 으로 운영되는 각종의 보험약관에는 대위조항을 두고 있는 것이 많다.

또한 정액급부방식과 실손 보상방식이 혼합된 계약 예컨대 여행자보험의 경우 사망보험금은 정액으로 의료비는 실 손해를 보상한다. 이 경우 사망보험금에는 대위제도의 적용이 없으나, 의료비로 지급한 부분에 대하여는 대위제도를 적용할 수 있을 것이다.

(4) 타보험계약과의 관계

인보험계약 특히 상해보험에 있어서는 부정한 보험금청구의 위험이 비교적 높은 분야이다. 경도의 상해에도 보험금이 지급되므로, 저렴한 보험료로 고액의 보험금액을 설정하고, 나아가 여러개의 중복보험계약을 체결하여 거액의 보험금을 수취하는 것이 가능하다. 이러한 고액계약이나 중복계약에 수반하는 도덕적 위험의 방지가 보험자의 과제라 할 것이다.

상해보험약관 중에는 다른 보험계약의 체결유무를 고지사항으로 명시하고 있다. 물론 타보험계약이 체결되어 있다는 사실이 보험사고의 확률에 차이를 이야기한다거나 위험율의 측정에 관계있다고 단언할 수는 없다.

제 34 장 생명보험

1. 의의

생명보험계약이라 함은 생명보험자가 피보험자의 사망, 생존, 사망과 생존에 관한 보험사고가 발생할 경우에 약정한 보험금액을 지급하기로 하는 인보험이다(상법 제730조). 즉 생명보험은 당사자의 일방이 상대방 또는 제3자의 생사에 관한 우연한 사고가 생길 경우에 일정한 금액을 지급하기로 하는 정액보험이다.

2. 생명보험의 종류

(1) 보험사고에 따른 분류

1) 사망보험

피보험자의 사망을 보험사고로 하는 보험이다. 이것은 보험기간이 피보험자의 종신에 걸치는 것으로 피보험자의 사망의 시기를 불문하고 보험자의 보험금지급책임을 인정하는 종신보험과 일정기간내의 사망만을 보험사고로 하는 정기보험으로 나뉘며 이 사망보험에 있어서는 15세미만자, 심신상실자 또는 심신박약자를 피보험자로 한 경우에는 그 보험계약은 무효이다(상법 제732조).

2) 생존보험

이것은 피보험자가 일정한 연령까지 생존하는 것을 보험사고로 하는 보험으로 교육보험 등이 이에 해당하고 생존보험은 피보험자가 보험기간 안에 사망하면 보험급여를 받지 못한다.

3) 혼합보험

이것은 피보험자가 일정한 기간까지 생존하면 만기보험금을, 사망하면 사망보험금을 지급하기로 하는 보험이다. 사람의 사망 시기는 일정하지 아니하므로 일정한 시기까지 피보험자의 사망을 보험사고로 한 경우에 사고의 발생없이 보험기간이 끝난 때에도 보험자의 보험금액의 지급책임을 인정하고 있는 양로보험이 이에 속한다.

(2) 피보험자의 수에 따른 분류

1) 개인보험
이것은 피보험자 1인의 생사를 보험사고로 하는 보험이다.

2) 연생보험·생존보험
피보험자의 2인중 1인이 사망한 경우 다른 1인이 보험금액의 지급을 받는 것을 연생보험이라 하고, 2인중 특정한 1인이 사망한 경우 다른 1인이 생존할 것을 조건으로 하여 보험금액을 지급하는 것을 생존보험이라 한다.

3) 단체보험
단체에 속하는 자를 포괄적으로 피보험자로 하는 보험이다. 단체보험의 경우에는 보험가입자는 그 단체의 구성원이고, 보험가입에 있어서 개별적인 조사를 거치지 않는 것이 원칙이며, 보험료는 단체가 부담하고 있으며 이 보험은 단체에 속하는 구성원의 복리후생을 위하여 이용되는 것이 보통이다.

(3) 보험금액의 지급방법에 따른 분류

1) 자금보험
보험사고가 발생한 때에 보험금액의 전부를 일시금으로 지급하는 보험이며 이것이 일반적이다.

2) 연금보험
보험금액을 연금으로 순차적으로 지급하는 보험이며, 종신연금보험과 정기연금보험이 있다.

3. 타인의 생명보험

(1) 타인의 생명보험의 의의 및 제한

1) 의의
생명보험계약은 보험계약의 당사자인보험계약자가 자신을 피보험자로 하여 체결하는 경우가 보통이고 이것을 자기의 생명보험계약이라 한다.

한편 보험계약자가 자기 이외의 제3자를 피보험자로 하여 체결하는 생명보험계약을 타인의 생명보험계약이라 한다. 이것은 제3자를 보험수익자로 하는 이른바 타인을 위한 생명보험과는 다른 것이다.

2) 제한

타인의 사망을 보험사고로 하는 보험을 아무런 제한 없이 인정할 경우, ① 보험이 도박으로 악용될 수 있고, ② 고의로 피보험자의 생명을 해할 우려가 있으므로 이에 대하여 어떠한 제한을 가할 필요가 있다. 그리하여 각국의 입법례에는 이에 대한 제한규정을 두고 있는데 이에는 이익주의와 동의주의가 일반적이다.

① 이익주의

생명보험에 있어서도 피보험이익의 관념을 인정하는 영미법계 국가에서 채용하고 있는 입법주의로, 피보험자인 타인의 생사에 관하여 이익이 있는 자만이 이러한 보험계약을 체결할 수 있다고 한다.

② 동의주의

생명보험에 있어서 피보험이익의 관념을 부정하는 대륙법계 국가에서 채용하고 있는 입법주의로서 피보험자인 타인의 동의를 얻은 경우에 이러한 보험계약을 체결할 수 있다고 한다.

③ 우리 상법의 태도

우리나라 상법은 동의주의를 취하여 타인의 사망을 보험사고로 하는 보험에 있어서는 그 계약의 체결뿐만 아니라 권리의 양도의 경우에도 피보험자의 동의를 요건으로 한다(상법 제731조). 그러나 15세미만자, 심신상실자 또는 심신박약자의 사망을 보험사고로 한 보험계약은 동의의 유무를 불문하고 계약은 무효이다(상법 제731조).

(2) 피보험자의 동의

1) 피보험자의 동의를 요하는 경우

① 타인의 생명을 보험사고로 하는 사망보험 또는 혼합보험계약을 체결하는 경우(상법 제731조 제1항), ② 타인의 사망보험계약으로 인하여 생긴 권리를 피보험자가 아닌 자에게 양도하는 경우(상법 제731조 제2항), ③ 타인의 사망보험계약을 체결한 후 보험계약자가 보험수익자를 지정 또는 변경하는 경우(상법 제734조 제2항)에는 피보험자의 동의를 요하는 것으로 하고 있다.

2) 동의의 성질

타인의 생명보험에 있어서 피보험자의 동의는 당사자 사이의 특약으로 배제할 수 없는 강행법적 성질을 갖는다. 그리하여 피보험자의 동의의 법적 성질에 관하여는 ① 피보험자의 동의는 계약의 성립요건이라는 설과, ② 계약의 성립에 당사자 이외에 제3자의 의사표시를 성립요건으로 풀이하는 것은 계약법의 법리에 반하고, 또한 생명보험계약도 일반의 보험계약과 같이 낙성계약이므로 피보험자의 동의가 없어도 계약은 성립하지만 동의는 효력발생요건이어서 무효라고 해석하는 효력발생요건설이 있다. 효력발생요건설이 타당하다.

3) 동의의 상대방과 방식

동의는 상대방 있는 일방적 의사표시이므로 계약당사자의 일방에게 도달하여야 한다. 그리고 동의의 방식에 대하여 서면에 의한 동의를 얻을 것을 요구하고 있다(상법 제731조).

4) 동의의 시기

동의의 시기에 관하여 상법은 보험계약 체결 시에 그 타인의 서면에 의한 동의를 얻도록 하고 있다(상법 제731조의 1).

5) 동의의 철회

피보험자가 일단 동의하였다 하여도 계약의 성립전에는 이를 철회할 수 있다. 그러나 일단 피보험자의 동의에 의하여 계약의 효력이 발생한 때에는 그것을 임의로 철회할 수는 없고, 보험계약자의 동의를 요한다고 해석된다.

6) 동의능력

우리 상법상 15세미만자, 심신상실자 또는 심신박약자의 사망을 보험사고로 한 보험계약은 무효로 하고 있으므로(상법 제732조), 이들은 유효한 동의를 할 수 없고, 그들이 한 동의는 무효이다. 이때 15세 이상자의 사망보험에 있어서 동의에 관하여는 비록 15세 이상자라 하더라도 민법상 미성년자이므로 피보험자가 유효한 동의를 하기 위해서는 법정대리인의 동의를 얻어야 한다(민법 제5조). 그러나 법정대리인이 보험계약자 또는 보험수익자인 경우에는 피보험자인 미성년자와 이익이 상반되는 경우에 해당하므로 법원이 선임한 특별대리인의 동의를 요한다(민법 제921조 제1항).

4. 보험자의 의무

(1) 보험금지급의무

생명보험자는 피보험자의 생명에 관한 보험사고가 생길 경우에 약정한 보험금액을 지급할 의무가 있다(상법 제730조). 보험금지급의무는 보험자의 주된 의무이다. 생명보험계약은 계약에서 정한 보험사고가 발생하면 약정한 보험금액을 지급하는 정액보험으로 생존보험에서는 보험기간동안 피보험자가 생존하면 만기보험금을, 사망보험에서는 보험기간 안에 사망하면 사망보험금을, 생사혼합보험에 있어서는 생존이나 사망이 모두 보험사고로 되어 그에 따른 보험금을 지급하게 된다. 생명보험약관에서는 피보험자가 재해로 말미암아 사망한 경우에 추가보험금을 지급하기로 하는 경우가 있다. 이를 재해추가보험이라 하고, 생명보험의 보장적 기능을 높이기 위한 것이다.

여기서 보험수익자가 갖는 보험금청구권은 보험계약으로 생긴 보험수익자의 고유재산이지 상속재산이 아니다(대법원 2004. 7. 9. 선고 2003다29463 판결).

(2) 보험료적립금반환의무

보험자는 상법 제649조, 제650조, 제651조 및 제652조 내지 제655조의 규정에 의하여 보험계약이 해지된 때, 상법 제659조와 제660조의 규정에 의하여 보험금액의 지급책임이 면제된 때에 보험수익자를 위하여 적립한 금액을 보험계약자에게 지급하여야 한다(상법 제736조 제1항). 생명보험계약의 보험료는 생명표에 의하여 예정사망율과 예정이율에 따라 계산하여 매년 평균보험료를 지급하도록 하고 있다. 생명보험계약은 장기보험계약으로서 저축성을 갖는다. 따라서 생명보험계약이 해지되면 보험자는 보험계약자에게 보험료적립금을 지급하도록 하는 것이다. 보험업법에 의하면 보험자는 결산기마다 책임준비금을 계상하여야 하는데(보험업법 제98조), 생명보험자가 계상하여야 할 책임준비금은 보험료적립금과 미경과보험료적립금 으로 구성되어 있다. 여기서 보험수익자를 위하여 적립한 금액이란 보험료적립금을 말하는 것이고, 보험자는 보험계약이 해지된 때에 해지환급금으로서 보험계약자에게 보험료적립금을 지급하여야 하여야 하지만 보험계약자가 고의로 보험사고를 일으킨 경우에는 그러하지 아니하다(상법 제736조 제1항 단서). 보험자의 보험료적립금반환의무는 2년의 시효로 소멸한다.

(3) 보험계약자에 대한 대부의무

생명보험약관에 의하면 보험계약자는 해지환급금의 범위 안에서 보험자가 정한 방법에 따라 보험증권을 제출하고 대부를 받을 수 있음을 정하고 있다. 이것을 보험계약자 대부 또는 보험증권 대부라 하고 보험계약자의 청구가 있으면 보험자는 이에 응하여야 할 의무가 있다.

(4) 계약자배당의무

생명보험계약의 보험료는 예정사망율과 예정이율을 기초로 계산하여 예정사업비를 더하여 영업보험료를 산정하게 된다. 그런데 보험료산정의 기초가 된 예정사망율과 예정이율 또는 예정사업비가 실제의 그것과 비교하여 차액이 생길 수 있다. 그 결과 보험자는 사차익, 이차익, 비차익 등 이익금이 생기게 되면 이를 보험계약자에게 배당할 것을 약정하는 경우가 있다. 이것이 이른바 보험계약자배당의무이다.

참 고 문 헌

강위두 · 임재호, 상법강의(하), 형설출판사, 2004

김성태, 보험법강론, 법문사, 2002

김정호, 상법사례연습, 박영사, 2004

대법원, 판례

박종두, 민법총칙, 삼영사, 2008

엄영진, 법학입문, 대왕사, 2002

양승규, 상법사례연구, 삼영사, 2008

양승규 · 박길준, 상법요론, 삼지원, 2000

정호열, 고지의무위반의 효과, 법조 제33권 11· 12호.

정찬형, 판례상법(下), 길안사, 1998

최기원, 상법사례연습, 법문사, 1994

최준선, 상법사례연습(下), 삼조사, 1998

최준선, 삼영사, 2008

상법 제4편 보험

[시행 2015.3.12.] [법률 제12397호, 2014.3.11., 일부개정]

제1장 통칙

第638조(보험계약의 의의) 보험계약은 당사자 일방이 약정한 보험료를 지급하고 재산 또는 생명이나 신체에 불확정한 사고가 발생할 경우에 상대방이 일정한 보험금이나 그 밖의 급여를 지급할 것을 약정함으로써 효력이 생긴다. [전문개정 2014.3.11.]

第638조의2(보험계약의 성립) ①보험자가 보험계약자로부터 보험계약의 청약과 함께 보험료 상당액의 전부 또는 일부의 지급을 받은 때에는 다른 약정이 없으면 30일내에 그 상대방에 대하여 낙부의 통지를 발송하여야 한다. 그러나 인보험계약의 피보험자가 신체검사를 받아야 하는 경우에는 그 기간은 신체검사를 받은 날부터 기산한다.

②보험자가 제1항의 규정에 의한 기간내에 낙부의 통지를 해태한 때에는 승낙한 것으로 본다.

③보험자가 보험계약자로부터 보험계약의 청약과 함께 보험료 상당액의 전부 또는 일부를 받은 경우에 그 청약을 승낙하기 전에 보험계약에서 정한 보험사고가 생긴 때에는 그 청약을 거절할 사유가 없는 한 보험자는 보험계약상의 책임을 진다. 그러나 인보험계약의 피보험자가 신체검사를 받아야 하는 경우에 그 검사를 받지 아니한 때에는 그러하지 아니하다. [본조신설 1991.12.31.]

第638조의3(보험약관의 교부 · 설명 의무) ① 보험자는 보험계약을 체결할 때에 보험계약자에게 보험약관을 교부하고 그 약관의 중요한 내용을 설명하여야 한다.

② 보험자가 제1항을 위반한 경우 보험계약자는 보험계약이 성립한 날부터 3개월 이내에 그 계약을 취소할 수 있다. [전문개정 2014.3.11.]

第639조(타인을 위한 보험) ①보험계약자는 위임을 받거나 위임을 받지 아니하고 특정 또는 불특정의 타인을 위하여 보험계약을 체결할 수 있다. 그러나 손해보험계약의 경우에 그 타인의 위임이 없는 때에는 보험계약자는 이를 보험자에게 고지하여야 하고, 그 고지가 없는 때에는 타인이 그 보험계약이 체결된 사실을 알지 못하였다는 사유로 보험자에게 대항하지 못한다. <개정 1991.12.31.>

②제1항의 경우에는 그 타인은 당연히 그 계약의 이익을 받는다. 그러나 손해보험계약의 경우에 보험계약자가 그 타인에게 보험사고의 발생으로 생긴 손해의 배상을 한 때에는 보험계약자는 그 타인의 권리를 해하지 아니하는 범위안에서 보험자에게 보험금액의 지급을 청구할 수 있다. <신설 1991.12.31.>

③제1항의 경우에는 보험계약자는 보험자에 대하여 보험료를 지급할 의무가 있다. 그러나 보험계약자가 파산선고를 받거나 보험료의 지급을 지체한 때에는 그 타인이 그 권리를 포기하지 아니하는 한 그 타인도 보험료를 지급할 의무가 있다. <개정 1991.12.31.>

第640조(보험증권의 교부) ①보험자는 보험계약이 성립한 때에는 지체없이 보험증권을 작성하여 보험계약자에게 교부하여야 한다. 그러나 보험계약자가 보험료의 전부 또는 최초의 보험료를 지급하지 아니한 때에는 그러하지 아니하다. <개정 1991.12.31.>

②기존의 보험계약을 연장하거나 변경한 경우에는 보험자는 그 보험증권에 그 사실을 기재함으로써 보험증권의 교부에 갈음할 수 있다. <신설 1991.12.31.>

第641条(증권에 관한 이의약관의 효력) 보험계약의 당사자는 보험증권의 교부가 있은 날로부터 일정한 기간내에 한하여 그 증권내용의 정부에 관한 이의를 할 수 있음을 약정할 수 있다. 이 기간은 1월을 내리지 못한다.

第642条(증권의 재교부청구) 보험증권을 멸실 또는 현저하게 훼손한 때에는 보험계약자는 보험자에 대하여 증권의 재교부를 청구할 수 있다. 그 증권작성의 비용은 보험계약자의 부담으로 한다.

第643条(소급보험) 보험계약은 그 계약전의 어느 시기를 보험기간의 시기로 할 수 있다.

第644条(보험사고의 객관적 확정의 효과) 보험계약당시에 보험사고가 이미 발생하였거나 또는 발생할 수 없는 것인 때에는 그 계약은 무효로 한다. 그러나 당사자 쌍방과 피보험자가 이를 알지 못한 때에는 그러하지 아니하다.

第645条 삭제 <1991.12.31.>

第646条(대리인이 안 것의 효과) 대리인에 의하여 보험계약을 체결한 경우에 대리인이 안 사유는 그 본인이 안 것과 동일한 것으로 한다.

第646条의2(보험대리상 등의 권한) ① 보험대리상은 다음 각 호의 권한이 있다.

1. 보험계약자로부터 보험료를 수령할 수 있는 권한
2. 보험자가 작성한 보험증권을 보험계약자에게 교부할 수 있는 권한
3. 보험계약자로부터 청약, 고지, 통지, 해지, 취소 등 보험계약에 관한 의사표시를 수령할 수 있는 권한
4. 보험계약자에게 보험계약의 체결, 변경, 해지 등 보험계약에 관한 의사표시를 할 수 있는 권한

② 제1항에도 불구하고 보험자는 보험대리상의 제1항 각 호의 권한 중 일부를 제한할 수 있다. 다만, 보험자는 그러한 권한 제한을 이유로 선의의 보험계약자에게 대항하지 못한다.

③ 보험대리상이 아니면서 특정한 보험자를 위하여 계속적으로 보험계약의 체결을 중개하는 자는 제1항제1호(보험자가 작성한 영수증을 보험계약자에게 교부하는 경우만 해당한다) 및 제2호의 권한이 있다.

④ 피보험자나 보험수익자가 보험료를 지급하거나 보험계약에 관한 의사표시를 할 의무가 있는 경우에는 제1항부터 제3항까지의 규정을 그 피보험자나 보험수익자에게도 적용한다.

[본조신설 2014.3.11.]

第647条(특별위험의 소멸로 인한 보험료의 감액청구) 보험계약의 당사자가 특별한 위험을 예기하여 보험료의 액을 정한 경우에 보험기간중 그 예기한 위험이 소멸한 때에는 보험계약자는 그 후의 보험료의 감액을 청구할 수 있다.

第648条(보험계약의 무효로 인한 보험료반환청구) 보험계약의 전부 또는 일부가 무효인 경우에 보험계약자와 피보험자가 선의이며 중대한 과실이 없는 때에는 보험자에 대하여 보험료의 전부 또는 일부의 반환을 청구할 수 있다. 보험계약자와 보험수익자가 선의이며 중대한 과실이 없는 때에도 같다.

第649条(사고발생전의 임의해지) ①보험사고가 발생하기 전에는 보험계약자는 언제든지 계약의 전부 또는 일부를 해지할 수 있다. 그러나 제639조의 보험계약의 경우에는 보험계약자는 그 타인의 동의를 얻지 아니하거나 보험증권을 소지하지 아니하면 그 계약을 해지하지 못한다. <개정 1991.12.31.>

②보험사고의 발생으로 보험자가 보험금액을 지급한 때에도 보험금액이 감액되지 아니하는 보험의 경우에는 보험계약자는 그 사고발생후에도 보험계약을 해지할 수 있다. <신설 1991.12.31.>

③제1항의 경우에는 보험계약자는 당사자간에 다른 약정이 없으면 미경과보험료의 반환을 청구할 수 있다. <개정 1991.12.31.>

第650條(보험료의 지급과 지체의 효과) ①보험계약자는 계약체결후 지체없이 보험료의 전부 또는 제1회 보험료를 지급하여야 하며, 보험계약자가 이를 지급하지 아니하는 경우에는 다른 약정이 없는 한 계약성립후 2월이 경과하면 그 계약은 해제된 것으로 본다.

②계속보험료가 약정한 시기에 지급되지 아니한 때에는 보험자는 상당한 기간을 정하여 보험계약자에게 최고하고 그 기간내에 지급되지 아니한 때에는 그 계약을 해지할 수 있다.

③특정한 타인을 위한 보험의 경우에 보험계약자가 보험료의 지급을 지체한 때에는 보험자는 그 타인에게도 상당한 기간을 정하여 보험료의 지급을 최고한 후가 아니면 그 계약을 해제 또는 해지하지 못한다.

[전문개정 1991.12.31.]

第650條의2(보험계약의 부활) 제650조제2항에 따라 보험계약이 해지되고 해지환급금이 지급되지 아니한 경우에 보험계약자는 일정한 기간내에 연체보험료에 약정이자를 붙여 보험자에게 지급하고 그 계약의 부활을 청구할 수 있다. 제638조의2의 규정은 이 경우에 준용한다. [본조신설 1991.12.31.]

第651條(고지의무위반으로 인한 계약해지) 보험계약당시에 보험계약자 또는 피보험자가 고의 또는 중대한 과실로 인하여 중요한 사항을 고지하지 아니하거나 부실의 고지를 한 때에는 보험자는 그 사실을 안 날로부터 1월내에, 계약을 체결한 날로부터 3년내에 한하여 계약을 해지할 수 있다. 그러나 보험자가 계약당시에 그 사실을 알았거나 중대한 과실로 인하여 알지 못한 때에는 그러하지 아니하다. <개정 1991.12.31.>

第651條의2(서면에 의한 질문의 효력) 보험자가 서면으로 질문한 사항은 중요한 사항으로 추정한다. [본조신설 1991.12.31.]

第652條(위험변경증가의 통지와 계약해지) ①보험기간 중에 보험계약자 또는 피보험자가 사고발생의 위험이 현저하게 변경 또는 증가된 사실을 안 때에는 지체없이 보험자에게 통지하여야 한다. 이를 해태한 때에는 보험자는 그 사실을 안 날로부터 1월내에 한하여 계약을 해지할 수 있다.

②보험자가 제1항의 위험변경증가의 통지를 받은 때에는 1월내에 보험료의 증액을 청구하거나 계약을 해지할 수 있다. <신설 1991.12.31.>

第653條(보험계약자 등의 고의나 중과실로 인한 위험증가와 계약해지) 보험기간중에 보험계약자, 피보험자 또는 보험수익자의 고의 또는 중대한 과실로 인하여 사고발생의 위험이 현저하게 변경 또는 증가된 때에는 보험자는 그 사실을 안 날부터 1월내에 보험료의 증액을 청구하거나 계약을 해지할 수 있다. <개정 1991.12.31.>

第654條(보험자의 파산선고와 계약해지) ①보험자가 파산의 선고를 받은 때에는 보험계약자는 계약을 해지할 수 있다.

②제1항의 규정에 의하여 해지하지 아니한 보험계약은 파산선고 후 3월을 경과한 때에는 그 효력을 잃는다. <개정 1991.12.31.>

第655條(계약해지와 보험금청구권) 보험사고가 발생한 후라도 보험자가 제650조, 제651조, 제

652조 및 제653조에 따라 계약을 해지하였을 때에는 보험금을 지급할 책임이 없고 이미 지급한 보험금의 반환을 청구할 수 있다. 다만, 고지의무(告知義務)를 위반한 사실 또는 위험이 현저하게 변경되거나 증가된 사실이 보험사고 발생에 영향을 미치지 아니하였음이 증명된 경우에는 보험금을 지급할 책임이 있다. [전문개정 2014.3.11.]

제656조(보험료의 지급과 보험자의 책임개시) 보험자의 책임은 당사자간에 다른 약정이 없으면 최초의 보험료의 지급을 받은 때로부터 개시한다.

제657조(보험사고발생의 통지의무) ①보험계약자 또는 피보험자나 보험수익자는 보험사고의 발생을 안 때에는 지체없이 보험자에게 그 통지를 발송하여야 한다.

②보험계약자 또는 피보험자나 보험수익자가 제1항의 통지의무를 해태함으로 인하여 손해가 증가된 때에는 보험자는 그 증가된 손해를 보상할 책임이 없다. <신설 1991.12.31.>

제658조(보험금액의 지급) 보험자는 보험금액의 지급에 관하여 약정기간이 있는 경우에는 그 기간내에 약정기간이 없는 경우에는 제657조제1항의 통지를 받은 후 지체없이 지급할 보험금액을 정하고 그 정하여진 날부터 10일내에 피보험자 또는 보험수익자에게 보험금액을 지급하여야 한다. [전문개정 1991.12.31.]

제659조(보험자의 면책사유) ①보험사고가 보험계약자 또는 피보험자나 보험수익자의 고의 또는 중대한 과실로 인하여 생긴 때에는 보험자는 보험금액을 지급할 책임이 없다.

② 삭제 <1991.12.31.>

제660조(전쟁위험 등으로 인한 면책) 보험사고가 전쟁 기타의 변란으로 인하여 생긴 때에는 당사자간에 다른 약정이 없으면 보험자는 보험금액을 지급할 책임이 없다.

제661조(재보험) 보험자는 보험사고로 인하여 부담할 책임에 대하여 다른 보험자와 재보험계약을 체결할 수 있다. 이 재보험계약은 원보험계약의 효력에 영향을 미치지 아니한다.

제662조(소멸시효) 보험금청구권은 3년간, 보험료 또는 적립금의 반환청구권은 3년간, 보험료청구권은 2년간 행사하지 아니하면 시효의 완성으로 소멸한다. [전문개정 2014.3.11.]

제663조(보험계약자 등의 불이익변경금지) 이 편의 규정은 당사자간의 특약으로 보험계약자 또는 피보험자나 보험수익자의 불이익으로 변경하지 못한다. 그러나 재보험 및 해상보험 기타 이와 유사한 보험의 경우에는 그러하지 아니하다. <개정 1991.12.31.>

제664조(상호보험, 공제 등에의 준용) 이 편(編)의 규정은 그 성질에 반하지 아니하는 범위에서 상호보험(相互保險), 공제(共濟), 그 밖에 이에 준하는 계약에 준용한다. [전문개정 2014.3.11.]

제2장 손해보험

제1절 통칙

제665조(손해보험자의 책임) 손해보험계약의 보험자는 보험사고로 인하여 생길 피보험자의 재산상의 손해를 보상할 책임이 있다.

제666조(손해보험증권) 손해보험증권에는 다음의 사항을 기재하고 보험자가 기명날인 또는 서명하여야 한다. <개정 1991.12.31., 2014.3.11.>

1. 보험의 목적
2. 보험사고의 성질
3. 보험금액
4. 보험료와 그 지급방법
5. 보험기간을 정한 때에는 그 시기와 종기
6. 무효와 실권의 사유
7. 보험계약자의 주소와 성명 또는 상호
7의2. 피보험자의 주소, 성명 또는 상호
8. 보험계약의 연월일
9. 보험증권의 작성지와 그 작성년월일

제667조(상실이익 등의 불산입) 보험사고로 인하여 상실된 피보험자가 얻을 이익이나 보수는 당사자간에 다른 약정이 없으면 보험자가 보상할 손해액에 산입하지 아니한다.

제668조(보험계약의 목적) 보험계약은 금전으로 산정할 수 있는 이익에 한하여 보험계약의 목적으로 할 수 있다.

제669조(초과보험) ①보험금액이 보험계약의 목적의 가액을 현저하게 초과한 때에는 보험자 또는 보험계약자는 보험료와 보험금액의 감액을 청구할 수 있다. 그러나 보험료의 감액은 장래에 대하여서만 그 효력이 있다.
②제1항의 가액은 계약당시의 가액에 의하여 정한다. <개정 1991.12.31.>
③보험가액이 보험기간 중에 현저하게 감소된 때에도 제1항과 같다.
④제1항의 경우에 계약이 보험계약자의 사기로 인하여 체결된 때에는 그 계약은 무효로 한다. 그러나 보험자는 그 사실을 안 때까지의 보험료를 청구할 수 있다.

제670조(기평가보험) 당사자간에 보험가액을 정한 때에는 그 가액은 사고발생시의 가액으로 정한 것으로 추정한다. 그러나 그 가액이 사고발생시의 가액을 현저하게 초과할 때에는 사고발생시의 가액을 보험가액으로 한다.

제671조(미평가보험) 당사자간에 보험가액을 정하지 아니한 때에는 사고발생시의 가액을 보험가액으로 한다.

제672조(중복보험) ①동일한 보험계약의 목적과 동일한 사고에 관하여 수개의 보험계약이 동시에 또는 순차로 체결된 경우에 그 보험금액의 총액이 보험가액을 초과한 때에는 보험자는 각자의 보험금액의 한도에서 연대책임을 진다. 이 경우에는 각 보험자의 보상책임은 각자의 보험금액의 비율에 따른다. <개정 1991.12.31.>
②동일한 보험계약의 목적과 동일한 사고에 관하여 수개의 보험계약을 체결하는 경우에는 보험계약자는 각 보험자에 대하여 각 보험계약의 내용을 통지하여야 한다. <개정 1991.12.31.>
③제669조제4항의 규정은 제1항의 보험계약에 준용한다.

제673조(중복보험과 보험자 1인에 대한 권리포기) 제672조의 규정에 의한 수개의 보험계약을 체결한 경우에 보험자 1인에 대한 권리의 포기는 다른 보험자의 권리의무에 영향을 미치지 아니한다. <개정 1991.12.31.>

제674조(일부보험) 보험가액의 일부를 보험에 붙인 경우에는 보험자는 보험금액의 보험가액에 대한 비율에 따라 보상할 책임을 진다. 그러나 당사자간에 다른 약정이 있는 때에는 보험자는 보험금액의 한도내에서 그 손해를 보상할 책임을 진다. <개정 1991.12.31.>

第675조(사고발생 후의 목적멸실과 보상책임) 보험의 목적에 관하여 보험자가 부담할 손해가 생긴 경우에는 그 후 그 목적이 보험자가 부담하지 아니하는 보험사고의 발생으로 인하여 멸실된 때에도 보험자는 이미 생긴 손해를 보상할 책임을 면하지 못한다. <개정 1962.12.12.>

第676조(손해액의 산정기준) ①보험자가 보상할 손해액은 그 손해가 발생한 때와 곳의 가액에 의하여 산정한다. 그러나 당사자간에 다른 약정이 있는 때에는 그 신품가액에 의하여 손해액을 산정할 수 있다. <개정 1991.12.31.>

②제1항의 손해액의 산정에 관한 비용은 보험자의 부담으로 한다. <개정 1991.12.31.>

第677조(보험료체납과 보상액의 공제) 보험자가 손해를 보상할 경우에 보험료의 지급을 받지 아니한 잔액이 있으면 그 지급기일이 도래하지 아니한 때라도 보상할 금액에서 이를 공제할 수 있다.

第678조(보험자의 면책사유) 보험의 목적의 성질, 하자 또는 자연소모로 인한 손해는 보험자가 이를 보상할 책임이 없다.

第679조(보험목적의 양도) ①피보험자가 보험의 목적을 양도한 때에는 양수인은 보험계약상의 권리와 의무를 승계한 것으로 추정한다. <개정 1991.12.31.>

②제1항의 경우에 보험의 목적의 양도인 또는 양수인은 보험자에 대하여 지체없이 그 사실을 통지하여야 한다. <신설 1991.12.31.>

第680조(손해방지의무) ①보험계약자와 피보험자는 손해의 방지와 경감을 위하여 노력하여야 한다. 그러나 이를 위하여 필요 또는 유익하였던 비용과 보상액이 보험금액을 초과한 경우라도 보험자가 이를 부담한다. <개정 1991.12.31.>

② 삭제 <1991.12.31.>

第681조(보험목적에 관한 보험대위) 보험의 목적의 전부가 멸실한 경우에 보험금액의 전부를 지급한 보험자는 그 목적에 대한 피보험자의 권리를 취득한다. 그러나 보험가액의 일부를 보험에 붙인 경우에는 보험자가 취득할 권리는 보험금액의 보험가액에 대한 비율에 따라 이를 정한다.

第682조(제3자에 대한 보험대위) ① 손해가 제3자의 행위로 인하여 발생한 경우에 보험금을 지급한 보험자는 그 지급한 금액의 한도에서 그 제3자에 대한 보험계약자 또는 피보험자의 권리를 취득한다. 다만, 보험자가 보상할 보험금의 일부를 지급한 경우에는 피보험자의 권리를 침해하지 아니하는 범위에서 그 권리를 행사할 수 있다.

② 보험계약자나 피보험자의 제1항에 따른 권리가 그와 생계를 같이 하는 가족에 대한 것인 경우 보험자는 그 권리를 취득하지 못한다. 다만, 손해가 그 가족의 고의로 인하여 발생한 경우에는 그러하지 아니하다. [전문개정 2014.3.11.]

제2절 화재보험

第683조(화재보험자의 책임) 화재보험계약의 보험자는 화재로 인하여 생긴 손해를 보상할 책임이 있다.

第684조(소방 등의 조치로 인한 손해의 보상) 보험자는 화재의 소방 또는 손해의 감소에 필요한 조치로 인하여 생긴 손해를 보상할 책임이 있다.

第685조(화재보험증권) 화재보험증권에는 제666조에 게기한 사항외에 다음의 사항을 기재하여야 한다.
1. 건물을 보험의 목적으로 한 때에는 그 소재지, 구조와 용도
2. 동산을 보험의 목적으로 한 때에는 그 존치한 장소의 상태와 용도
3. 보험가액을 정한 때에는 그 가액

제686조(집합보험의 목적) 집합된 물건을 일괄하여 보험의 목적으로 한 때에는 피보험자의 가족과 사용인의 물건도 보험의 목적에 포함된 것으로 한다. 이 경우에는 그 보험은 그 가족 또는 사용인을 위하여서도 체결한 것으로 본다.

제687조(동전) 집합된 물건을 일괄하여 보험의 목적으로 한 때에는 그 목적에 속한 물건이 보험기간중에 수시로 교체된 경우에도 보험사고의 발생 시에 현존한 물건은 보험의 목적에 포함된 것으로 한다.

제3절 운송보험

제688조(운송보험자의 책임) 운송보험계약의 보험자는 다른 약정이 없으면 운송인이 운송물을 수령한 때로부터 수하인에게 인도할 때까지 생길 손해를 보상할 책임이 있다.

제689조(운송보험의 보험가액) ①운송물의 보험에 있어서는 발송한 때와 곳의 가액과 도착지까지의 운임 기타의 비용을 보험가액으로 한다.
②운송물의 도착으로 인하여 얻을 이익은 약정이 있는 때에 한하여 보험가액 중에 산입한다.

제690조(운송보험증권) 운송보험증권에는 제666조에 게기한 사항외에 다음의 사항을 기재하여야 한다.
1. 운송의 노순과 방법
2. 운송인의 주소와 성명 또는 상호
3. 운송물의 수령과 인도의 장소
4. 운송기간을 정한 때에는 그 기간
5. 보험가액을 정한 때에는 그 가액

제691조(운송의 중지나 변경과 계약효력) 보험계약은 다른 약정이 없으면 운송의 필요에 의하여 일시운송을 중지하거나 운송의 노순 또는 방법을 변경한 경우에도 그 효력을 잃지 아니한다.

제692조(운송보조자의 고의, 중과실과 보험자의 면책) 보험사고가 송하인 또는 수하인의 고의 또는 중대한 과실로 인하여 발생한 때에는 보험자는 이로 인하여 생긴 손해를 보상할 책임이 없다.

제4절 해상보험

제693조(해상보험자의 책임) 해상보험계약의 보험자는 해상사업에 관한 사고로 인하여 생길 손해를 보상할 책임이 있다. <개정 1991.12.31.>

제694조(공동해손분담액의 보상) 보험자는 피보험자가 지급할 공동해손의 분담액을 보상할 책임이 있다. 그러나 보험의 목적의 공동해손분담가액이 보험가액을 초과할 때에는 그 초과액에 대한 분담액은 보상하지 아니한다. <개정 1991.12.31.>

제694조의2(구조료의 보상) 보험자는 피보험자가 보험사고로 인하여 발생하는 손해를 방지하기

위하여 지급할 구조료를 보상할 책임이 있다. 그러나 보험의 목적물의 구조료분담가액이 보험가액을 초과할 때에는 그 초과액에 대한 분담액은 보상하지 아니한다. [본조신설 1991.12.31.]

제694조의3(특별비용의 보상) 보험자는 보험의 목적의 안전이나 보존을 위하여 지급할 특별비용을 보험금액의 한도내에서 보상할 책임이 있다. [본조신설 1991.12.31.]

제695조(해상보험증권) 해상보험증권에는 제666조에 게기한 사항외에 다음의 사항을 기재하여야 한다. <개정 1991.12.31.>

1. 선박을 보험에 붙인 경우에는 그 선박의 명칭, 국적과 종류 및 항해의 범위
2. 적하를 보험에 붙인 경우에는 선박의 명칭, 국적과 종류, 선적항, 양륙항 및 출하지와 도착지를 정한 때에는 그 지명
3. 보험가액을 정한 때에는 그 가액

제696조(선박보험의 보험가액과 보험목적) ①선박의 보험에 있어서는 보험자의 책임이 개시될 때의 선박가액을 보험가액으로 한다.

②제1항의 경우에는 선박의 속구, 연료, 양식 기타 항해에 필요한 모든 물건은 보험의 목적에 포함된 것으로 한다. <개정 1991.12.31.>

제697조(적하보험의 보험가액) 적하의 보험에 있어서는 선적한 때와 곳의 적하의 가액과 선적 및 보험에 관한 비용을 보험가액으로 한다. <개정 1962.12.12.>

제698조(희망이익보험의 보험가액) 적하의 도착으로 인하여 얻을 이익 또는 보수의 보험에 있어서는 계약으로 보험가액을 정하지 아니한 때에는 보험금액을 보험가액으로 한 것으로 추정한다.

제699조(해상보험의 보험기간의 개시) ①항해단위로 선박을 보험에 붙인 경우에는 보험기간은 하물 또는 저하의 선적에 착수한 때에 개시한다.

②적하를 보험에 붙인 경우에는 보험기간은 하물의 선적에 착수한 때에 개시한다. 그러나 출하지를 정한 경우에는 그 곳에서 운송에 착수한 때에 개시한다.

③하물 또는 저하의 선적에 착수한 후에 제1항 또는 제2항의 규정에 의한 보험계약이 체결된 경우에는 보험기간은 계약이 성립한 때에 개시한다. [전문개정 1991.12.31.]

제700조(해상보험의 보험기간의 종료) 보험기간은 제699조제1항의 경우에는 도착항에서 하물 또는 저하를 양륙한 때에, 동조제2항의 경우에는 양륙항 또는 도착지에서 하물을 인도한 때에 종료한다. 그러나 불가항력으로 인하지 아니하고 양륙이 지연된 때에는 그 양륙이 보통종료될 때에 종료된 것으로 한다. <개정 1991.12.31.>

제701조(항해변경의 효과) ①선박이 보험계약에서 정하여진 발항항이 아닌 다른 항에서 출항한 때에는 보험자는 책임을 지지 아니한다.

②선박이 보험계약에서 정하여진 도착항이 아닌 다른 항을 향하여 출항한 때에도 제1항의 경우와 같다.

③보험자의 책임이 개시된 후에 보험계약에서 정하여진 도착항이 변경된 경우에는 보험자는 그 항해의 변경이 결정된 때부터 책임을 지지 아니한다. [전문개정 1991.12.31.]

제701조의2(이로) 선박이 정당한 사유없이 보험계약에서 정하여진 항로를 이탈한 경우에는 보험자는 그때부터 책임을 지지 아니한다. 선박이 손해발생전에 원항로로 돌아온 경우에도 같다. [본조신설 1991.12.31.]

제702조(발항 또는 항해의 지연의 효과) 피보험자가 정당한 사유없이 발항 또는 항해를 지연한

때에는 보험자는 발항 또는 항해를 지체한 이후의 사고에 대하여 책임을 지지 아니한다. [전문개정 1991.12.31.]

제703조(선박변경의 효과) 적하를 보험에 붙인 경우에 보험계약자 또는 피보험자의 책임있는 사유로 인하여 선박을 변경한 때에는 그 변경후의 사고에 대하여 책임을 지지 아니한다. <개정 1991.12.31.>

제703조의2(선박의 양도 등의 효과) 선박을 보험에 붙인 경우에 다음의 사유가 있을 때에는 보험계약은 종료한다. 그러나 보험자의 동의가 있는 때에는 그러하지 아니하다.
1. 선박을 양도할 때
2. 선박의 선급을 변경한 때
3. 선박을 새로운 관리로 옮긴 때 [본조신설 1991.12.31.]

제704조(선박미확정의 적하예정보험) ①보험계약의 체결당시에 하물을 적재할 선박을 지정하지 아니한 경우에 보험계약자 또는 피보험자가 그 하물이 선적되었음을 안 때에는 지체없이 보험자에 대하여 그 선박의 명칭, 국적과 하물의 종류, 수량과 가액의 통지를 발송하여야 한다. <개정 1991.12.31.>

②제1항의 통지를 해태한 때에는 보험자는 그 사실을 안 날부터 1월내에 계약을 해지할 수 있다. <개정 1991.12.31.>

제705조 삭제 <1991.12.31.>

제706조(해상보험자의 면책사유) 보험자는 다음의 손해와 비용을 보상할 책임이 없다. <개정 1991.12.31.>
1. 선박 또는 운임을 보험에 붙인 경우에는 발항당시 안전하게 항해를 하기에 필요한 준비를 하지 아니하거나 필요한 서류를 비치하지 아니함으로 인하여 생긴 손해
2. 적하를 보험에 붙인 경우에는 용선자, 송하인 또는 수하인의 고의 또는 중대한 과실로 인하여 생긴 손해
3. 도선료, 입항료, 등대료, 검역료, 기타 선박 또는 적하에 관한 항해 중의 통상비용

제707조 삭제 <1991.12.31.>

제707조의2(선박의 일부손해의 보상) ①선박의 일부가 훼손되어 그 훼손된 부분의 전부를 수선한 경우에는 보험자는 수선에 따른 비용을 1회의 사고에 대하여 보험금액을 한도로 보상할 책임이 있다.

②선박의 일부가 훼손되어 그 훼손된 부분의 일부를 수선한 경우에는 보험자는 수선에 따른 비용과 수선을 하지 아니함으로써 생긴 감가액을 보상할 책임이 있다.

③선박의 일부가 훼손되었으나 이를 수선하지 아니한 경우에는 보험자는 그로 인한 감가액을 보상할 책임이 있다. [본조신설 1991.12.31.]

제708조(적하의 일부손해의 보상) 보험의 목적인 적하가 훼손되어 양륙항에 도착한 때에는 보험자는 그 훼손된 상태의 가액과 훼손되지 아니한 상태의 가액과의 비율에 따라 보험가액의 일부에 대한 손해를 보상할 책임이 있다.

제709조(적하매각으로 인한 손해의 보상) ①항해도중에 불가항력으로 보험의 목적인 적하를 매각한 때에는 보험자는 그 대금에서 운임 기타 필요한 비용을 공제한 금액과 보험가액과의 차액을 보상하여야 한다.

②제1항의 경우에 매수인이 대금을 지급하지 아니한 때에는 보험자는 그 금액을 지급하여야 한다. 보험자가 그 금액을 지급한 때에는 피보험자의 매수인에 대한 권리를 취득한다. <개정

1991.12.31.>

제710조(보험위부의 원인) 다음의 경우에는 피보험자는 보험의 목적을 보험자에게 위부하고 보험금액의 전부를 청구할 수 있다. <개정 1991.12.31.>

1. 피보험자가 보험사고로 인하여 자기의 선박 또는 적하의 점유를 상실하여 이를 회복할 가능성이 없거나 회복하기 위한 비용이 회복하였을 때의 가액을 초과하리라고 예상될 경우
2. 선박이 보험사고로 인하여 심하게 훼손되어 이를 수선하기 위한 비용이 수선하였을 때의 가액을 초과하리라고 예상될 경우
3. 적하가 보험사고로 인하여 심하게 훼손되어서 이를 수선하기 위한 비용과 그 적하를 목적지까지 운송하기 위한 비용과의 합계액이 도착하는 때의 적하의 가액을 초과하리라고 예상될 경우

제711조(선박의 행방불명) ①선박의 존부가 2월간 분명하지 아니한 때에는 그 선박의 행방이 불명한 것으로 한다. <개정 1991.12.31.>

②제1항의 경우에는 전손으로 추정한다. <개정 1991.12.31.>

제712조(대선에 의한 운송의 계속과 위부권의 소멸) 제710조제2호의 경우에 선장이 지체없이 다른 선박으로 적하의 운송을 계속한 때에는 피보험자는 그 적하를 위부할 수 없다. <개정 1991.12.31.>

제713조(위부의 통지) ①피보험자가 위부를 하고자 할 때에는 상당한 기간내에 보험자에 대하여 그 통지를 발송하여야 한다. <개정 1991.12.31.>

② 삭제 <1991.12.31.>

제714조(위부권행사의 요건) ①위부는 무조건이어야 한다.

②위부는 보험의 목적의 전부에 대하여 이를 하여야 한다. 그러나 위부의 원인이 그 일부에 대하여 생긴 때에는 그 부분에 대하여서만 이를 할 수 있다.

③보험가액의 일부를 보험에 붙인 경우에는 위부는 보험금액의 보험가액에 대한 비율에 따라서만 이를 할 수 있다.

제715조(다른 보험계약등에 관한 통지) ①피보험자가 위부를 함에 있어서는 보험자에 대하여 보험의 목적에 관한 다른 보험계약과 그 부담에 속한 채무의 유무와 그 종류 및 내용을 통지하여야 한다.

②보험자는 제1항의 통지를 받을 때까지 보험금액의 지급을 거부할 수 있다. <개정 1991.12.31.>

③보험금액의 지급에 관한 기간의 약정이 있는 때에는 그 기간은 제1항의 통지를 받은 날로부터 기산한다.

제716조(위부의 승인) 보험자가 위부를 승인한 후에는 그 위부에 대하여 이의를 하지 못한다.

제717조(위부의 불승인) 보험자가 위부를 승인하지 아니한 때에는 피보험자는 위부의 원인을 증명하지 아니하면 보험금액의 지급을 청구하지 못한다.

제718조(위부의 효과) ①보험자는 위부로 인하여 그 보험의 목적에 관한 피보험자의 모든 권리를 취득한다.

②피보험자가 위부를 한때에는 보험의 목적에 관한 모든 서류를 보험자에게 교부하여야 한다.

제5절 책임보험

第719條(책임보험자의 책임) 책임보험계약의 보험자는 피보험자가 보험기간 중의 사고로 인하여 제3자에게 배상할 책임을 진 경우에 이를 보상할 책임이 있다.

第720條(피보험자가 지출한 방어비용의 부담) ①피보험자가 제3자의 청구를 방어하기 위하여 지출한 재판상 또는 재판외의 필요비용은 보험의 목적에 포함된 것으로 한다. 피보험자는 보험자에 대하여 그 비용의 선급을 청구할 수 있다.

②피보험자가 담보의 제공 또는 공탁으로써 재판의 집행을 면할 수 있는 경우에는 보험자에 대하여 보험금액의 한도내에서 그 담보의 제공 또는 공탁을 청구할 수 있다.

③제1항 또는 제2항의 행위가 보험자의 지시에 의한 것인 경우에는 그 금액에 손해액을 가산한 금액이 보험금액을 초과하는 때에도 보험자가 이를 부담하여야 한다. <개정 1991.12.31.>

第721條(영업책임보험의 목적) 피보험자가 경영하는 사업에 관한 책임을 보험의 목적으로 한 때에는 피보험자의 대리인 또는 그 사업감독자의 제3자에 대한 책임도 보험의 목적에 포함된 것으로 한다.

第722條(피보험자의 배상청구 사실 통지의무) ① 피보험자가 제3자로부터 배상청구를 받았을 때에는 지체 없이 보험자에게 그 통지를 발송하여야 한다.

② 피보험자가 제1항의 통지를 게을리하여 손해가 증가된 경우 보험자는 그 증가된 손해를 보상할 책임이 없다. 다만, 피보험자가 제657조제1항의 통지를 발송한 경우에는 그러하지 아니하다. [전문개정 2014.3.11.]

第723條(피보험자의 변제 등의 통지와 보험금액의 지급) ①피보험자가 제3자에 대하여 변제, 승인, 화해 또는 재판으로 인하여 채무가 확정된 때에는 지체없이 보험자에게 그 통지를 발송하여야 한다.

②보험자는 특별한 기간의 약정이 없으면 전항의 통지를 받은 날로부터 10일내에 보험금액을 지급하여야 한다.

③피보험자가 보험자의 동의없이 제3자에 대하여 변제, 승인 또는 화해를 한 경우에는 보험자가 그 책임을 면하게 되는 합의가 있는 때에도 그 행위가 현저하게 부당한 것이 아니면 보험자는 보상할 책임을 면하지 못한다.

第724條(보험자와 제3자와의 관계) ①보험자는 피보험자가 책임을 질 사고로 인하여 생긴 손해에 대하여 제3자가 그 배상을 받기 전에는 보험금액의 전부 또는 일부를 피보험자에게 지급하지 못한다.

②제3자는 피보험자가 책임을 질 사고로 입은 손해에 대하여 보험금액의 한도내에서 보험자에게 직접 보상을 청구할 수 있다. 그러나 보험자는 피보험자가 그 사고에 관하여 가지는 항변으로써 제3자에게 대항할 수 있다. <개정 1991.12.31.>

③보험자가 제2항의 규정에 의한 청구를 받은 때에는 지체없이 피보험자에게 이를 통지하여야 한다. <신설 1991.12.31.>

④제2항의 경우에 피보험자는 보험자의 요구가 있을 때에는 필요한 서류·증거의 제출, 증언 또는 증인의 출석에 협조하여야 한다. <신설 1991.12.31.>

第725條(보관자의 책임보험) 임차인 기타 타인의 물건을 보관하는 자가 그 지급할 손해배상을 위하여 그 물건을 보험에 붙인 경우에는 그 물건의 소유자는 보험자에 대하여 직접 그 손해의 보상을 청구할 수 있다.

第725條의2(수개의 책임보험) 피보험자가 동일한 사고로 제3자에게 배상책임을 짐으로써 입은

손해를 보상하는 수개의 책임보험계약이 동시 또는 순차로 체결된 경우에 그 보험금액의 총액이 피보험자의 제3자에 대한 손해배상액을 초과하는 때에는 제672조와 제673조의 규정을 준용한다. [본조신설 1991.12.31.]

제726조(재보험에의 준용) 이 절(節)의 규정은 그 성질에 반하지 아니하는 범위에서 재보험계약에 준용한다. [전문개정 2014.3.11.]

제6절 자동차보험

제726조의2(자동차보험자의 책임) 자동차보험계약의 보험자는 피보험자가 자동차를 소유, 사용 또는 관리하는 동안에 발생한 사고로 인하여 생긴 손해를 보상할 책임이 있다. [본조신설 1991.12.31.]

제726조의3(자동차 보험증권) 자동차 보험증권에는 제666조에 게기한 사항외에 다음의 사항을 기재하여야 한다.

1. 자동차소유자와 그 밖의 보유자의 성명과 생년월일 또는 상호
2. 피보험자동차의 등록번호, 차대번호, 차형년식과 기계장치
3. 차량가액을 정한 때에는 그 가액 [본조신설 1991.12.31.]

제726조의4(자동차의 양도) ①피보험자가 보험기간 중에 자동차를 양도한 때에는 양수인은 보험자의 승낙을 얻은 경우에 한하여 보험계약으로 인하여 생긴 권리와 의무를 승계한다.

②보험자가 양수인으로부터 양수사실을 통지받은 때에는 지체없이 낙부를 통지하여야 하고 통지받은 날부터 10일내에 낙부의 통지가 없을 때에는 승낙한 것으로 본다. [본조신설 1991.12.31.]

제7절 보증보험 <신설 2014.3.11.>

제726조의5(보증보험자의 책임) 보증보험계약의 보험자는 보험계약자가 피보험자에게 계약상의 채무불이행 또는 법령상의 의무불이행으로 입힌 손해를 보상할 책임이 있다. [본조신설 2014.3.11.]

제726조의6(적용 제외) ① 보증보험계약에 관하여는 제639조제2항 단서를 적용하지 아니한다.

② 보증보험계약에 관하여는 보험계약자의 사기, 고의 또는 중대한 과실이 있는 경우에도 이에 대하여 피보험자에게 책임이 있는 사유가 없으면 제651조, 제652조, 제653조 및 제659조제1항을 적용하지 아니한다. [본조신설 2014.3.11.]

제726조의7(준용규정) 보증보험계약에 관하여는 그 성질에 반하지 아니하는 범위에서 보증채무에 관한 「민법」의 규정을 준용한다. [본조신설 2014.3.11.]

제3장 인보험

제1절 통칙

제727조(인보험자의 책임) ①인보험계약의 보험자는 피보험자의 생명이나 신체에 관하여 보험사고가 발생할 경우에 보험계약으로 정하는 바에 따라 보험금이나 그 밖의 급여를 지급할 책임이 있다. <개정 2014.3.11.>

② 제1항의 보험금은 당사자간의 약정에 따라 분할하여 지급할 수 있다. <신설 2014.3.11.>
[제목개정 2014.3.11.]

제728조(인보험증권) 인보험증권에는 제666조에 게기한 사항외에 다음의 사항을 기재하여야 한다. <개정 1991.12.31.>
1. 보험계약의 종류
2. 피보험자의 주소·성명 및 생년월일
3. 보험수익자를 정한 때에는 그 주소·성명 및 생년월일

제729조(제3자에 대한 보험대위의 금지) 보험자는 보험사고로 인하여 생긴 보험계약자 또는 보험수익자의 제3자에 대한 권리를 대위하여 행사하지 못한다. 그러나 상해보험계약의 경우에 당사자간에 다른 약정이 있는 때에는 보험자는 피보험자의 권리를 해하지 아니하는 범위안에서 그 권리를 대위하여 행사할 수 있다. <개정 1991.12.31.>

제2절 생명보험

제730조(생명보험자의 책임) 생명보험계약의 보험자는 피보험자의 사망, 생존, 사망과 생존에 관한 보험사고가 발생할 경우에 약정한 보험금을 지급할 책임이 있다. <개정 2014.3.11.>
[제목개정 2014.3.11.]

제731조(타인의 생명의 보험) ①타인의 사망을 보험사고로 하는 보험계약에는 보험계약 체결시에 그 타인의 서면에 의한 동의를 얻어야 한다. <개정 1991.12.31.>
②보험계약으로 인하여 생긴 권리를 피보험자가 아닌 자에게 양도하는 경우에도 제1항과 같다. <개정 1991.12.31.>

제732조(15세미만자등에 대한 계약의 금지) 15세미만자, 심신상실자 또는 심신박약자의 사망을 보험사고로 한 보험계약은 무효로 한다. 다만, 심신박약자가 보험계약을 체결하거나 제735조의3에 따른 단체보험의 피보험자가 될 때에 의사능력이 있는 경우에는 그러하지 아니하다. <개정 1991.12.31., 2014.3.11.>

제732조의2(중과실로 인한 보험사고 등) ① 사망을 보험사고로 한 보험계약에서는 사고가 보험계약자 또는 피보험자나 보험수익자의 중대한 과실로 인하여 발생한 경우에도 보험자는 보험금을 지급할 책임을 면하지 못한다.
② 둘 이상의 보험수익자 중 일부가 고의로 피보험자를 사망하게 한 경우 보험자는 다른 보험수익자에 대한 보험금 지급 책임을 면하지 못한다. [전문개정 2014.3.11.]

제733조(보험수익자의 지정 또는 변경의 권리) ①보험계약자는 보험수익자를 지정 또는 변경할 권리가 있다.
②보험계약자가 제1항의 지정권을 행사하지 아니하고 사망한 때에는 피보험자를 보험수익자로 하고 보험계약자가 제1항의 변경권을 행사하지 아니하고 사망한 때에는 보험수익자의 권리가 확정된다. 그러나 보험계약자가 사망한 경우에는 그 승계인이 제1항의 권리를 행사할 수 있다는 약정이 있는 때에는 그러하지 아니하다. <개정 1991.12.31.>
③보험수익자가 보험존속 중에 사망한 때에는 보험계약자는 다시 보험수익자를 지정할 수 있다. 이 경우에 보험계약자가 지정권을 행사하지 아니하고 사망한 때에는 보험수익자의 상속인을 보험수익자로 한다.
④보험계약자가 제2항과 제3항의 지정권을 행사하기 전에 보험사고가 생긴 경우에는 피보험자 또는 보험수익자의 상속인을 보험수익자로 한다. <신설 1991.12.31.>

第734조(보험수익자지정권 등의 통지) ①보험계약자가 계약체결후에 보험수익자를 지정 또는 변경할 때에는 보험자에 대하여 그 통지를 하지 아니하면 이로써 보험자에게 대항하지 못한다.
②제731조제1항의 규정은 제1항의 지정 또는 변경에 준용한다. < 1991.12.31.>

第735조 삭제 <2014.3.11.>

第735조의2 삭제 <2014.3.11.>

第735조의3(단체보험) ①단체가 규약에 따라 구성원의 전부 또는 일부를 피보험자로 하는 생명보험계약을 체결하는 경우에는 제731조를 적용하지 아니한다.
②제1항의 보험계약이 체결된 때에는 보험자는 보험계약자에 대하여서만 보험증권을 교부한다.
③ 제1항의 보험계약에서 보험계약자가 피보험자 또는 그 상속인이 아닌 자를 보험수익자로 지정할 때에는 단체의 규약에서 명시적으로 정하는 경우 외에는 그 피보험자의 서면 동의를 받아야 한다. <신설 2014.3.11.> [본조신설 1991.12.31.]

第736조(보험적립금반환의무 등) ①제649조, 제650조, 제651조 및 제652조 내지 제655조의 규정에 의하여 보험계약이 해지된 때, 제659조와 제660조의 규정에 의하여 보험금액의 지급책임이 면제된 때에는 보험자는 보험수익자를 위하여 적립한 금액을 보험계약자에게 지급하여야 한다. 그러나 다른 약정이 없으면 제659조제1항의 보험사고가 보험계약자에 의하여 생긴 경우에는 그러하지 아니하다. <개정 1991.12.31.>
② 삭제 <1991.12.31.>

제3절 상해보험

第737조(상해보험자의 책임) 상해보험계약의 보험자는 신체의 상해에 관한 보험사고가 생길 경우에 보험금액 기타의 급여를 할 책임이 있다.

第738조(상해보험증권) 상해보험의 경우에 피보험자와 보험계약자가 동일인이 아닐 때에는 그 보험증권기재사항중 제728조제2호에 게기한 사항에 갈음하여 피보험자의 직무 또는 직위만을 기재할 수 있다.

第739조(준용규정) 상해보험에 관하여는 제732조를 제외하고 생명보험에 관한규정을 준용한다.

제4절 질병보험 <신설 2014.3.11.>

第739조의2(질병보험자의 책임) 질병보험계약의 보험자는 피보험자의 질병에 관한 보험사고가 발생할 경우 보험금이나 그 밖의 급여를 지급할 책임이 있다. [본조신설 2014.3.11.]

第739조의3(질병보험에 대한 준용규정) 질병보험에 관하여는 그 성질에 반하지 아니하는 범위에서 생명보험 및 상해보험에 관한 규정을 준용한다. [본조신설 2014.3.11.]

부칙 <제12591호, 2014.5.20.>

제1조(시행일) 이 법은 공포한 날부터 시행한다.
제2조(무기명식의 주권에 관한 경과조치) 이법 시행전에 발행된 무기명식의 주권에 관하여는 종전규정에 따른다.

제3조(운송인의 배상한도에 관한 경과조치) 이법 시행당시 이미 운송인의 배상책임이 발생한 경우에 그 한도액에 대하여는 종전의 규정에 따른다.

제4조(다른 법률의 개정) ① 건설산업기본법 일부를 다음과 같이 개정한다.

제59조제3항 중 "기명주식"을 "주식"으로 한다.

② 산업발전법 일부를 다음과 같이 개정한다.

제42조제3항 중 "기명주식(記名株式)"을 "주식"으로 한다.

③ 소방산업의 진흥에 관한 법률 일부를 다음과 같이 개정한다.

제29조제3항 중 "기명주식"을 "주식"으로 한다.

④ 소프트웨어산업 진흥법 일부를 다음과 같이 개정한다.

제32조제3항 중 "기명주식(記名株式)"을 "주식"으로 한다.

⑤ 외국인토지법 일부를 다음과 같이 개정한다.

제2조제2호라목 후단을 삭제한다.

⑥ 전기공사공제조합법 일부를 다음과 같이 개정한다.

제11조제3항 중 "기명주식(記名株式)"을 "주식"으로 한다.

⑦ 정보통신공사업법 일부를 다음과 같이 개정한다.

제48조제3항 중 "기명주식(記名株式)"을 "주식"으로 한다.

⑧ 주택저당채권유동화회사법 일부를 다음과 같이 개정한다.

제12조제4항 단서 중 "기명주식(記名株式)"을 "주식"으로 한다.

⑨ 채무자 회생 및 파산에 관한 법률 일부를 다음과 같이 개정한다.

제252조제2항 중 "「상법」 제339조(질권의 물상대위)와 제340조(기명주식의 등록질)제3항의 규정"을 "「상법」 제339조(질권의 물상대위) 및 제340조(주식의 등록질)제3항"으로 한다.

⑩ 콘텐츠산업 진흥법 일부를 다음과 같이 개정한다.

제20조의8제3항 중 "기명주식"을 "주식"으로 한다.

⑪ 한국주택금융공사법 일부를 다음과 같이 개정한다.

제32조제4항 단서 중 "기명주식"을 "주식"으로 한다.

보험업법

[시행 2015.12.22.] [법률 제13613호, 2015.12.22., 타법개정]

제1장 총칙 <개정 2010.7.23.>

제1조(목적) 이 법은 보험업을 경영하는 자의 건전한 경영을 도모하고 보험계약자, 피보험자, 그 밖의 이해관계인의 권익을 보호함으로써 보험업의 건전한 육성과 국민경제의 균형 있는 발전에 기여함을 목적으로 한다. [전문개정 2010.7.23.]

제2조(정의) 이 법에서 사용하는 용어의 뜻은 다음과 같다. <개정 2015.7.31.>

1. "보험상품"이란 위험보장을 목적으로 우연한 사건 발생에 관하여 금전 및 그 밖의 급여를 지급할 것을 약정하고 대가를 수수(授受)하는 계약(「국민건강보험법」에 따른 건강보험, 「고용보험법」에 따른 고용보험 등 보험계약자의 보호 필요성 및 금융거래 관행 등을 고려하여 대통령령으로 정하는 것은 제외한다)으로서 다음 각 목의 것을 말한다.
   가. 생명보험상품: 위험보장을 목적으로 사람의 생존 또는 사망에 관하여 약정한 금전 및 그 밖의 급여를 지급할 것을 약속하고 대가를 수수하는 계약으로서 대통령령으로 정하는 계약
   나. 손해보험상품: 위험보장을 목적으로 우연한 사건(다목에 따른 질병·상해 및 간병은 제외한다)으로 발생하는 손해(계약상 채무불이행 또는 법령상 의무불이행으로 발생하는 손해를 포함한다)에 관하여 금전 및 그 밖의 급여를 지급할 것을 약속하고 대가를 수수하는 계약으로서 대통령령으로 정하는 계약
   다. 제3보험상품: 위험보장을 목적으로 사람의 질병·상해 또는 이에 따른 간병에 관하여 금전 및 그 밖의 급여를 지급할 것을 약속하고 대가를 수수하는 계약으로서 대통령령으로 정하는 계약
2. "보험업"이란 보험상품의 취급과 관련하여 발생하는 보험의 인수(引受), 보험료 수수 및 보험금 지급 등을 영업으로 하는 것으로서 생명보험업·손해보험업 및 제3보험업을 말한다.
3. "생명보험업"이란 생명보험상품의 취급과 관련하여 발생하는 보험의 인수, 보험료 수수 및 보험금 지급 등을 영업으로 하는 것을 말한다.
4. "손해보험업"이란 손해보험상품의 취급과 관련하여 발생하는 보험의 인수, 보험료 수수 및 보험금 지급 등을 영업으로 하는 것을 말한다.
5. "제3보험업"이란 제3보험상품의 취급과 관련하여 발생하는 보험의 인수, 보험료 수수 및 보험금 지급 등을 영업으로 하는 것을 말한다.
6. "보험회사"란 제4조에 따른 허가를 받아 보험업을 경영하는 자를 말한다.
7. "상호회사"란 보험업을 경영할 목적으로 이 법에 따라 설립된 회사로서 보험계약자를 사원(社員)으로 하는 회사를 말한다.
8. "외국보험회사"란 대한민국 이외의 국가의 법령에 따라 설립되어 대한민국 이외의 국가에서 보험업을 경영하는 자를 말한다.
9. "보험설계사"란 보험회사·보험대리점 또는 보험중개사에 소속되어 보험계약의 체결을 중개하는 자[법인이 아닌 사단(社團)과 재단을 포함한다]로서 제84조에 따라 등록된 자를 말한다.
10. "보험대리점"이란 보험회사를 위하여 보험계약의 체결을 대리하는 자(법인이 아닌 사단과

재단을 포함한다)로서 제87조에 따라 등록된 자를 말한다.

11. "보험중개사"란 독립적으로 보험계약의 체결을 중개하는 자(법인이 아닌 사단과 재단을 포함한다)로서 제89조에 따라 등록된 자를 말한다.
12. "모집"이란 보험계약의 체결을 중개하거나 대리하는 것을 말한다.
13. "신용공여"란 대출 또는 유가증권의 매입(자금 지원적 성격인 것만 해당한다)이나 그 밖에 금융거래상의 신용위험이 따르는 보험회사의 직접적·간접적 거래로서 대통령령으로 정하는 바에 따라 금융위원회가 정하는 거래를 말한다.
14. "총자산"이란 대차대조표에 표시된 자산에서 미상각신계약비(未償却新契約費), 영업권 등 대통령령으로 정하는 자산을 제외한 것을 말한다.
15. "자기자본"이란 납입자본금·자본잉여금·이익잉여금, 그 밖에 이에 준하는 것(자본조정은 제외한다)으로서 대통령령으로 정하는 항목의 합계액에서 영업권, 그 밖에 이에 준하는 것으로서 대통령령으로 정하는 항목의 합계액을 뺀 것을 말한다.
16. "동일차주"란 동일한 개인 또는 법인 및 이와 신용위험을 공유하는 자로서 대통령령으로 정하는 자를 말한다.
17. "대주주"란 「금융회사의 지배구조에 관한 법률」 제2조제6호에 따른 주주를 말한다.
18. "자회사"란 보험회사가 다른 회사(「민법」 또는 특별법에 따른 조합을 포함한다)의 의결권 있는 발행주식(출자지분을 포함한다) 총수의 100분의 15를 초과하여 소유하는 경우의 그 다른 회사를 말한다.
19. "전문보험계약자"란 보험계약에 관한 전문성, 자산규모 등에 비추어 보험계약의 내용을 이해하고 이행할 능력이 있는 자로서 다음 각 목의 어느 하나에 해당하는 자를 말한다. 다만, 전문보험계약자 중 대통령령으로 정하는 자가 일반보험계약자와 같은 대우를 받겠다는 의사를 보험회사에 서면으로 통지하는 경우 보험회사는 정당한 사유가 없으면 이에 동의하여야 하며, 보험회사가 동의한 경우에는 해당 보험계약자는 일반보험계약자로 본다.
    가. 국가
    나. 한국은행
    다. 대통령령으로 정하는 금융기관
    라. 주권상장법인
    마. 그 밖에 대통령령으로 정하는 자
20. "일반보험계약자"란 전문보험계약자가 아닌 보험계약자를 말한다. [전문개정 2010.7.23.] [시행일 : 2016.8.1.]

제3조(보험계약의 체결) 누구든지 보험회사가 아닌 자와 보험계약을 체결하거나 중개 또는 대리하지 못한다. 다만, 대통령령으로 정하는 경우에는 그러하지 아니하다.[전문개정 2010.7.23.]

제2장 보험업의 허가 등 <개정 2010.7.23.>

제4조(보험업의 허가) ① 보험업을 경영하려는 자는 다음 각 호에서 정하는 보험종목별로 금융위원회의 허가를 받아야 한다.

1. 생명보험업의 보험종목
    가. 생명보험
    나. 연금보험(퇴직보험을 포함한다)
    다. 그 밖에 대통령령으로 정하는 보험종목
2. 손해보험업의 보험종목

가. 화재보험
나. 해상보험(항공・운송보험을 포함한다)
다. 자동차보험
라. 보증보험
마. 재보험(再保險)
바. 그 밖에 대통령령으로 정하는 보험종목

3. 제3보험업의 보험종목
가. 상해보험
나. 질병보험
다. 간병보험
라. 그 밖에 대통령령으로 정하는 보험종목

② 제1항에 따른 허가를 받은 자는 해당 보험종목의 재보험에 대한 허가를 받은 것으로 본다.

③ 생명보험업이나 손해보험업에 해당하는 보험종목의 전부(제1항제2호라목에 따른 보증보험 및 같은 호 마목에 따른 재보험은 제외한다)에 관하여 제1항에 따른 허가를 받은 자는 제3보험업에 해당하는 보험종목에 대한 허가를 받은 것으로 본다.

④ 생명보험업 또는 손해보험업에 해당하는 보험종목의 전부(제1항제2호라목에 따른 보증보험 및 같은 호 마목에 따른 재보험은 제외한다)에 관하여 제1항에 따른 허가를 받은 자는 경제질서의 건전성을 해친 사실이 없으면 해당 생명보험업 또는 손해보험업의 종목으로 신설되는 보험종목에 대한 허가를 받은 것으로 본다.

⑤ 제3보험업에 관하여 제1항에 따른 허가를 받은 자는 제10조제3호에 따른 보험종목을 취급할 수 있다.

⑥ 보험업의 허가를 받을 수 있는 자는 주식회사, 상호회사 및 외국보험회사로 제한하며, 제1항에 따라 허가를 받은 외국보험회사의 국내지점(이하 "외국보험회사국내지점"이라 한다)은 이 법에 따른 보험회사로 본다.

⑦ 금융위원회는 제1항에 따른 허가에 조건을 붙일 수 있다. [전문개정 2010.7.23.]

제5조(허가신청서 등의 제출) 제4조제1항에 따라 허가를 받으려는 자는 신청서에 다음 각 호의 서류를 첨부하여 금융위원회에 제출하여야 한다. 다만, 보험회사가 취급하는 보험종목을 추가하려는 경우에는 제1호의 서류는 제출하지 아니할 수 있다.

1. 정관　2. 업무 시작 후 3년간의 사업계획서(추정재무제표를 포함한다)
3. 경영하려는 보험업의 보험종목별 사업방법서, 보험약관, 보험료 및 책임준비금의 산출방법서(이하 "기초서류"라 한다) 중 대통령령으로 정하는 서류
4. 제1호부터 제3호까지의 규정에 따른 서류 이외에 대통령령으로 정하는 서류 [전문개정 2010.7.23.]

제6조(허가의 요건 등) ① 보험업의 허가를 받으려는 자(외국보험회사 및 제3항에 따라 보험종목을 추가하려는 보험회사는 제외한다)는 다음 각 호의 요건을 갖추어야 한다. <개정 2015.7.31.>

1. 제9조제1항 및 제2항에 따른 자본금 또는 기금을 보유할 것
2. 보험계약자를 보호할 수 있고 그 경영하려는 보험업을 수행하기 위하여 필요한 전문 인력과 전산설비 등 물적(物的) 시설을 충분히 갖추고 있을 것. 이 경우 대통령령으로 정하는 바에 따라 업무의 일부를 외부에 위탁하는 경우에는 그 위탁한 업무와 관련된 전문 인력과 물적 시설을 갖춘 것으로 본다.
3. 사업계획이 타당하고 건전할 것

4. 대주주(최대주주의 특수관계인인 주주를 포함한다. 이하 이 조에서 같다)가 「금융회사의 지배구조에 관한 법률」 제5조제1항 각 호의 어느 하나에 해당하지 아니하고, 충분한 출자능력과 건전한 재무상태를 갖추고 있으며, 건전한 경제질서를 해친 사실이 없을 것

② 보험업의 허가를 받으려는 외국보험회사는 다음 각 호의 요건을 갖추어야 한다.

1. 제9조제3항에 따른 영업기금을 보유할 것
2. 국내에서 경영하려는 보험업과 같은 보험업을 외국 법령에 따라 경영하고 있을 것
3. 자산상황 · 재무건전성 및 영업건전성이 국내에서 보험업을 경영하기에 충분하고, 국제적으로 인정받고 있을 것
4. 제1항제2호 및 제3호의 요건을 갖출 것

③ 보험종목을 추가하여 허가를 받으려는 보험회사는 다음 각 호의 요건을 갖추어야 한다.

1. 제1항의 요건을 충족할 것(다만, 같은 항 제4호의 허가 요건은 같은 호에도 불구하고 대통령령으로 정하는 완화된 요건을 적용한다)
2. 대통령령으로 정하는 건전한 재무상태와 사회적 신용을 갖출 것

④ 보험회사는 제1항제2호의 요건을 대통령령으로 정하는 바에 따라 보험업의 허가를 받은 이후에도 계속하여 유지하여야 한다. 다만, 보험회사의 경영건전성을 확보하고 보험가입자 등의 이익을 보호하기 위하여 대통령령으로 정하는 경우로서 금융위원회의 승인을 받은 경우에는 그러하지 아니하다.

⑤ 삭제 <2015.7.31.>

⑥ 삭제 <2015.7.31.>

⑦ 삭제 <2015.7.31.>

⑧ 제1항부터 제4항까지의 규정에 따른 허가, 승인의 세부 요건에 관하여 필요한 사항은 대통령령으로 정한다. <개정 2015.7.31.> [전문개정 2010.7.23.] [시행일 : 2016.8.1.]

제7조(예비허가) ① 제4조에 따른 허가(이하 이 조에서 "본허가"라 한다)를 신청하려는 자는 미리 금융위원회에 예비허가를 신청할 수 있다.

② 제1항에 따른 신청을 받은 금융위원회는 2개월 이내에 심사하여 예비허가 여부를 통지하여야 한다. 다만, 총리령으로 정하는 바에 따라 그 기간을 연장할 수 있다.

③ 금융위원회는 제2항에 따른 예비허가에 조건을 붙일 수 있다.

④ 금융위원회는 예비허가를 받은 자가 제3항에 따른 예비허가의 조건을 이행한 후 본허가를 신청하면 허가하여야 한다.

⑤ 예비허가의 기준과 그 밖에 예비허가에 관하여 필요한 사항은 총리령으로 정한다. [전문개정 2010.7.23.]

제8조(상호 또는 명칭) ① 보험회사는 그 상호 또는 명칭 중에 주로 경영하는 보험업의 종류를 표시하여야 한다.

② 보험회사가 아닌 자는 그 상호 또는 명칭 중에 보험회사임을 표시하는 글자를 포함하여서는 아니 된다. [전문개정 2010.7.23.]

제9조(자본금 또는 기금) ① 보험회사는 300억원 이상의 자본금 또는 기금을 납입함으로써 보험업을 시작할 수 있다. 다만, 보험회사가 제4조제1항에 따른 보험종목의 일부만을 취급하려는 경우에는 50억원 이상의 범위에서 대통령령으로 자본금 또는 기금의 액수를 다르게 정할 수 있다.

② 제1항에도 불구하고 전화 · 우편 · 컴퓨터통신 등 통신수단을 이용하여 대통령령으로 정하는 바에 따라 모집을 하는 보험회사는 제1항에 따른 자본금 또는 기금의 3분의 2에 상당하

는 금액 이상을 자본금 또는 기금으로 납입함으로써 보험업을 시작할 수 있다.

③ 외국보험회사가 대한민국에서 보험업을 경영하려는 경우에는 대통령령으로 정하는 영업기금을 제1항 또는 제2항의 자본금 또는 기금으로 본다. [전문개정 2010.7.23.]

제10조(보험업 겸영의 제한) 보험회사는 생명보험업과 손해보험업을 겸영(兼營)하지 못한다. 다만, 다음 각 호의 어느 하나에 해당하는 보험종목은 그러하지 아니하다.

1. 생명보험의 재보험 및 제3보험의 재보험
2. 다른 법령에 따라 겸영할 수 있는 보험종목으로서 대통령령으로 정하는 보험종목
3. 대통령령으로 정하는 기준에 따라 제3보험의 보험종목에 부가되는 보험 [전문개정 2010.7.23.]

제11조(보험회사의 겸영업무) 보험회사는 경영건전성을 해치거나 보험계약자 보호 및 건전한 거래질서를 해칠 우려가 없는 금융업무로서 다음 각 호에 규정된 업무를 할 수 있다. 이 경우 보험회사는 그 업무를 시작하려는 날의 7일 전까지 금융위원회에 신고하여야 한다.

1. 대통령령으로 정하는 금융 관련 법령에서 정하고 있는 금융업무로서 해당 법령에서 보험회사가 할 수 있도록 한 업무
2. 대통령령으로 정하는 금융업으로서 해당 법령에 따라 인가·허가·등록 등이 필요한 금융업무
3. 그 밖에 보험회사의 경영건전성을 해치거나 보험계약자 보호 및 건전한 거래질서를 해칠 우려가 없다고 인정되는 금융업무로서 대통령령으로 정하는 금융업무[전문개정 2010.7.23.]

제11조의2(보험회사의 부수업무) ① 보험회사는 보험업에 부수(附隨)하는 업무를 하려면 그 업무를 하려는 날의 7일 전까지 금융위원회에 신고하여야 한다.

② 금융위원회는 제1항에 따른 부수업무에 관한 신고내용이 다음 각 호의 어느 하나에 해당하면 그 부수업무를 하는 것을 제한하거나 시정할 것을 명할 수 있다.

1. 보험회사의 경영건전성을 해치는 경우
2. 보험계약자 보호에 지장을 가져오는 경우
3. 금융시장의 안정성을 해치는 경우

③ 제2항에 따른 제한명령 또는 시정명령은 그 내용 및 사유가 구체적으로 적힌 문서로 하여야 한다.

④ 금융위원회는 제1항에 따라 신고받은 부수업무 및 제2항에 따라 제한명령 또는 시정명령을 한 부수업무를 대통령령으로 정하는 방법에 따라 인터넷 홈페이지 등에 공고하여야 한다. [본조신설 2010.7.23.]

제11조의3(겸영업무·부수업무의 회계처리) 보험회사가 제11조 및 제11조의2에 따라 다른 금융업 또는 부수업무를 하는 경우에는 대통령령으로 정하는 바에 따라 그 업무를 보험업과 구분하여 회계처리하여야 한다. <개정 2015.7.24.> [제목개정 2015.7.24.] [시행일 : 2016.1.25.]

제12조(외국보험회사 등의 국내사무소 설치 등) ① 외국보험회사, 외국에서 보험대리 및 보험중개를 업(業)으로 하는 자 또는 그 밖에 외국에서 보험과 관련된 업을 하는 자(이하 "외국보험회사등"이라 한다)는 보험시장에 관한 조사 및 정보의 수집이나 그 밖에 이와 비슷한 업무를 하기 위하여 국내에 사무소(이하 "국내사무소"라 한다)를 설치할 수 있다.

② 외국보험회사등이 제1항에 따라 국내사무소를 설치하는 경우에는 그 설치한 날부터 30일 이내에 금융위원회에 신고하여야 한다.

③ 국내사무소는 다음 각 호의 어느 하나에 해당하는 행위를 하여서는 아니 된다.

1. 보험업을 경영하는 행위

2. 보험계약의 체결을 중개하거나 대리하는 행위
3. 국내 관련 법령에 저촉되는 방법에 의하여 보험시장의 조사 및 정보의 수집을 하는 행위
4. 그 밖에 국내사무소의 설치 목적에 위반되는 행위로서 대통령령으로 정하는 행위

④ 국내사무소는 그 명칭 중에 사무소라는 글자를 포함하여야 한다.

⑤ 금융위원회는 국내사무소가 이 법 또는 이 법에 따른 명령 또는 처분을 위반한 경우에는 6개월 이내의 기간을 정하여 업무의 정지를 명하거나 국내사무소의 폐쇄를 명할 수 있다.

[전문개정 2010.7.23.]

제3장 보험회사 <개정 2010.7.23.>

제1절 임직원 <개정 2010.7.23.>

제13조 삭제 <2015.7.31.> [시행일 : 2016.8.1.]

제14조 삭제 <2015.7.31.> [시행일 : 2016.8.1.]

제15조 삭제 <2015.7.31.> [시행일 : 2016.8.1.]

제16조 삭제 <2015.7.31.> [시행일 : 2016.8.1.]

제17조 삭제 <2015.7.31.> [시행일 : 2016.8.1.]

제2절 주식회사 <개정 2010.7.23.>

제18조(자본감소) ① 보험회사인 주식회사(이하 "주식회사"라 한다)가 자본감소를 결의한 경우에는 그 결의를 한 날부터 2주 이내에 결의의 요지와 대차대조표를 공고하여야 한다.

② 제1항에 따른 자본감소를 결의할 때 대통령령으로 정하는 자본감소를 하려면 미리 금융위원회의 승인을 받아야 한다.

③ 자본감소에 관하여는 제141조제2항 · 제3항, 제149조 및 제151조제3항을 준용한다.

[전문개정 2010.7.23.]

제19조 삭제 <2015.7.31.> [시행일 : 2016.8.1.]

제20조(조직변경) ① 주식회사는 그 조직을 변경하여 상호회사로 할 수 있다.

② 제1항에 따른 상호회사는 제9조에도 불구하고 기금의 총액을 300억원 미만으로 하거나 설정하지 아니할 수 있다.

③ 제1항의 경우에는 손실 보전(補塡)에 충당하기 위하여 금융위원회가 필요하다고 인정하는 금액을 준비금으로 적립하여야 한다. [전문개정 2010.7.23.]

제21조(조직 변경 결의) ① 주식회사의 조직 변경은 주주총회의 결의를 거쳐야 한다.

② 제1항의 결의는 「상법」 제434조에 따른다. [전문개정 2010.7.23.]

제22조(조직 변경 결의의 공고와 통지) ① 주식회사가 조직 변경을 결의한 경우 그 결의를 한 날부터 2주 이내에 결의의 요지와 대차대조표를 공고하고 주주명부에 적힌 질권자(質權者)에게는 개별적으로 알려야 한다.

② 제1항의 경우에는 제141조제2항 · 제3항과 「상법」 제232조를 준용한다. [전문개정 2010.7.23.]

제23조(조직 변경 결의 공고 후의 보험계약) ① 주식회사는 제22조제1항에 따른 공고를 한 날

이후에 보험계약을 체결하려면 보험계약자가 될 자에게 조직 변경 절차가 진행 중임을 알리고 그 승낙을 받아야 한다.

② 제1항에 따른 승낙을 한 보험계약자는 조직 변경 절차를 진행하는 중에는 보험계약자가 아닌 자로 본다. [전문개정 2010.7.23.]

第24조(보험계약자 총회의 소집) ① 제22조제1항의 공고에 대하여 제141조제2항에서 규정하는 기간에 이의를 제출한 보험계약자의 수와 그 보험금이 제141조제3항에서 규정하는 비율을 초과하지 아니하는 경우에는 이사는 「상법」 제232조에 따른 절차가 끝나면 7일 이내에 보험계약자 총회를 소집하여야 한다.

② 제1항의 경우 보험계약자에 대한 통지에 관하여는 「상법」 제353조를 준용한다.

[전문개정 2010.7.23.]

第25조(보험계약자 총회 대행기관) ① 주식회사는 조직 변경을 결의할 때 보험계약자 총회를 갈음하는 기관에 관한 사항을 정할 수 있다.

② 제1항에 따른 기관에 대하여는 보험계약자 총회에 관한 규정을 준용한다.

③ 제1항에 따른 기관에 관한 사항을 정한 경우에는 그 기관의 구성방법을 제22조제1항에 따른 공고의 내용에 포함하여야 한다. [전문개정 2010.7.23.]

第26조(보험계약자 총회의 결의방법) ① 보험계약자 총회는 보험계약자 과반수의 출석과 그 의결권의 4분의 3 이상의 찬성으로 결의한다.

② 보험계약자총회에 관하여는 제55조와 「상법」 제363조제1항·제2항, 제364조, 제367조, 제368조제3항·제4항, 제371조제2항, 제372조, 제373조 및 제376조부터 제381조까지의 규정을 준용한다. [전문개정 2010.7.23.]

第27조(보험계약자 총회에서의 보고) 주식회사의 이사는 조직 변경에 관한 사항을 보험계약자 총회에 보고하여야 한다. [전문개정 2010.7.23.]

第28조(보험계약자 총회의 결의 등) ① 보험계약자 총회는 정관의 변경이나 그 밖에 상호회사의 조직에 필요한 사항을 결의하여야 한다.

② 제21조제1항에 따른 결의는 제1항의 결의로 변경할 수 있다. 이 경우 주식회사의 채권자의 이익을 해치지 못한다.

③ 제2항에 따른 변경으로 주주에게 손해를 입히게 되는 경우에는 주주총회의 동의를 받아야 한다. 이 경우 제21조제2항을 준용한다.

④ 제1항의 결의에 관하여는 「상법」 제316조제2항을 준용한다. [전문개정 2010.7.23.]

第29조(조직 변경의 등기) ① 주식회사가 그 조직을 변경한 경우에는 변경한 날부터 본점과 주된 사무소의 소재지에서는 2주 이내에, 지점과 종(從)된 사무소의 소재지에서는 3주 이내에 주식회사는 해산의 등기를 하고 상호회사는 제40조제2항에 따른 등기를 하여야 한다.

② 제1항에 따른 등기의 신청서에는 정관과 다음 각 호의 사항이 적힌 서류를 첨부하여야 한다.

1. 제21조제1항의 결의
2. 제22조제1항의 공고
3. 제28조의 결의 및 동의
4. 제141조제3항의 이의(異義)
5. 「상법」 제232조에 따른 절차를 마쳤음을 증명하는 내용 [전문개정 2010.7.23.]

第30조(조직 변경에 따른 입사) 주식회사의 보험계약자는 조직 변경에 따라 해당 상호회사의

사원이 된다. [전문개정 2010.7.23.]

제31조(「상법」 등의 준용) 주식회사의 조직 변경에 관하여는 제145조와 「상법」 제40조, 제339조, 제340조제1항·제2항, 제439조제1항, 제445조 및 제446조를 준용한다. 이 경우 「상법」 제446조 중 "제192조"는 "제238조"로 본다. [전문개정 2010.7.23.]

제32조(보험계약자 등의 우선취득권) ① 보험계약자나 보험금을 취득할 자는 피보험자를 위하여 적립한 금액을 다른 법률에 특별한 규정이 없으면 주식회사의 자산에서 우선하여 취득한다.

② 제108조에 따라 특별계정이 설정된 경우에는 제1항은 특별계정과 그 밖의 계정을 구분하여 적용한다. [전문개정 2010.7.23.]

제33조(예탁자산에 대한 우선변제권) ① 보험계약자나 보험금을 취득할 자는 피보험자를 위하여 적립한 금액을 주식회사가 이 법에 따른 금융위원회의 명령에 따라 예탁한 자산에서 다른 채권자보다 우선하여 변제를 받을 권리를 가진다.

② 제1항의 경우에는 제32조제2항을 준용한다. [전문개정 2010.7.23.]

제3절 상호(相互)회사 <개정 2010.7.23.>

제1관 설립 <개정 2010.7.23.>

제34조(정관기재사항) 상호회사의 발기인은 정관을 작성하여 다음 각 호의 사항을 적고 기명날인하여야 한다.

1. 취급하려는 보험종목과 사업의 범위
2. 명칭
3. 사무소 소재지
4. 기금의 총액
5. 기금의 갹출자가 가질 권리
6. 기금과 설립비용의 상각 방법
7. 잉여금의 분배 방법
8. 회사의 공고 방법
9. 회사 성립 후 양수할 것을 약정한 자산이 있는 경우에는 그 자산의 가격과 양도인의 성명
10. 존립시기 또는 해산사유를 정한 경우에는 그 시기 또는 사유 [전문개정 2010.7.23.]

제35조(명칭) 상호회사는 그 명칭 중에 상호회사라는 글자를 포함하여야 한다. [전문개정 2010.7.23.]

제36조(기금의 납입) ① 상호회사의 기금은 금전 이외의 자산으로 납입하지 못한다.

② 기금의 납입에 관하여는 「상법」 제295조제1항, 제305조제1항·제2항 및 제318조를 준용한다. [전문개정 2010.7.23.]

제37조(사원의 수) 상호회사는 100명 이상의 사원으로써 설립한다. [전문개정 2010.7.23.]

제38조(입사청약서) ① 발기인이 아닌 자가 상호회사의 사원이 되려면 입사청약서 2부에 보험의 목적과 보험금액을 적고 기명날인하여야 한다. 다만, 상호회사가 성립한 후 사원이 되려는 자는 그러하지 아니하다.

② 발기인은 제1항에 따른 입사청약서를 다음 각 호의 사항을 포함하여 작성하고, 이를 비치(備置)하여야 한다.

1. 정관의 인증 연월일과 그 인증을 한 공증인의 이름
2. 제34조 각 호의 사항
3. 기금 갹출자의 이름·주소와 그 각자가 갹출하는 금액
4. 발기인의 이름과 주소
5. 발기인이 보수를 받는 경우에는 그 보수액
6. 설립 시 모집하려는 사원의 수
7. 일정한 시기까지 창립총회가 끝나지 아니하면 입사청약을 취소할 수 있다는 뜻

③ 상호회사 성립 전의 입사청약에 대하여는 「민법」 제107조제1항 단서를 적용하지 아니한다. [전문개정 2010.7.23.]

제39조(창립총회) ① 상호회사의 발기인은 상호회사의 기금의 납입이 끝나고 사원의 수가 예정된 수가 되면 그 날부터 7일 이내에 창립총회를 소집하여야 한다.

② 창립총회는 사원 과반수의 출석과 그 의결권의 4분의 3 이상의 찬성으로 결의한다.

③ 상호회사의 창립총회에 관하여는 제55조와 「상법」 제363조제1항·제2항, 제364조, 제368조제3항·제4항, 제371조제2항, 제372조, 제373조 및 제376조부터 제381조까지의 규정을 준용한다. [전문개정 2010.7.23.]

제40조(설립등기) ① 상호회사의 설립등기는 창립총회가 끝난 날부터 2주 이내에 하여야 한다.

② 제1항에 따른 설립등기에는 다음 각 호의 사항이 포함되어야 한다.

1. 제34조 각 호의 사항
2. 이사와 감사의 이름 및 주소
3. 대표이사의 이름
4. 여러 명의 대표이사가 공동으로 회사를 대표할 것을 정한 경우에는 그 규정

③ 제1항과 제2항에 따른 설립등기는 이사 및 감사의 공동신청으로 하여야 한다. [전문개정 2010.7.23.]

제41조(등기부) 관할 등기소에 상호회사 등기부를 비치하여야 한다. [전문개정 2010.7.23.]

제42조(배상책임) 이사가 다음 각 호의 어느 하나에 해당하는 행위로 상호회사에 손해를 입힌 경우에는 사원총회의 동의가 없으면 그 손해에 대한 배상책임을 면제하지 못한다.

1. 위법한 이익 배당에 관한 의안을 사원총회에 제출하는 행위
2. 다른 이사에게 금전을 대부하는 행위
3. 그 밖의 부당한 거래를 하는 행위 [전문개정 2010.7.23.]

제43조(발기인에 대한 소송) 상호회사의 발기인에 관하여는 「금융회사의 지배구조에 관한 법률」 제33조와 「상법」 제400조를 준용한다. <개정 2015.7.31.> [전문개정 2010.7.23.] [시행일 : 2016.8.1.]

제44조(「상법」의 준용) 상호회사에 관하여는 「상법」 제10조부터 제15조까지, 제17조, 제22조, 제23조, 제26조, 제27조, 제29조부터 제33조까지, 제35조, 제37조부터 제40조까지, 제87조부터 제89조까지, 제91조, 제92조, 제171조부터 제173조까지, 제176조, 제177조, 제181조부터 제183조까지, 제288조, 제289조제3항, 제292조, 제310조부터 제316조까지 및 제322조부터 제327조까지의 규정을 준용한다. [전문개정 2010.7.23.]

제45조(「비송사건절차법」의 준용) 상호회사에 관하여는 「비송사건절차법」 제72조제1항·제2항, 제73조, 제77조, 제78조, 제80조, 제81조, 제84조, 제85조, 제90조부터 제100조까지, 제117조부터 제121조까지 및 제123조부터 제127조까지의 규정을 준용한다. [전문개정

2010.7.23.]

제45조의2(「상업등기법」의 준용) 상호회사에 관하여는 「상업등기법」 제3조, 제5조제2항·제3항, 제6조부터 제11조까지, 제14조, 제17조부터 제30조까지, 제53조부터 제55조까지, 제61조제2항, 제66조, 제67조, 제94조, 제95조, 제102조, 제114조부터 제128조까지 및 제131조를 준용한다. [본조신설 2010.7.23.]

제2관 사원의 권리와 의무 <개정 2010.7.23.>

제46조(간접책임) 상호회사의 사원은 회사의 채권자에 대하여 직접적인 의무를 지지 아니한다. [전문개정 2010.7.23.]

제47조(유한책임) 상호회사의 채무에 관한 사원의 책임은 보험료를 한도로 한다.

제48조(상계의 금지) 상호회사의 사원은 보험료의 납입에 관하여 상계(相計)로써 회사에 대항하지 못한다. [전문개정 2010.7.23.]

제49조(보험금액의 삭감) 상호회사는 정관으로 보험금액의 삭감에 관한 사항을 정하여야 한다. [전문개정 2010.7.23.]

제50조(생명보험계약 등의 승계) 생명보험 및 제3보험을 목적으로 하는 상호회사의 사원은 회사의 승낙을 받아 타인으로 하여금 그 권리와 의무를 승계하게 할 수 있다.

제51조(손해보험의 목적의 양도) 손해보험을 목적으로 하는 상호회사의 사원이 보험의 목적을 양도한 경우에는 양수인은 회사의 승낙을 받아 양도인의 권리와 의무를 승계할 수 있다. [전문개정 2010.7.23.]

제52조(사원명부) 상호회사의 사원명부에는 다음 각 호의 사항을 적어야 한다.

1. 사원의 이름과 주소
2. 각 사원의 보험계약의 종류, 보험금액 및 보험료 [전문개정 2010.7.23.]

제53조(통지와 최고) 상호회사의 입사청약서나 사원에 대한 통지 및 최고(催告)에 관하여는 「상법」 제353조를 준용한다. 다만, 보험관계에 속하는 사항의 통지 및 최고에 관하여는 그러하지 아니하다. [전문개정 2010.7.23.]

제3관 회사의 기관 <개정 2010.7.23.>

제54조(사원총회 대행기관) ① 상호회사는 사원총회를 갈음할 기관을 정관으로 정할 수 있다.
② 제1항에 따른 기관에 대하여는 사원총회에 관한 규정을 준용한다. [전문개정 2010.7.23.]

제55조(의결권) 상호회사의 사원은 사원총회에서 각각 1개의 의결권을 가진다. 다만, 정관에 특별한 규정이 있는 경우에는 그러하지 아니하다.

제56조(총회소집청구권) ① 상호회사의 100분의 5 이상의 사원은 회의의 목적과 그 소집의 이유를 적은 서면을 이사에게 제출하여 사원총회의 소집을 청구할 수 있다. 다만, 이 권리의 행사에 관하여는 정관으로 다른 기준을 정할 수 있다.
② 제1항의 경우에는 「상법」 제366조제2항 및 제3항을 준용한다. [전문개정 2010.7.23.]

제57조(서류의 비치와 열람 등) ① 상호회사의 이사는 정관과 사원총회 및 이사회의 의사록을 각 사무소에, 사원명부를 주된 사무소에 비치하여야 한다.

② 상호회사의 사원과 채권자는 영업시간 중에는 언제든지 제1항의 서류를 열람하거나 복사할 수 있고, 회사가 정한 비용을 내면 그 등본 또는 초본의 발급을 청구할 수 있다.
[전문개정 2010.7.23.]

제58조(상호회사의 소수사원권의 행사) 상호회사에 관하여는 「금융회사의 지배구조에 관한 법률」 제33조를 준용한다. 이 경우 "발행주식 총수"는 "사원 총수"로, "주식을 대통령령으로 정하는 바에 따라 보유한 자"는 "사원"으로 본다. <개정 2015.7.31.> [전문개정 2010.7.23.] [시행일 : 2016.8.1.]

제59조(「상법」 등의 준용) ① 상호회사의 사원총회에 관하여는 「상법」 제362조, 제363조제1항 · 제2항, 제364조, 제365조제1항 · 제3항, 제367조, 제368조제1항 · 제3항 · 제4항, 제371조제2항, 제372조, 제373조 및 제375조부터 제381조까지의 규정을 준용한다.
② 상호회사의 이사에 관하여는 「상법」 제382조, 제383조제2항 · 제3항, 제385조, 제386조, 제388조, 제389조, 제393조, 제395조, 제398조, 제399조제1항, 제401조제1항, 제407조 및 제408조를 준용한다.
③ 상호회사의 감사에 관하여는 「금융회사의 지배구조에 관한 법률」 제33조와 「상법」 제382조, 제385조, 제386조, 제388조, 제394조, 제399조제1항, 제401조제1항, 제407조, 제410조부터 제412조까지, 제412조의2부터 제412조의4까지, 제413조, 제413조의2 및 제414조제3항을 준용한다. <개정 2015.7.31.> [전문개정 2010.7.23.] [시행일 : 2016.8.1.]

제4관 회사의 계산 <개정 2010.7.23.>

제60조(손실보전준비금) ① 상호회사는 손실을 보전하기 위하여 각 사업연도의 잉여금 중에서 준비금을 적립하여야 한다.
② 제1항에 따른 준비금의 총액과 매년 적립할 최저액은 정관으로 정한다.[전문개정 2010.7.23.]

제61조(기금이자 지급 등의 제한) ① 상호회사는 손실을 보전하기 전에는 기금이자를 지급하지 못한다.
② 상호회사는 설립비용과 사업비의 전액을 상각(償却)하고 제60조제1항에 따른 준비금을 공제하기 전에는 기금의 상각 또는 잉여금의 분배를 하지 못한다.
③ 상호회사가 제1항 또는 제2항을 위반하여 기금이자의 지급, 기금의 상각 또는 잉여금의 분배를 한 경우에는 회사의 채권자는 이를 반환하게 할 수 있다. [전문개정 2010.7.23.]

제62조(기금상각적립금) 상호회사가 기금을 상각할 때에는 상각하는 금액과 같은 금액을 적립하여야 한다. [전문개정 2010.7.23.]

제63조(잉여금의 분배) 상호회사의 잉여금은 정관에 특별한 규정이 없으면 각 사업연도 말 당시 사원에게 분배한다. [전문개정 2010.7.23.]

제64조(「상법」의 준용) 상호회사의 계산에 관하여는 「상법」 제447조, 제447조의2부터 제447조의4까지, 제448조부터 제450조까지, 제452조 및 제468조를 준용한다.[전문개정 2010.7.23.]

제5관 정관의 변경 <개정 2010.7.23.>

제65조(정관의 변경) ① 상호회사의 정관을 변경하려면 사원총회의 결의를 거쳐야 한다.

② 제1항의 경우에는 제55조와 「상법」 제363조제1항·제2항, 제364조, 제368조제3항·제4항, 제371조제2항, 제372조, 제373조, 제376조부터 제381조까지 및 제433조제2항을 준용한다. [전문개정 2010.7.23.]

第6관 사원의 퇴사 <개정 2010.7.23.>

第66조(퇴사이유) ① 상호회사의 사원은 다음 각 호의 사유로 퇴사한다.
1. 정관으로 정하는 사유의 발생
2. 보험관계의 소멸

② 상호회사의 사원이 사망한 경우에는 「상법」 제283조를 준용한다. [전문개정 2010.7.23.]

第67조(환급청구권) ① 상호회사에서 퇴사한 사원은 정관이나 보험약관으로 정하는 바에 따라 그 권리에 따른 금액의 환급을 청구할 수 있다.
② 퇴사한 사원이 회사에 대하여 부담한 채무가 있는 경우에는 회사는 제1항의 금액에서 그 채무액을 공제할 수 있다. [전문개정 2010.7.23.]

第68조(환급기한 및 시효) ① 상호회사에서 퇴사한 사원의 권리에 따른 금액의 환급은 퇴사한 날이 속하는 사업연도가 종료한 날부터 3개월 이내에 하여야 한다.
② 퇴사원의 환급청구권은 제1항의 기간이 지난 후 2년 동안 행사하지 아니하면 시효로 소멸한다. [전문개정 2010.7.23.]

第7관 해산 <개정 2010.7.23.>

第69조(해산의 공고) ① 상호회사가 해산을 결의한 경우에는 그 결의가 제139조에 따라 인가를 받은 날부터 2주 이내에 결의의 요지와 대차대조표를 공고하여야 한다.
② 제1항의 경우에는 제141조제2항부터 제4항까지, 제145조 및 제149조를 준용한다.
[전문개정 2010.7.23.]

第70조(「상법」의 준용) ① 상호회사에 관하여는 「상법」 제174조제3항, 제175조제1항, 제228조, 제232조, 제234조부터 제240조까지, 제522조제1항·제2항, 제526조제1항, 제527조제1항·제2항, 제528조제1항 및 제529조를 준용한다. 이 경우 「상법」 제528조제1항 중 "제317조"는 "「보험업법」 제40조"로 본다.
② 「상법」 제175조제1항에 따른 선임에 관하여는 제39조제2항을 준용한다. [전문개정 2010.7.23.]

第8관 청산 <개정 2010.7.23.>

第71조(청산) 상호회사가 해산한 경우에는 합병과 파산의 경우가 아니면 이 관의 규정에 따라 청산을 하여야 한다. [전문개정 2010.7.23.]

第72조(자산 처분의 순위 등) ① 상호회사의 청산인은 다음 각 호의 순위에 따라 회사자산을 처분하여야 한다.
1. 일반채무의 변제
2. 사원의 보험금액과 제158조제2항에 따라 사원에게 환급할 금액의 지급
3. 기금의 상각

② 제1항에 따른 처분을 한 후 남은 자산은 상호회사의 정관에 특별한 규정이 없으면 잉여금

을 분배할 때와 같은 비율로 사원에게 분배하여야 한다. [전문개정 2010.7.23.]

제73조(「상법」 등의 준용) 상호회사의 청산에 관하여는 제56조, 제57조, 「금융회사의 지배구조에 관한 법률」 제33조와 「상법」 제245조, 제253조부터 제255조까지, 제259조, 제260조 단서, 제264조, 제328조, 제362조, 제367조, 제373조제2항, 제376조, 제377조, 제382조제2항, 제386조, 제388조, 제389조, 제394조, 제398조, 제399조제1항, 제401조제1항, 제407조, 제408조, 제411조, 제412조, 제412조의2부터 제412조의4까지, 제413조, 제414조제3항, 제448조부터 제450조까지, 제531조부터 제537조까지, 제539조제1항, 제540조 및 제541조를 준용한다. <개정 2015.7.31.> [전문개정 2010.7.23.] [시행일 : 2016.8.1.]

제4절 외국보험회사국내지점 <개정 2010.7.23.>

제74조(외국보험회사국내지점의 허가취소 등) ① 금융위원회는 외국보험회사의 본점이 다음 각 호의 어느 하나에 해당하게 되면 그 외국보험회사국내지점에 대하여 청문을 거쳐 보험업의 허가를 취소할 수 있다.

1. 합병, 영업양도 등으로 소멸한 경우
2. 위법행위, 불건전한 영업행위 등의 사유로 외국감독기관으로부터 제134조제2항에 따른 처분에 상당하는 조치를 받은 경우
3. 휴업하거나 영업을 중지한 경우

② 금융위원회는 외국보험회사국내지점이 이 법 또는 이 법에 따른 명령이나 처분을 위반하거나 외국보험회사의 본점이 그 본국의 법령을 위반하는 등의 사유로 해당 외국보험회사국내지점의 보험업 수행이 어렵다고 인정되면 공익 또는 보험계약자 보호를 위하여 영업정지 또는 그 밖에 필요한 조치를 하거나 청문을 거쳐 보험업의 허가를 취소할 수 있다.

③ 외국보험회사국내지점은 그 외국보험회사의 본점이 제1항 각 호의 어느 하나에 해당하게 되면 그 사유가 발생한 날부터 7일 이내에 그 사실을 금융위원회에 알려야 한다. [전문개정 2010.7.23.]

제75조(국내자산 보유의무) ① 외국보험회사국내지점은 대한민국에서 체결한 보험계약에 관하여 제120조에 따라 적립한 책임준비금 및 비상위험준비금에 상당하는 자산을 대한민국에서 보유하여야 한다.

② 제1항에 따라 대한민국에서 보유하여야 하는 자산의 종류 및 범위 등에 관하여는 대통령령으로 정한다. [전문개정 2010.7.23.]

제76조(국내 대표자) ① 외국보험회사국내지점에 관하여는 「상법」 제209조를 준용한다.

② 외국보험회사국내지점의 대표자는 퇴임한 후에도 후임 대표자의 이름 및 주소에 관하여 「상법」 제614조제3항에 따른 등기가 있을 때까지는 계속하여 대표자의 권리와 의무를 가진다.

③ 외국보험회사국내지점의 대표자는 이 법에 따른 보험회사의 임원으로 본다.[전문개정 2010.7.23.]

제77조(잔무처리자) ① 제4조에 따라 허가를 받은 외국보험회사의 본점이 보험업을 폐업하거나 해산한 경우 또는 대한민국에서의 보험업을 폐업하거나 그 허가가 취소된 경우에는 금융위원회가 필요하다고 인정하면 잔무(殘務)를 처리할 자를 선임하거나 해임할 수 있다.

② 제1항의 잔무처리자에 관하여는 제76조제1항 및 제157조를 준용한다.

③ 제1항의 경우에는 제160조를 준용한다. [전문개정 2010.7.23.]

제78조(등기) ① 상호회사인 외국보험회사(이하 "외국상호회사"라 한다) 국내지점에 관하여는 제41조를 준용한다.

② 외국상호회사 국내지점이 등기를 신청하는 경우에는 그 외국상호회사 국내지점의 대표자는 신청서에 대한민국에서의 주된 영업소와 대표자의 이름 및 주소를 적고 다음 각 호의 서류를 첨부하여야 한다.

1. 대한민국에 주된 영업소가 있다는 것을 인정할 수 있는 서류
2. 대표자의 자격을 인정할 수 있는 서류
3. 회사의 정관이나 그 밖에 회사의 성격을 판단할 수 있는 서류

③ 제2항 각 호의 서류는 해당 외국상호회사 본국의 관할 관청이 증명한 것이어야 한다.

[전문개정 2010.7.23.]

제79조(「상법」의 준용) ① 외국상호회사 국내지점에 관하여는 「상법」 제1편제3장(제16조는 제외한다), 제22조·제23조 및 제24조, 제26조, 제1편제5장·제6장, 제2편제5장(제90조는 제외한다) 및 제177조를 준용한다.

② 외국보험회사국내지점이 대한민국에 종된 영업소를 설치하거나 외국보험회사국내지점을 위하여 모집을 하는 자가 영업소를 설치한 경우에는 「상법」 제619조 및 제620조제1항·제2항을 준용한다. [전문개정 2010.7.23.]

제80조(「비송사건절차법」의 준용) 외국상호회사의 국내지점에 관하여는 「비송사건절차법」 제72조제3항, 제101조제2항 및 제128조를 준용한다. [전문개정 2010.7.23.]

제80조의2(「상업등기법」의 준용) 외국상호회사의 국내지점에 관하여는 「상업등기법」 제3조, 제5조제2항·제3항, 제7조부터 제11조까지, 제14조, 제17조부터 제19조까지, 제22조부터 제24조까지, 제26조부터 제30조까지, 제53조, 제55조, 제61조제2항, 제66조, 제67조, 제113조부터 제119조까지, 제121조부터 제128조까지 및 제131조를 준용한다. [본조신설 2010.7.23.]

제81조(총회 결의의 의제) 제141조, 제142조, 제144조제1항 및 제146조제2항을 외국보험회사 국내지점에 적용할 경우 제141조제1항 중 "제138조에 따른 결의를 한 날"은 "이전계약서를 작성한 날"로, 제142조 및 제144조제1항 중 "주주총회등의 결의가 있었던 때"는 각각 "이전계약서를 작성한 때"로, 제146조제2항 중 "보험계약 이전의 결의를 한 후"는 "이전계약서를 작성한 후"로 본다. [전문개정 2010.7.23.]

제82조(적용 제외) ① 외국보험회사국내지점에 관하여는 제8조, 제138조, 제139조 중 해산 및 합병에 관한 부분, 제141조제4항, 제148조, 제149조, 제151조부터 제154조까지, 제156조, 제157조 및 제159조부터 제161조까지의 규정을 적용하지 아니한다. <개정 2015.7.31.>

② 외국보험회사국내지점에 관하여는 제8장 중 총회의 결의에 관한 규정을 적용하지 아니한다. [전문개정 2010.7.23. [시행일 : 2016.8.1.]

제4장 모집 <개정 2010.7.23.>

제1절 모집종사자 <개정 2010.7.23.>

제83조(모집할 수 있는 자) ① 모집을 할 수 있는 자는 다음 각 호의 어느 하나에 해당하는 자이어야 한다.

1. 보험설계사

2. 보험대리점
3. 보험중개사
4. 보험회사의 임원(대표이사·사외이사·감사 및 감사위원은 제외한다. 이하 이 장에서 같다) 또는 직원

② 제91조에 따른 금융기관보험대리점등은 대통령령으로 정하는 바에 따라 그 금융기관 소속 임직원이 아닌 자로 하여금 모집을 하게 하거나, 보험계약 체결과 관련한 상담 또는 소개를 하게 하고 상담 또는 소개의 대가를 지급하여서는 아니 된다. [전문개정 2010.7.23.]

제84조(보험설계사의 등록) ① 보험회사·보험대리점 및 보험중개사(이하 이 절에서 "보험회사등" 이라 한다)는 소속 보험설계사가 되려는 자를 금융위원회에 등록하여야 한다.

② 다음 각 호의 어느 하나에 해당하는 자는 보험설계사가 되지 못한다.
1. 금치산자 또는 한정치산자
2. 파산선고를 받은 자로서 복권되지 아니한 자
3. 이 법에 따라 벌금 이상의 형을 선고받고 그 집행이 끝나거나(집행이 끝난 것으로 보는 경우를 포함한다) 집행이 면제된 날부터 2년이 지나지 아니한 자
4. 이 법에 따라 금고 이상의 형의 집행유예를 선고받고 그 유예기간 중에 있는 자
5. 이 법에 따라 보험설계사·보험대리점 또는 보험중개사의 등록이 취소된 후 2년이 지나지 아니한 자
6. 제5호에도 불구하고 이 법에 따라 보험설계사·보험대리점 또는 보험중개사 등록취소 처분을 2회 이상 받은 경우 최종 등록취소 처분을 받은 날부터 3년이 지나지 아니한 자
7. 이 법에 따라 과태료 또는 과징금 처분을 받고 이를 납부하지 아니하거나 업무정지 및 등록취소 처분을 받은 보험대리점·보험중개사 소속의 임직원이었던 자(처분사유의 발생에 관하여 직접 또는 이에 상응하는 책임이 있는 자로서 대통령령으로 정하는 자만 해당한다)로서 과태료·과징금·업무정지 및 등록취소 처분이 있었던 날부터 2년이 지나지 아니한 자
8. 영업에 관하여 성년자와 같은 능력을 가지지 아니한 미성년자로서 그 법정대리인이 제1호부터 제7호까지의 규정 중 어느 하나에 해당하는 자
9. 법인 또는 법인이 아닌 사단이나 재단으로서 그 임원이나 관리인 중에 제1호부터 제7호까지의 규정 중 어느 하나에 해당하는 자가 있는 자
10. 이전에 모집과 관련하여 받은 보험료, 대출금 또는 보험금을 다른 용도에 유용(流用)한 후 3년이 지나지 아니한 자

③ 보험설계사의 구분·등록요건·영업기준 및 영업범위 등에 관하여 필요한 사항은 대통령령으로 정한다. [전문개정 2010.7.23.]

제85조(보험설계사에 의한 모집의 제한) ① 보험회사등은 다른 보험회사등에 소속된 보험설계사에게 모집을 위탁하지 못한다.

② 보험설계사는 자기가 소속된 보험회사등 이외의 자를 위하여 모집을 하지 못한다.

③ 다음 각 호의 어느 하나에 해당하는 경우에는 제1항 및 제2항을 적용하지 아니한다.
1. 생명보험회사 또는 제3보험업을 전업(專業)으로 하는 보험회사에 소속된 보험설계사가 1개의 손해보험회사를 위하여 모집을 하는 경우
2. 손해보험회사 또는 제3보험업을 전업으로 하는 보험회사에 소속된 보험설계사가 1개의 생명보험회사를 위하여 모집을 하는 경우
3. 생명보험회사나 손해보험회사에 소속된 보험설계사가 1개의 제3보험업을 전업으로 하는 보험회사를 위하여 모집을 하는 경우

④ 제3항을 적용받는 보험회사 및 보험설계사가 모집을 할 때 지켜야 할 사항은 대통령령으로 정한다. [전문개정 2010.7.23.]

제85조의2(보험설계사 등의 교육) ① 보험회사등은 대통령령으로 정하는 바에 따라 소속 보험설계사에게 보험계약의 모집에 관한 교육을 하여야 한다.

② 법인이 아닌 보험대리점 및 보험중개사는 대통령령으로 정하는 바에 따라 제1항에 따른 교육을 받아야 한다. [본조신설 2010.7.23.]

제85조의3(보험설계사에 대한 불공정 행위 금지) ① 보험회사등은 보험설계사에게 보험계약의 모집을 위탁할 때 다음 각 호의 행위를 하여서는 아니 된다. <개정 2014.10.15.>

1. 보험모집 위탁계약서를 교부하지 아니하는 행위
2. 위탁계약서상 계약사항을 이행하지 아니하는 행위
3. 위탁계약서에서 정한 해지요건 외의 사유로 위탁계약을 해지하는 행위
4. 정당한 사유 없이 보험설계사가 요청한 위탁계약 해지를 거부하는 행위
5. 위탁계약서에서 정한 위탁업무 외의 업무를 강요하는 행위
6. 정당한 사유 없이 보험설계사에게 지급되어야 할 수수료의 전부 또는 일부를 지급하지 아니하거나 지연하여 지급하는 행위
7. 정당한 사유 없이 보험설계사에게 지급한 수수료를 환수하는 행위
8. 보험설계사에게 보험료 대납(代納)을 강요하는 행위
9. 그 밖에 대통령령으로 정하는 불공정한 행위

② 제175조에 따른 보험협회(이하 "보험협회"라 한다)는 보험설계사에 대한 보험회사등의 불공정한 모집위탁행위를 막기 위하여 보험회사등이 지켜야 할 규약을 정할 수 있다.
[본조신설 2010.7.23.]

제86조(등록의 취소 등) ① 금융위원회는 보험설계사가 다음 각 호의 어느 하나에 해당하는 경우에는 그 등록을 취소하여야 한다.

1. 제84조제2항 각 호의 어느 하나에 해당하게 된 경우
2. 등록 당시 제84조제2항 각 호의 어느 하나에 해당하는 자이었음이 밝혀진 경우
3. 거짓이나 그 밖의 부정한 방법으로 제84조에 따른 등록을 한 경우
4. 이 법에 따라 업무정지 처분을 2회 이상 받은 경우

② 금융위원회는 보험설계사가 다음 각 호의 어느 하나에 해당하는 경우에는 6개월 이내의 기간을 정하여 그 업무의 정지를 명하거나 그 등록을 취소할 수 있다. <개정 2014.1.14.>

1. 모집에 관한 이 법의 규정을 위반한 경우
2. 보험계약자, 피보험자 또는 보험금을 취득할 자로서 제102조의2를 위반한 경우
3. 제102조의3을 위반한 경우
4. 이 법에 따른 명령이나 처분을 위반한 경우
5. 이 법에 따라 과태료 처분을 2회 이상 받은 경우

③ 금융위원회는 제1항 또는 제2항에 따라 등록을 취소하거나 업무의 정지를 명하려면 보험설계사에 대하여 청문을 하여야 한다.

④ 금융위원회는 보험설계사의 등록을 취소하거나 업무의 정지를 명한 경우에는 지체 없이 그 이유를 적은 문서로 보험설계사 및 해당 보험설계사가 소속된 보험회사등에 그 뜻을 알려야 한다. [전문개정 2010.7.23.]

제87조(보험대리점의 등록) ① 보험대리점이 되려는 자는 개인과 법인을 구분하여 대통령령으로 정하는 바에 따라 금융위원회에 등록하여야 한다.

② 다음 각 호의 어느 하나에 해당하는 자는 보험대리점이 되지 못한다.
1. 제84조제2항 각 호의 어느 하나에 해당하는 자
2. 보험설계사 또는 보험중개사로 등록된 자
3. 다른 보험회사등의 임직원
4. 외국의 법령에 따라 제1호에 해당하는 것으로 취급되는 자
5. 그 밖에 경쟁을 실질적으로 제한하는 등 불공정한 모집행위를 할 우려가 있는 자로서 대통령령으로 정하는 자

③ 금융위원회는 제1항에 따른 등록을 한 보험대리점으로 하여금 금융위원회가 지정하는 기관에 영업보증금을 예탁하게 할 수 있다.

④ 보험대리점의 구분, 등록요건, 영업기준 및 영업보증금의 한도액 등에 관하여 필요한 사항은 대통령령으로 정한다. [전문개정 2010.7.23.]

제87조의2(법인보험대리점 임원의 자격) ① 다음 각 호의 어느 하나에 해당하는 자는 법인인 보험대리점(이하 "법인보험대리점"이라 한다)의 임원(이사·감사 또는 사실상 이와 동등한 지위에 있는 자로서 대통령령으로 정하는 자를 말한다)이 되지 못한다. <개정 2015.7.31.>
1. 「금융회사의 지배구조에 관한 법률」 제5조제1항제1호·제2호 및 제4호에 해당하는 자
2. 제84조제2항제5호부터 제7호까지에 해당하는 자
3. 금고 이상의 실형을 선고받고 그 집행이 끝나거나(집행이 끝난 것으로 보는 경우를 포함한다) 집행이 면제된 날부터 3년이 지나지 아니한 자
4. 이 법에 따라 벌금 이상의 형을 선고받고 그 집행이 끝나거나(집행이 끝난 것으로 보는 경우를 포함한다) 집행이 면제된 날부터 3년이 지나지 아니한 자

② 제1항에 따른 임원의 자격요건에 관하여 구체적인 사항은 대통령령으로 정한다.

[본조신설 2010.7.23. [시행일 : 2016.8.1.]

제87조의3(법인보험대리점의 업무범위 등) ① 법인보험대리점은 보험계약자 보호 등을 해칠 우려가 없는 업무로서 대통령령으로 정하는 업무 또는 보험계약의 모집 업무 이외의 업무를 하지 못한다.

② 법인보험대리점은 경영현황 등 대통령령으로 정하는 업무상 주요 사항을 대통령령으로 정하는 바에 따라 공시하고 금융위원회에 알려야 한다. [본조신설 2010.7.23.]

제88조(보험대리점의 등록취소 등) ① 금융위원회는 보험대리점이 다음 각 호의 어느 하나에 해당하는 경우에는 그 등록을 취소하여야 한다.
1. 제87조제2항 각 호의 어느 하나에 해당하게 된 경우
2. 등록 당시 제87조제2항 각 호의 어느 하나에 해당하는 자이었음이 밝혀진 경우
3. 거짓이나 그 밖에 부정한 방법으로 제87조에 따른 등록을 한 경우
4. 제87조의3제1항을 위반한 경우
5. 제101조를 위반한 경우

② 금융위원회는 보험대리점이 다음 각 호의 어느 하나에 해당하는 경우에는 6개월 이내의 기간을 정하여 그 업무의 정지를 명하거나 그 등록을 취소할 수 있다. <개정 2014.1.14.>
1. 모집에 관한 이 법의 규정을 위반한 경우
2. 보험계약자, 피보험자 또는 보험금을 취득할 자로서 제102조의2를 위반한 경우
3. 제102조의3을 위반한 경우
4. 이 법에 따른 명령이나 처분을 위반한 경우
5. 해당 보험대리점 소속 보험설계사가 제1호 및 제4호에 해당하는 경우

③ 보험대리점에 관하여는 제86조제3항 및 제4항을 준용한다. [전문개정 2010.7.23.]

제89조(보험중개사의 등록) ① 보험중개사가 되려는 자는 개인과 법인을 구분하여 대통령령으로 정하는 바에 따라 금융위원회에 등록하여야 한다.

② 다음 각 호의 어느 하나에 해당하는 자는 보험중개사가 되지 못한다.

1. 제84조제2항 각 호의 어느 하나에 해당하는 자
2. 보험설계사 또는 보험대리점으로 등록된 자
3. 다른 보험회사등의 임직원
4. 제87조제2항제4호 및 제5호에 해당하는 자
5. 부채가 자산을 초과하는 법인

③ 금융위원회는 제1항에 따른 등록을 한 보험중개사가 보험계약 체결 중개와 관련하여 보험계약자에게 입힌 손해의 배상을 보장하기 위하여 보험중개사로 하여금 금융위원회가 지정하는 기관에 영업보증금을 예탁하게 하거나 보험 가입, 그 밖에 필요한 조치를 하게 할 수 있다.

④ 보험중개사의 구분, 등록요건, 영업기준 및 영업보증금의 한도액 등에 관하여 필요한 사항은 대통령령으로 정한다. [전문개정 2010.7.23.]

제89조의2(법인보험중개사 임원의 자격) ① 다음 각 호의 어느 하나에 해당하는 자는 법인보험중개사(이하 "법인보험중개사"라 한다)의 임원이 되지 못한다.

1. 제13조제1항제1호 · 제2호 및 제5호에 해당하는 자
2. 제84조제2항제5호부터 제7호까지에 해당하는 자
3. 금고 이상의 실형을 선고받고 그 집행이 끝나거나(집행이 끝난 것으로 보는 경우를 포함한다) 집행이 면제된 날부터 3년이 지나지 아니한 자
4. 이 법에 따라 벌금 이상의 형을 선고받고 그 집행이 끝나거나(집행이 끝난 것으로 보는 경우를 포함한다) 집행이 면제된 날부터 3년이 지나지 아니한 자

② 제1항에 따른 임원의 자격요건에 관하여 구체적인 사항은 대통령령으로 정한다.

[본조신설 2010.7.23.]

제89조의3(법인보험중개사의 업무범위 등) ① 법인보험중개사는 보험계약자 보호 등을 해칠 우려가 없는 업무로서 대통령령으로 정하는 업무 또는 보험계약의 모집 업무 이외의 업무를 하지 못한다.

② 법인보험중개사는 경영현황 등 대통령령으로 정하는 업무상 주요사항을 대통령령으로 정하는 바에 따라 공시하고 금융위원회에 알려야 한다. [본조신설 2010.7.23.]

제90조(보험중개사의 등록취소 등) ① 금융위원회는 보험중개사가 다음 각 호의 어느 하나에 해당하는 경우에는 그 등록을 취소하여야 한다.

1. 제89조제2항 각 호의 어느 하나에 해당하게 된 경우. 다만, 같은 항 제5호의 경우 일시적으로 부채가 자산을 초과하는 법인으로서 대통령령으로 정하는 법인인 경우에는 그러하지 아니하다.
2. 등록 당시 제89조제2항 각 호의 어느 하나에 해당하는 자이었음이 밝혀진 경우
3. 거짓이나 그 밖의 부정한 방법으로 제89조에 따른 등록을 한 경우

3의2. 제89조의3제1항을 위반한 경우

4. 제101조를 위반한 경우

② 금융위원회는 보험중개사가 다음 각 호의 어느 하나에 해당하는 경우에는 6개월 이내의 기간을 정하여 그 업무의 정지를 명하거나 그 등록을 취소할 수 있다. <개정 2014.1.14.>

1. 모집에 관한 이 법의 규정을 위반한 경우
2. 보험계약자, 피보험자 또는 보험금을 취득할 자로서 제102조의2를 위반한 경우
3. 제102조의3을 위반한 경우
4. 이 법에 따른 명령이나 처분을 위반한 경우
5. 해당 보험중개사 소속 보험설계사가 제1호 및 제4호에 해당하는 경우

③ 보험중개사에 관하여는 제86조제3항 및 제4항을 준용한다. [전문개정 2010.7.23.]

제91조(금융기관보험대리점 등의 영업기준) ① 다음 각 호의 어느 하나에 해당하는 기관(이하 "금융기관"이라 한다)은 제87조 또는 제89조에 따라 보험대리점 또는 보험중개사로 등록할 수 있다.

1. 「은행법」에 따라 설립된 은행
2. 「자본시장과 금융투자업에 관한 법률」에 따른 투자매매업자 또는 투자중개업자
3. 「상호저축은행법」에 따른 상호저축은행
4. 그 밖에 다른 법률에 따라 금융업무를 하는 기관으로서 대통령령으로 정하는 기관

② 제1항에 따라 보험대리점 또는 보험중개사로 등록한 금융기관(이하 "금융기관보험대리점 등"이라 한다)이 모집할 수 있는 보험상품의 범위는 금융기관에서의 판매 용이성(容易性), 불공정거래 가능성 등을 고려하여 대통령령으로 정한다.

③ 금융기관보험대리점등의 모집방법, 모집에 종사하는 모집인의 수, 영업기준 등과 그 밖에 필요한 사항은 대통령령으로 정한다. [전문개정 2010.7.23.]

제91조의2(금융기관보험대리점등에 대한 특례) 금융기관보험대리점등에 대하여는 제87조의2제1항 및 제87조의3을 적용하지 아니한다. [본조신설 2010.7.23.]

제92조(보험중개사의 의무 등) ① 보험중개사는 보험계약의 체결을 중개할 때 그 중개와 관련된 내용을 대통령령으로 정하는 바에 따라 장부에 적고 보험계약자에게 알려야 하며, 그 수수료에 관한 사항을 비치하여 보험계약자가 열람할 수 있도록 하여야 한다.

② 보험중개사는 보험회사의 임직원이 될 수 없으며, 보험계약의 체결을 중개하면서 보험회사·보험설계사·보험대리점·보험계리사 및 손해사정사의 업무를 겸할 수 없다.

[전문개정 2010.7.23.]

제93조(신고사항) ① 보험설계사·보험대리점 또는 보험중개사는 다음 각 호의 어느 하나에 해당하는 경우에는 지체 없이 그 사실을 금융위원회에 신고하여야 한다.

1. 제84조·제87조 및 제89조에 따른 등록을 신청할 때 제출한 서류에 적힌 사항이 변경된 경우
2. 제84조제2항 각 호의 어느 하나에 해당하게 된 경우
3. 모집업무를 폐지한 경우
4. 개인의 경우에는 본인이 사망한 경우
5. 법인의 경우에는 그 법인이 해산한 경우
6. 법인이 아닌 사단 또는 재단의 경우에는 그 단체가 소멸한 경우
7. 보험대리점 또는 보험중개사가 소속 보험설계사와 보험모집에 관한 위탁을 해지한 경우
8. 제85조제3항에 따라 보험설계사가 다른 보험회사를 위하여 모집을 한 경우나, 보험대리점 또는 보험중개사가 생명보험계약의 모집과 손해보험계약의 모집을 겸하게 된 경우

② 제1항제4호의 경우에는 그 상속인, 같은 항 제5호의 경우에는 그 청산인·업무집행임원이었던 자 또는 파산관재인, 같은 항 제6호의 경우에는 그 관리인이었던 자가 각각 제1항의 신고를 하여야 한다.

③ 보험회사는 모집을 위탁한 보험설계사 또는 보험대리점이 제1항 각 호의 어느 하나에 해당하는 사실을 알게 된 경우에는 제1항 및 제2항에도 불구하고 그 사실을 금융위원회에 신고하여야 한다.

④ 보험대리점 및 보험중개사에 관하여는 제3항을 준용한다. 이 경우 "보험설계사 또는 보험대리점"은 "보험설계사"로 본다. [전문개정 2010.7.23.]

제94조(등록수수료) 제84조·제87조 및 제89조에 따라 보험설계사·보험대리점 또는 보험중개사가 되려는 자가 등록을 신청하는 경우에는 총리령으로 정하는 바에 따라 수수료를 내야 한다. [전문개정 2010.7.23.]

제2절 모집 관련 준수사항 <개정 2010.7.23.>

제95조(보험안내자료) ① 모집을 위하여 사용하는 보험안내자료(이하 "보험안내자료"라 한다)에는 다음 각 호의 사항을 명백하고 알기 쉽게 적어야 한다.

1. 보험회사의 상호나 명칭 또는 보험설계사·보험대리점 또는 보험중개사의 이름·상호나 명칭
2. 보험 가입에 따른 권리·의무에 관한 주요 사항
3. 보험약관으로 정하는 보장에 관한 사항

3의2. 보험금 지급제한 조건에 관한 사항

4. 해약환급금에 관한 사항
5. 「예금자보호법」에 따른 예금자보호와 관련된 사항
6. 그 밖에 보험계약자를 보호하기 위하여 대통령령으로 정하는 사항

② 보험안내자료에 보험회사의 자산과 부채에 관한 사항을 적는 경우에는 제118조에 따라 금융위원회에 제출한 서류에 적힌 사항과 다른 내용의 것을 적지 못한다.

③ 보험안내자료에는 보험회사의 장래의 이익 배당 또는 잉여금 분배에 대한 예상에 관한 사항을 적지 못한다. 다만, 보험계약자의 이해를 돕기 위하여 금융위원회가 필요하다고 인정하여 정하는 경우에는 그러하지 아니하다.

④ 방송·인터넷 홈페이지 등 그 밖의 방법으로 모집을 위하여 보험회사의 자산 및 부채에 관한 사항과 장래의 이익 배당 또는 잉여금 분배에 대한 예상에 관한 사항을 불특정다수인에게 알리는 경우에는 제2항 및 제3항을 준용한다. [전문개정 2010.7.23.]

제95조의2(설명의무 등) ① 보험회사 또는 보험의 모집에 종사하는 자는 일반보험계약자에게 보험계약 체결을 권유하는 경우에는 보험료, 보장범위, 보험금 지급제한 사유 등 대통령령으로 정하는 보험계약의 중요 사항을 일반보험계약자가 이해할 수 있도록 설명하여야 한다.

② 보험회사 또는 보험의 모집에 종사하는 자는 제1항에 따라 설명한 내용을 일반보험계약자가 이해하였음을 서명, 기명날인, 녹취, 그 밖에 대통령령으로 정하는 방법으로 확인을 받아야 한다.

③ 보험회사는 보험계약의 체결 시부터 보험금 지급 시까지의 주요 과정을 대통령령으로 정하는 바에 따라 일반보험계약자에게 설명하여야 한다. 다만, 일반보험계약자가 설명을 거부하는 경우에는 그러하지 아니하다.

④ 보험회사는 일반보험계약자가 보험금 지급을 요청한 경우에는 대통령령으로 정하는 바에 따라 보험금의 지급절차 및 지급내역 등을 설명하여야 하며, 보험금을 감액하여 지급하거나 지급하지 아니하는 경우에는 그 사유를 설명하여야 한다. [본조신설 2010.7.23.]

제95조의3(적합성의 원칙) ① 보험회사 또는 보험의 모집에 종사하는 자는 일반보험계약자가

보험계약을 체결하기 전에 면담 또는 질문을 통하여 보험계약자의 연령, 재산상황, 보험가입의 목적 등 대통령령으로 정하는 사항을 파악하고 일반보험계약자의 서명(「전자서명법」 제2조제2호에 따른 전자서명을 포함한다), 기명날인, 녹취, 그 밖에 대통령령으로 정하는 방법으로 확인을 받아 유지·관리하여야 하며, 확인받은 내용은 일반보험계약자에게 지체 없이 제공하여야 한다.

② 보험회사 또는 보험의 모집에 종사하는 자는 일반보험계약자의 연령, 재산상황, 보험가입의 목적 등에 비추어 그 일반보험계약자에게 적합하지 아니하다고 인정되는 보험계약의 체결을 권유하여서는 아니 된다.

③ 제1항 및 제2항을 적용받는 보험상품은 대통령령으로 정한다.

④ 보험회사 및 보험의 모집에 종사하는 자가 제1항에 따라 확인을 받아야 할 내용 및 확인 내용의 유지·관리기간은 대통령령으로 정한다. [본조신설 2010.7.23.]

제95조의4(모집광고 관련 준수사항) ① 보험회사 또는 보험의 모집에 종사하는 자가 보험상품에 관하여 광고를 하는 경우에는 보험계약자가 보험상품의 내용을 오해하지 아니하도록 명확하고 공정하게 전달하여야 한다.

② 보험회사 또는 보험의 모집에 종사하는 자가 보험상품에 관하여 광고를 하는 경우에는 다음 각 호의 내용이 포함되어야 한다.

1. 보험계약 체결 전에 상품설명서 및 약관을 읽어 볼 것을 권유하는 내용
2. 보험계약자가 기존에 체결했던 보험계약을 해지하고 다른 보험계약을 체결하면 보험인수가 거절되거나 보험료가 인상되거나 보장내용이 달라질 수 있다는 내용
3. 변액보험 계약과 관련하여 대통령령으로 정하는 내용
4. 그 밖에 대통령령으로 정하는 내용

③ 보험회사 또는 보험의 모집에 종사하는 자가 보험상품에 대하여 광고를 하는 경우에는 다음 각 호의 행위를 하여서는 아니 된다.

1. 보험금 지급한도, 지급제한 조건, 면책사항, 감액지급 사항 등을 누락하거나 충분히 고지하지 아니하여 제한 없이 보험금을 수령할 수 있는 것으로 오인하게 하는 행위
2. 보장금액이 큰 특정 내용만을 강조하거나 고액 보험금 수령 사례 등을 소개하여 보험금을 많이 지급하는 것으로 오인하게 하는 행위
3. 보험료를 일할로 분할하여 표시하거나 보험료 산출기준(보험가입금액, 보험료 납입기간, 보험기간, 성별, 연령 등)을 불충분하게 설명하여 보험료가 저렴한 것으로 오인하게 하는 행위
4. 만기 시 자동갱신되는 보험상품의 경우 갱신 시 보험료가 인상될 수 있음을 보험계약자가 인지할 수 있도록 충분히 고지하지 아니하는 행위
5. 금리 및 투자실적에 따라 만기환급금이 변동이 될 수 있는 보험상품의 경우 만기환급금이 보험만기일에 확정적으로 지급되는 것으로 오인하게 하는 행위
6. 그 밖에 보험계약자 보호를 위하여 대통령령으로 정하는 행위

④ 제1항 및 제2항 각 호에 관한 구체적인 내용, 보험회사 또는 보험의 모집에 종사하는 자가 광고를 하는 방법 및 절차, 그 밖에 필요한 사항은 대통령령으로 정한다.

⑤ 보험회사 또는 보험의 모집에 종사하는 자가 광고를 할 때 「표시·광고의 공정화에 관한 법률」 제4조제1항에 따른 표시·광고사항이 있는 경우에는 같은 법에서 정하는 바에 따른다.

⑥ 보험협회는 필요하면 보험회사 또는 보험의 모집에 종사하는 자로부터 광고물을 미리 제출받아 보험회사등의 광고가 이 법이 정한 광고기준을 지키는지를 확인할 수 있다.

[본조신설 2010.7.23.]

제95조의5(중복계약 체결 확인 의무) ① 보험회사 또는 보험의 모집에 종사하는 자는 대통령령으로 정하는 보험계약을 모집하기 전에 보험계약자가 되려는 자의 동의를 얻어 모집하고자 하는 보험계약과 동일한 위험을 보장하는 보험계약을 체결하고 있는지를 확인하여야 하며 확인한 내용을 보험계약자가 되려는 자에게 즉시 알려야 한다.

② 제1항의 중복계약 체결의 확인 절차 등에 관하여 필요한 사항은 대통령령으로 정한다.

[본조신설 2010.7.23.]

제96조(통신수단을 이용한 모집·철회 및 해지 등 관련 준수사항) ① 전화·우편·컴퓨터통신 등 통신수단을 이용하여 모집을 하는 자는 제83조에 따라 모집을 할 수 있는 자이어야 하며, 다른 사람의 평온한 생활을 침해하는 방법으로 모집을 하여서는 아니 된다.

② 보험회사는 다음 각 호의 어느 하나에 해당하는 경우 통신수단을 이용할 수 있도록 하여야 한다.

1. 보험계약을 청약한 자가 청약의 내용을 확인·정정 요청하거나 청약을 철회하고자 하는 경우
2. 보험계약자가 체결한 계약의 내용을 확인하고자 하는 경우
3. 보험계약자가 체결한 계약을 해지하고자 하는 경우(보험계약자가 계약을 체결하기 전에 통신수단을 이용한 계약해지에 동의한 경우에 한한다)

③ 제1항에 따른 통신수단을 이용하여 모집을 하는 방법과 제2항에 따른 통신수단을 이용한 청약 철회 등을 하는 방법에 관하여 필요한 사항은 대통령령으로 정한다. [전문개정 2010.7.23.]

제97조(보험계약의 체결 또는 모집에 관한 금지행위) ① 보험계약의 체결 또는 모집에 종사하는 자는 그 체결 또는 모집에 관하여 다음 각 호의 어느 하나에 해당하는 행위를 하여서는 아니 된다. <개정 2014.1.14., 2015.12.22.>

1. 보험계약자나 피보험자에게 보험상품의 내용을 사실과 다르게 알리거나 그 내용의 중요한 사항을 알리지 아니하는 행위
2. 보험계약자나 피보험자에게 보험상품의 내용의 일부에 대하여 비교의 대상 및 기준을 분명하게 밝히지 아니하거나 객관적인 근거 없이 다른 보험상품과 비교하여 그 보험상품이 우수하거나 유리하다고 알리는 행위
3. 보험계약자나 피보험자가 중요한 사항을 보험회사에 알리는 것을 방해하거나 알리지 아니할 것을 권유하는 행위
4. 보험계약자나 피보험자가 중요한 사항에 대하여 부실한 사항을 보험회사에 알릴 것을 권유하는 행위
5. 보험계약자 또는 피보험자로 하여금 이미 성립된 보험계약(이하 이 조에서 "기존보험계약"이라 한다)을 부당하게 소멸시킴으로써 새로운 보험계약(대통령령으로 정하는 바에 따라 기존보험계약과 보장 내용 등이 비슷한 경우만 해당한다. 이하 이 조에서 같다)을 청약하게 하거나 새로운 보험계약을 청약하게 함으로써 기존보험계약을 부당하게 소멸시키거나 그 밖에 부당하게 보험계약을 청약하게 하거나 이러한 것을 권유하는 행위
6. 실제 명의인이 아닌 자의 보험계약을 모집하거나 실제 명의인의 동의가 없는 보험계약을 모집하는 행위
7. 보험계약자 또는 피보험자의 자필서명이 필요한 경우에 보험계약자 또는 피보험자로부터 자필서명을 받지 아니하고 서명을 대신하거나 다른 사람으로 하여금 서명하게 하는 행위
8. 다른 모집 종사자의 명의를 이용하여 보험계약을 모집하는 행위

9. 보험계약자 또는 피보험자와의 금전대차의 관계를 이용하여 보험계약자 또는 피보험자로 하여금 보험계약을 청약하게 하거나 이러한 것을 요구하는 행위
10. 정당한 이유 없이 「장애인차별금지 및 권리구제 등에 관한 법률」 제2조에 따른 장애인의 보험가입을 거부하는 행위
11. 보험계약의 청약철회 또는 계약 해지를 방해하는 행위

② 제1항제2호에 따른 보험상품의 내용의 일부에 대한 비교 금지규정은 다음 각 호의 어느 하나에 해당하는 자가 보험계약자의 합리적인 보험상품 선택을 위하여 비교하는 경우에는 적용하지 아니한다.

1. 제85조제3항에 따라 다른 보험회사를 위하여 모집을 하는 보험설계사
2. 제87조에 따라 등록한 보험대리점 중 각각 2 이상의 생명보험업을 경영하는 보험회사·손해보험업을 경영하는 보험회사(보증보험업만을 경영하는 보험회사는 제외한다) 또는 제3보험업을 경영하는 보험회사와 모집에 관한 위탁계약을 체결한 보험대리점
3. 제89조에 따라 등록한 보험중개사

③ 보험계약의 체결 또는 모집에 종사하는 자가 다음 각 호의 어느 하나에 해당하는 행위를 한 경우에는 제1항제5호를 위반하여 기존보험계약을 부당하게 소멸시키거나 소멸하게 하는 행위를 한 것으로 본다.

1. 기존보험계약이 소멸된 날부터 1개월 이내에 새로운 보험계약을 청약하게 하거나 새로운 보험계약을 청약하게 한 날부터 1개월 이내에 기존보험계약을 소멸하게 하는 행위. 다만, 보험계약자가 기존 보험계약 소멸 후 새로운 보험계약 체결 시 손해가 발생할 가능성이 있다는 사실을 알고 있음을 자필로 서명하는 등 대통령령으로 정하는 바에 따라 본인의 의사에 따른 행위임이 명백히 증명되는 경우에는 그러하지 아니하다.
2. 기존보험계약이 소멸된 날부터 6개월 이내에 새로운 보험계약을 청약하게 하거나 새로운 보험계약을 청약하게 한 날부터 6개월 이내에 기존보험계약을 소멸하게 하는 경우로서 해당 보험계약자 또는 피보험자에게 기존보험계약과 새로운 보험계약의 보험기간 및 예정이자율 등 대통령령으로 정하는 중요한 사항을 비교하여 알리지 아니하는 행위

④ 보험계약자는 보험계약의 체결 또는 모집에 종사하는 자(보험중개사는 제외한다. 이하 이 항에서 같다)가 제1항제5호를 위반하여 기존보험계약을 소멸시키거나 소멸하게 하였을 때에는 그 보험계약의 체결 또는 모집에 종사하는 자가 속하거나 모집을 위탁한 보험회사에 대하여 그 보험계약이 소멸한 날부터 6개월 이내에 소멸된 보험계약의 부활을 청구하고 새로운 보험계약은 취소할 수 있다.

⑤ 제4항에 따라 보험계약의 부활의 청구를 받은 보험회사는 특별한 사유가 없으면 소멸된 보험계약의 부활을 승낙하여야 한다.

⑥ 제4항과 제5항에 따라 보험계약의 부활을 청구하는 절차 및 방법과 그 밖에 보험계약의 부활에 관하여 필요한 사항은 대통령령으로 정한다. [전문개정 2010.7.23.]

제98조(특별이익의 제공 금지) 보험계약의 체결 또는 모집에 종사하는 자는 그 체결 또는 모집과 관련하여 보험계약자나 피보험자에게 다음 각 호의 어느 하나에 해당하는 특별이익을 제공하거나 제공하기로 약속하여서는 아니 된다. <개정 2014.10.15.>

1. 금품(대통령령으로 정하는 금액을 초과하지 아니하는 금품은 제외한다)
2. 기초서류에서 정한 사유에 근거하지 아니한 보험료의 할인 또는 수수료의 지급
3. 기초서류에서 정한 보험금액보다 많은 보험금액의 지급 약속
4. 보험계약자나 피보험자를 위한 보험료의 대납
5. 보험계약자나 피보험자가 해당 보험회사로부터 받은 대출금에 대한 이자의 대납

6. 보험료로 받은 수표 또는 어음에 대한 이자 상당액의 대납
7. 「상법」 제682조에 따른 제3자에 대한 청구권 대위행사의 포기 [전문개정 2010.7.23.]

제99조(수수료 지급 등의 금지) ① 보험회사는 제83조에 따라 모집할 수 있는 자 이외의 자에게 모집을 위탁하거나 모집에 관하여 수수료, 보수, 그 밖의 대가를 지급하지 못한다. 다만, 다음 각 호의 어느 하나에 해당하는 경우에는 그러하지 아니하다.

1. 기초서류에서 정하는 방법에 따른 경우
2. 보험회사가 대한민국 밖에서 외국보험사와 공동으로 원보험계약(原保險契約)을 인수하거나 대한민국 밖에서 외국의 모집조직(외국의 법령에 따라 모집을 할 수 있도록 허용된 경우만 해당한다)을 이용하여 원보험계약 또는 재보험계약을 인수하는 경우
3. 그 밖에 대통령령으로 정하는 경우

② 모집에 종사하는 자는 다음 각 호의 어느 하나에 해당하는 경우 이외에는 타인에게 모집을 하게 하거나 그 위탁을 하거나, 모집에 관하여 수수료·보수나 그 밖의 대가를 지급하지 못한다.

1. 보험설계사: 같은 보험회사등에 소속된 다른 보험설계사에 대한 경우
2. 보험대리점: 같은 보험회사와 모집에 관한 위탁계약이 체결된 다른 보험대리점이나 소속 보험설계사에 대한 경우
3. 보험중개사: 다른 보험중개사나 소속 보험설계사에 대한 경우

③ 보험중개사는 대통령령으로 정하는 경우 이외에는 보험계약 체결의 중개와 관련한 수수료나 그 밖의 대가를 보험계약자에게 청구할 수 없다. [전문개정 2010.7.23.]

제100조(금융기관보험대리점등의 금지행위 등) ① 금융기관보험대리점등은 모집을 할 때 다음 각 호의 어느 하나에 해당하는 행위를 하여서는 아니 된다.

1. 대출 등 해당 금융기관이 제공하는 용역(이하 이 조에서 "대출등"이라 한다)을 제공하는 조건으로 대출등을 받는 자에게 그 금융기관이 대리 또는 중개하는 보험계약을 체결할 것을 요구하거나 특정한 보험회사와 보험계약을 체결할 것을 요구하는 행위
2. 대출등을 받는 자의 동의를 미리 받지 아니하고 보험료를 대출등의 거래에 포함시키는 행위
3. 해당 금융기관의 임직원(제83조에 따라 모집할 수 있는 자는 제외한다)에게 모집을 하도록 하거나 이를 용인하는 행위
4. 해당 금융기관의 점포 외의 장소에서 모집을 하는 행위
5. 모집과 관련이 없는 금융거래를 통하여 취득한 개인정보를 미리 그 개인의 동의를 받지 아니하고 모집에 이용하는 행위
6. 그 밖에 제1호부터 제5호까지의 행위와 비슷한 행위로서 대통령령으로 정하는 행위

② 금융기관보험대리점등은 모집을 할 때 다음 각 호의 사항을 지켜야 한다.

1. 해당 금융기관이 대출등을 받는 자에게 보험계약의 청약을 권유하는 경우 대출등을 받는 자가 그 금융기관이 대리하거나 중개하는 보험계약을 체결하지 아니하더라도 대출등을 받는 데 영향이 없음을 알릴 것
2. 해당 금융기관이 보험회사가 아니라 보험대리점 또는 보험중개사라는 사실과 보험계약의 이행에 따른 지급책임은 보험회사에 있음을 보험계약을 청약하는 자에게 알릴 것
3. 보험을 모집하는 장소와 대출등을 취급하는 장소를 보험계약을 청약하는 자가 쉽게 알 수 있을 정도로 분리할 것
4. 제1호부터 제3호까지의 사항과 비슷한 사항으로서 대통령령으로 정하는 사항

③ 금융기관보험대리점등이나 금융기관보험대리점등이 되려는 자는 보험계약 체결을 대리하

거나 중개하는 조건으로 보험회사에 대하여 다음 각 호의 어느 하나의 행위를 하여서는 아니 된다.

1. 해당 금융기관을 계약자로 하는 보험계약의 할인을 요구하거나 그 금융기관에 대한 신용공여, 자금지원 및 보험료 등의 예탁을 요구하는 행위
2. 보험계약 체결을 대리하거나 중개하면서 발생하는 비용 또는 손실을 보험회사에 부당하게 떠넘기는 행위
3. 그 밖에 금융기관의 우월적 지위를 이용하여 부당한 요구 등을 하는 행위로서 대통령령으로 정하는 행위

④ 제3항에 따른 행위의 구체적 기준은 대통령령으로 정하는 바에 따라 금융위원회가 정한다. [전문개정 2010.7.23.]

제101조(자기계약의 금지) ① 보험대리점 또는 보험중개사는 자기 또는 자기를 고용하고 있는 자를 보험계약자 또는 피보험자로 하는 보험을 모집하는 것을 주된 목적으로 하지 못한다.

② 보험대리점 또는 보험중개사가 모집한 자기 또는 자기를 고용하고 있는 자를 보험계약자나 피보험자로 하는 보험의 보험료 누계액(累計額)이 그 보험대리점 또는 보험중개사가 모집한 보험의 보험료의 100분의 50을 초과하게 된 경우에는 그 보험대리점 또는 보험중개사는 제1항을 적용할 때 자기 또는 자기를 고용하고 있는 자를 보험계약자 또는 피보험자로 하는 보험을 모집하는 것을 그 주된 목적으로 한 것으로 본다. [전문개정 2010.7.23.]

제3절 보험계약자의 권리 <개정 2010.7.23.>

제102조(모집을 위탁한 보험회사의 배상책임) ① 보험회사는 그 임직원·보험설계사 또는 보험대리점(보험대리점 소속 보험설계사를 포함한다. 이하 이 조에서 같다)이 모집을 하면서 보험계약자에게 손해를 입힌 경우 배상할 책임을 진다. 다만, 보험회사가 보험설계사 또는 보험대리점에 모집을 위탁하면서 상당한 주의를 하였고 이들이 모집을 하면서 보험계약자에게 손해를 입히는 것을 막기 위하여 노력한 경우에는 그러하지 아니하다.

② 제1항은 해당 임직원·보험설계사 또는 보험대리점에 대한 보험회사의 구상권(求償權) 행사를 방해하지 아니한다.

③ 제1항에 따라 발생한 청구권에 관하여는 「민법」 제766조를 준용한다. [전문개정 2010.7.23.]

제102조의2(보험계약자 등의 의무) 보험계약자, 피보험자, 보험금을 취득할 자, 그 밖에 보험계약에 관하여 이해관계가 있는 자는 보험사기행위를 하여서는 아니 된다. [전문개정 2010.7.23.]

제102조의3(보험 관계 업무 종사자의 의무) 보험회사의 임직원, 보험설계사, 보험대리점, 보험중개사, 손해사정사, 그 밖에 보험 관계 업무에 종사하는 자는 다음 각 호의 어느 하나에 해당하는 행위를 하여서는 아니 된다.

1. 보험계약자, 피보험자, 보험금을 취득할 자, 그 밖에 보험계약에 관하여 이해가 있는 자로 하여금 고의로 보험사고를 발생시키거나 발생하지 아니한 보험사고를 발생한 것처럼 조작하여 보험금을 수령하도록 하는 행위
2. 보험계약자, 피보험자, 보험금을 취득할 자, 그 밖에 보험계약에 관하여 이해가 있는 자로 하여금 이미 발생한 보험사고의 원인, 시기 또는 내용 등을 조작하거나 피해의 정도를 과장하여 보험금을 수령하도록 하는 행위 [본조신설 2014.1.14.]

제102조의4(청약철회) ① 보험회사는 일반보험계약자로서 보험회사에 대하여 대통령령으로 정

하는 보험계약을 청약한 자(이하 이 절에서 "청약자"라 한다)가 보험증권을 받은 날로부터 15일(거래 당사자 사이에 15일보다 긴 기간으로 약정한 경우에는 그 기간) 이내에 대통령령으로 정하는 바에 따라 청약철회의 의사를 표시하는 경우에는 특별한 사정이 없는 한 이를 거부할 수 없다. 다만, 청약을 한 날로부터 30일을 초과한 경우에는 그러하지 아니하다.
② 보험증권의 교부에 관하여 다툼이 있으면 보험회사가 이를 증명하여야 한다.
[본조신설 2014.1.14.]

제102조의5(청약철회의 효과) ① 보험회사는 제102조의4제1항에 따른 청약의 철회를 접수한 날로부터 3일 이내에 이미 납입 받은 보험료를 반환하여야 하며, 보험료 반환이 늦어진 기간에 대하여는 대통령령으로 정하는 바에 따라 계산한 금액을 더하여 지급하여야 한다.
② 보험회사는 청약자에 대하여 그 청약의 철회에 따른 손해배상 또는 위약금 등 금전의 지급을 청구할 수 없다.
③ 보험계약 청약의 철회 당시 이미 보험금의 지급사유가 발생한 경우에는 그 청약 철회의 효력은 발생하지 아니한다. 다만, 청약자가 보험금의 지급사유가 발생했음을 알면서 해당 보험계약의 청약을 철회한 경우에는 그러하지 아니한다. [본조신설 2014.1.14.]

제103조(영업보증금에 대한 우선변제권) 보험계약자나 보험금을 취득할 자가 보험중개사의 보험계약체결 중개행위와 관련하여 손해를 입은 경우에는 그 손해액을 제89조제3항에 따른 영업보증금에서 다른 채권자보다 우선하여 변제받을 권리를 가진다. [전문개정 2010.7.23.]

제5장 자산운용 <개정 2010.7.23.>

제1절 자산운용의 원칙 <개정 2010.7.23.>

제104조(자산운용의 원칙) ① 보험회사는 그 자산을 운용할 때 안정성·유동성·수익성 및 공익성이 확보되도록 하여야 한다.
② 보험회사는 선량한 관리자의 주의로써 그 자산을 운용하여야 한다. [전문개정 2010.7.23.]

제105조(금지 또는 제한되는 자산운용) 보험회사는 그 자산을 다음 각 호의 어느 하나에 해당하는 방법으로 운용하여서는 아니 된다.

1. 대통령령으로 정하는 업무용 부동산이 아닌 부동산(저당권 등 담보권의 실행으로 취득하는 부동산은 제외한다)의 소유
2. 제108조제1항제2호에 따라 설정된 특별계정을 통한 부동산의 소유
3. 상품이나 유가증권에 대한 투기를 목적으로 하는 자금의 대출
4. 직접·간접을 불문하고 해당 보험회사의 주식을 사도록 하기 위한 대출
5. 직접·간접을 불문하고 정치자금의 대출
6. 해당 보험회사의 임직원에 대한 대출(보험약관에 따른 대출 및 금융위원회가 정하는 소액대출은 제외한다)
7. 자산운용의 안정성을 크게 해칠 우려가 있는 행위로서 대통령령으로 정하는 행위

[전문개정 2010.7.23.]

제106조(자산운용의 방법 및 비율) ① 보험회사는 일반계정(제108조제1항제1호 및 제4호의 특별계정을 포함한다. 이하 이 조에서 같다)에 속하는 자산과 제108조제1항제2호에 따른 특별계정(이하 이 조에서 특별계정이라 한다)에 속하는 자산을 운용할 때 다음 각 호의 비율을 초과할 수 없다.

1. 동일한 개인 또는 법인에 대한 신용공여
   가. 일반계정: 총자산의 100분의 3

나. 특별계정: 각 특별계정 자산의 100분의 5
2. 동일한 법인이 발행한 채권 및 주식 소유의 합계액
가. 일반계정: 총자산의 100분의 7
나. 특별계정: 각 특별계정 자산의 100분의 10
3. 동일차주에 대한 신용공여 또는 그 동일차주가 발행한 채권 및 주식 소유의 합계액
가. 일반계정: 총자산의 100분의 12
나. 특별계정: 각 특별계정 자산의 100분의 15
4. 동일한 개인·법인, 동일차주 또는 대주주(그의 특수관계인을 포함한다. 이하 이 절에서 같다)에 대한 총자산의 100분의 1을 초과하는 거액 신용공여의 합계액
가. 일반계정: 총자산의 100분의 20
나. 특별계정: 각 특별계정 자산의 100분의 20
5. 대주주 및 대통령령으로 정하는 자회사에 대한 신용공여
가. 일반계정: 자기자본의 100분의 40(자기자본의 100분의 40에 해당하는 금액이 총자산의 100분의 2에 해당하는 금액보다 큰 경우에는 총자산의 100분의 2)
나. 특별계정: 각 특별계정 자산의 100분의 2
6. 대주주 및 대통령령으로 정하는 자회사가 발행한 채권 및 주식 소유의 합계액
가. 일반계정: 자기자본의 100분의 60(자기자본의 100분의 60에 해당하는 금액이 총자산의 100분의 3에 해당하는 금액보다 큰 경우에는 총자산의 100분의 3)
나. 특별계정: 각 특별계정 자산의 100분의 3
7. 동일한 자회사에 대한 신용공여
가. 일반계정: 자기자본의 100분의 10
나. 특별계정: 각 특별계정 자산의 100분의 4
8. 부동산의 소유
가. 일반계정: 총자산의 100분의 25
나. 특별계정: 각 특별계정 자산의 100분의 15
9. 「외국환거래법」에 따른 외국환이나 외국부동산의 소유(외화표시 보험에 대하여 지급보험금과 같은 외화로 보유하는 자산의 경우에는 금융위원회가 정하는 바에 따라 책임준비금을 한도로 자산운용비율의 산정 대상에 포함하지 아니한다)
가. 일반계정: 총자산의 100분의 30
나. 특별계정: 각 특별계정 자산의 100분의 20
10. 「자본시장과 금융투자업에 관한 법률」에 따른 파생상품거래(금융위원회가 정하는 바에 따른 위험회피 수단 요건에 해당하는 경우는 제외한다)를 위한 대통령령으로 정하는 바에 따른 위탁증거금(장외파생상품거래의 경우에는 약정금액)의 합계액
가. 일반계정: 총자산의 100분의 6(장외파생상품거래에 관하여는 총자산의 100분의 3 미만)
나. 특별계정: 각 특별계정 자산의 100분의 6(장외파생상품거래에 관하여는 각 특별계정 자산의 100분의 3 미만)

② 제1항 각 호에 따른 자산운용비율은 자산운용의 건전성 향상 또는 보험계약자 보호에 필요한 경우에는 대통령령으로 정하는 바에 따라 그 비율의 100분의 50의 범위에서 인하하거나, 발행주체 및 투자수단 등을 구분하여 별도로 정할 수 있다.

③ 제1항에도 불구하고 대통령령으로 정하는 금액 이하의 특별계정에 대하여는 일반계정에 포함하여 자산운용비율을 적용한다. [전문개정 2010.7.23.]

제107조(자산운용 제한에 대한 예외) 다음 각 호의 어느 하나에 해당하는 경우에는 제106조를 적용하지 아니한다. 다만, 제1호의 사유로 자산운용비율을 초과하게 된 경우에는 해당 보험회사는 그 비율을 초과하게 된 날부터 1년 이내(대통령령으로 정하는 사유에 해당하는 경우에는 금융위원회가 정하는 바에 따라 그 기간을 연장할 수 있다)에 제106조에 적합하도록 하여야 한다.

1. 보험회사의 자산가격의 변동, 담보권의 실행, 그 밖에 보험회사의 의사와 관계없는 사유로 자산상태가 변동된 경우
2. 다음 각 목의 어느 하나에 해당하는 경우로서 금융위원회의 승인을 받은 경우
  가. 보험회사가 제123조에 따라 재무건전성 기준을 지키기 위하여 필요한 경우
  나. 「기업구조조정 촉진법」에 따른 출자전환 또는 채무재조정 등 기업의 구조조정을 지원하기 위하여 필요한 경우
  다. 그 밖에 보험계약자의 이익을 보호하기 위하여 필수적인 경 [전문개정 2010.7.23.]

제108조(특별계정의 설정 · 운용) ① 보험회사는 다음 각 호의 어느 하나에 해당하는 계약에 대하여는 대통령령으로 정하는 바에 따라 그 준비금에 상당하는 자산의 전부 또는 일부를 그 밖의 자산과 구별하여 이용하기 위한 계정(이하 "특별계정"이라 한다)을 각각 설정하여 운용할 수 있다.

1. 「조세특례제한법」 제86조의2에 따른 연금저축계약
2. 「근로자퇴직급여 보장법」 제16조제2항에 따른 보험계약 및 법률 제7379호 근로자퇴직급여보장법 부칙 제2조제1항에 따른 퇴직보험계약
3. 변액보험계약(보험금이 자산운용의 성과에 따라 변동하는 보험계약을 말한다)
4. 그 밖에 금융위원회가 필요하다고 인정하는 보험계약

② 보험회사는 특별계정에 속하는 자산은 다른 특별계정에 속하는 자산 및 그 밖의 자산과 구분하여 회계처리하여야 한다. <개정 2015.7.24.>

③ 보험회사는 특별계정에 속하는 이익을 그 계정상의 보험계약자에게 분배할 수 있다.

④ 특별계정에 속하는 자산의 운용방법 및 평가, 이익의 분배, 자산운용실적의 비교 · 공시, 운용전문인력의 확보, 의결권 행사의 제한 등 보험계약자 보호에 필요한 사항은 대통령령으로 정한다. [전문개정 2010.7.23.] [시행일 : 2016.1.25.]

제109조(다른 회사에 대한 출자 제한) 보험회사는 다른 회사의 의결권 있는 발행주식(출자지분을 포함한다) 총수의 100분의 15를 초과하는 주식을 소유할 수 없다. 다만, 제115조에 따라 금융위원회의 승인(신고로써 갈음하는 경우를 포함한다)을 받은 자회사의 주식은 그러하지 아니하다. [전문개정 2010.7.23.]

제110조(자금지원 관련 금지행위) ① 보험회사는 다른 금융기관(「금융산업의 구조개선에 관한 법률」 제2조제1호에 따른 금융기관을 말한다. 이하 이 조에서 같다) 또는 회사와 다음 각 호의 행위를 하여서는 아니 된다. <개정 2013.4.5.>

1. 제106조와 제108조에 따른 자산운용한도의 제한을 피하기 위하여 다른 금융기관 또는 회사의 의결권 있는 주식을 서로 교차하여 보유하거나 신용공여를 하는 행위
2. 「상법」 제341조와 「자본시장과 금융투자업에 관한 법률」 제165조의3에 따른 자기주식 취득의 제한을 피하기 위한 목적으로 서로 교차하여 주식을 취득하는 행위
3. 그 밖에 보험계약자의 이익을 크게 해칠 우려가 있는 행위로서 대통령령으로 정하는 행위

② 보험회사는 제1항을 위반하여 취득한 주식에 대하여는 의결권을 행사할 수 없다.

③ 금융위원회는 제1항을 위반하여 주식을 취득하거나 신용공여를 한 보험회사에 대하여 그

주식의 처분 또는 공여한 신용의 회수를 명하는 등 필요한 조치를 할 수 있다.[전문개정 2010.7.23.]

제110조의2(불공정한 대출의 금지 등) ① 보험회사는 다음 각 호의 어느 하나에 해당하는 불공정한 대출을 하여서는 아니 된다.

1. 대출을 조건으로 차주(借主)의 의사에 반하여 보험가입을 강요하는 행위
2. 부당하게 담보를 요구하거나 연대보증을 요구하는 행위
3. 보험회사 또는 그 임직원이 대출업무와 관련하여 부당한 편익을 제공받는 행위
4. 보험회사가 우월적 지위를 이용하여 보험회사 이용자의 권익을 부당하게 침해하는 행위

② 제1항에 따른 불공정한 대출의 구체적인 유형 및 기준은 대통령령으로 정한다.

③ 금융위원회는 제1항의 위반행위가 있는 경우에는 해당 보험회사에 대하여 불공정한 대출의 중지 또는 시정조치를 명할 수 있다. [본조신설 2010.7.23.]

제111조(대주주와의 거래제한 등) ① 보험회사는 직접 또는 간접으로 그 보험회사의 대주주(그의 특수관계인인 보험회사의 자회사는 제외한다. 이하 이 항에서 같다)와 다음 각 호의 행위를 하여서는 아니 된다. <개정 2015.7.24.>

1. 대주주가 다른 회사에 출자하는 것을 지원하기 위한 신용공여
2. 자산을 대통령령으로 정하는 바에 따라 무상으로 양도하거나 일반적인 거래 조건에 비추어 해당 보험회사에 뚜렷하게 불리한 조건으로 자산에 대하여 매매·교환·신용공여 또는 재보험계약을 하는 행위

② 보험회사는 그 보험회사의 대주주에 대하여 대통령령으로 정하는 금액 이상의 신용공여를 하거나 그 보험회사의 대주주가 발행한 채권 또는 주식을 대통령령으로 정하는 금액 이상으로 취득하려는 경우에는 미리 이사회의 의결을 거쳐야 한다. 이 경우 이사회는 재적이사 전원의 찬성으로 의결하여야 한다.

③ 보험회사는 그 보험회사의 대주주와 다음 각 호의 어느 하나에 해당하는 행위를 하였을 때에는 7일 이내에 그 사실을 금융위원회에 보고하고 인터넷 홈페이지 등을 이용하여 공시하여야 한다.

1. 대통령령으로 정하는 금액 이상의 신용공여
2. 해당 보험회사의 대주주가 발행한 채권 또는 주식을 대통령령으로 정하는 금액 이상으로 취득하는 행위
3. 해당 보험회사의 대주주가 발행한 주식에 대한 의결권을 행사하는 행위

④ 보험회사는 해당 보험회사의 대주주에 대한 신용공여나 그 보험회사의 대주주가 발행한 채권 또는 주식의 취득에 관한 사항을 대통령령으로 정하는 바에 따라 분기별로 금융위원회에 보고하고, 인터넷 홈페이지 등을 이용하여 공시하여야 한다.

⑤ 보험회사의 대주주는 해당 보험회사의 이익에 반하여 대주주 개인의 이익을 위하여 다음 각 호의 어느 하나에 해당하는 행위를 하여서는 아니 된다.

1. 부당한 영향력을 행사하기 위하여 해당 보험회사에 대하여 외부에 공개되지 아니한 자료 또는 정보의 제공을 요구하는 행위. 다만, 제19조제5항(제58조에 따라 준용되는 경우를 포함한다)에 해당하는 경우는 제외한다.
2. 경제적 이익 등 반대급부를 제공하는 조건으로 다른 주주 또는 출자자와 담합(談合)하여 해당 보험회사의 인사 또는 경영에 부당한 영향력을 행사하는 행위
3. 제106조제1항제4호 및 제5호에서 정한 비율을 초과하여 보험회사로부터 신용공여를 받는 행위
4. 제106조제1항제6호에서 정한 비율을 초과하여 보험회사에게 대주주의 채권 및 주식을 소

유하게 하는 행위
5. 그 밖에 보험회사의 이익에 반하여 대주주 개인의 이익을 위한 행위로서 대통령령으로 정하는 행위

⑥ 금융위원회는 보험회사의 대주주(회사만 해당한다)의 부채가 자산을 초과하는 등 재무구조가 부실하여 보험회사의 경영건전성을 뚜렷하게 해칠 우려가 있는 경우로서 대통령령으로 정하는 경우에는 그 보험회사에 대하여 다음 각 호의 조치를 할 수 있다.
1. 대주주에 대한 신규 신용공여 금지
2. 대주주가 발행한 유가증권의 신규 취득 금지
3. 그 밖에 대주주에 대한 자금지원 성격의 거래제한 등 대통령령으로 정하는 조치

[전문개정 2010.7.23.] [시행일 : 2016.1.25.]

제112조(대주주 등에 대한 자료 제출 요구) 금융위원회는 보험회사 또는 그 대주주가 제106조 및 제111조를 위반한 혐의가 있다고 인정되는 경우에는 보험회사 또는 그 대주주에 대하여 필요한 자료의 제출을 요구할 수 있다. [전문개정 2010.7.23.]

제113조(타인을 위한 채무보증의 금지) 보험회사는 타인을 위하여 그 소유자산을 담보로 제공하거나 채무보증을 할 수 없다. 다만, 이 법 및 대통령령으로 정하는 바에 따라 채무보증을 할 수 있는 경우에는 그러하지 아니하다. [전문개정 2010.7.23.]

제114조(자산평가의 방법 등) 보험회사가 취득·처분하는 자산의 평가방법, 채권 발행 또는 자금차입의 제한 등에 관하여 필요한 사항은 대통령령으로 정한다. [전문개정 2010.7.23.]

제2절 자회사 <개정 2010.7.23.>

제115조(자회사의 소유) ① 보험회사는 다음 각 호의 어느 하나에 해당하는 업무를 주로 하는 회사를 금융위원회의 승인을 받아 자회사로 소유할 수 있다. 다만, 보험업 경영과 밀접한 관련이 있는 업무 등으로서 대통령령으로 정하는 업무를 주로 하는 회사를 자회사로 소유하려는 경우에는 신고로써 승인을 갈음할 수 있다. <개정 2015.3.11.>
1. 「금융산업의 구조개선에 관한 법률」 제2조제1호에 따른 금융기관이 경영하는 금융업
2. 「신용정보의 이용 및 보호에 관한 법률」에 따른 신용정보업
3. 보험계약의 유지·해지·변경 또는 부활 등을 관리하는 업무
4. 그 밖에 보험업의 건전성을 저해하지 아니하는 업무로서 대통령령으로 정하는 업무

② 제1항제1호에도 불구하고 보험회사의 대주주가 「은행법」 제16조의2제1항에 따른 비금융주력자인 경우에는 그 보험회사는 「은행법」에 따른 은행을 자회사로 소유할 수 없다.

③ 보험회사가 소유하고 있는 자회사가 업무를 추가하거나 변경하는 경우에는 제1항을 준용한다.

④ 제1항에 따른 승인의 요건 등 필요한 사항은 대통령령으로 정한다. [전문개정 2010.7.23.]

제116조(자회사와의 금지행위) 보험회사는 자회사와 다음 각 호의 행위를 하여서는 아니 된다.
1. 자산을 대통령령으로 정하는 바에 따라 무상으로 양도하거나 일반적인 거래 조건에 비추어 해당 보험회사에 뚜렷하게 불리한 조건으로 매매·교환·신용공여 또는 재보험계약을 하는 행위
2. 자회사가 소유하는 주식을 담보로 하는 신용공여 및 자회사가 다른 회사에 출자하는 것을 지원하기 위한 신용공여
3. 자회사 임직원에 대한 대출(보험약관에 따른 대출과 금융위원회가 정하는 소액대출은 제외

한다) [전문개정 2010.7.23.]

제117조(자회사에 관한 보고의무 등) ① 보험회사는 자회사를 소유하게 된 날부터 15일 이내에 그 자회사의 정관과 대통령령으로 정하는 서류를 금융위원회에 제출하여야 한다.

② 보험회사는 자회사의 사업연도가 끝난 날부터 3개월 이내에 자회사의 대차대조표와 대통령령으로 정하는 서류를 금융위원회에 제출하여야 한다.

③ 보험회사의 자회사가 대통령령으로 정하는 자회사인 경우에는 제1항 및 제2항에 따른 제출서류 일부를 대통령령으로 정하는 바에 따라 제출하지 아니할 수 있다.[전문개정 2010.7.23.]

제6장 계산 <개정 2010.7.23.>

제118조(재무제표 등의 제출) ① 보험회사는 매년 대통령령으로 정하는 날에 그 장부를 폐쇄하여야 하고 장부를 폐쇄한 날부터 3개월 이내에 금융위원회가 정하는 바에 따라 재무제표(부속명세서를 포함한다) 및 사업보고서를 금융위원회에 제출하여야 한다.

② 보험회사는 매월의 업무 내용을 적은 보고서를 다음 달 말일까지 금융위원회가 정하는 바에 따라 금융위원회에 제출하여야 한다.

③ 보험회사는 제1항 및 제2항에 따른 제출서류를 대통령령으로 정하는 바에 따라 전자문서로 제출할 수 있다. [전문개정 2010.7.23.]

제119조(서류의 비치 등) 보험회사는 제118조제1항에 따른 재무제표 및 사업보고서를 일반인이 열람할 수 있도록 금융위원회에 제출하는 날부터 본점과 지점, 그 밖의 영업소에 비치하거나 전자문서로 제공하여야 한다. [전문개정 2010.7.23.]

제120조(책임준비금 등의 적립) ① 보험회사는 결산기마다 보험계약의 종류에 따라 대통령령으로 정하는 책임준비금과 비상위험준비금을 계상(計上)하고 따로 작성한 장부에 각각 기재하여야 한다.

② 제1항에 따른 책임준비금과 비상위험준비금의 계상에 관하여 필요한 사항은 총리령으로 정한다.

③ 금융위원회는 제1항에 따른 책임준비금과 비상위험준비금의 적정한 계상과 관련하여 필요한 경우에는 보험회사의 자산 및 비용, 그 밖에 대통령령으로 정하는 사항에 관한 회계처리기준을 정할 수 있다. [전문개정 2010.7.23.]

제121조(배당보험계약의 회계처리 등) ① 보험회사는 배당보험계약(해당 보험계약으로부터 발생하는 이익의 일부를 보험회사가 보험계약자에게 배당하기로 약정한 보험계약을 말한다. 이하 이 조에서 같다)에 대하여는 대통령령으로 정하는 바에 따라 다른 보험계약과 구분하여 회계처리하여야 한다. <개정 2015.7.24.>

② 보험회사는 대통령령으로 정하는 바에 따라 배당보험계약의 보험계약자에게 배당을 할 수 있다.

③ 제2항에 따른 보험계약자에 대한 배당기준은 배당보험계약자의 이익과 보험회사의 재무건전성 등을 고려하여 정하여야 한다. [전문개정 2010.7.23.] [제목개정 2015.7.24.] [시행일 : 2016.1.25.]

제121조의2(배당보험계약 이외의 보험계약에 대한 회계처리) 보험회사는 배당보험계약 이외의 보험계약에 대하여 자산의 효율적 관리와 계약자 보호를 위하여 필요한 경우에는 보험계약별로 대통령령으로 정하는 바에 따라 금융위원회의 승인을 받아 자산 또는 손익을 구분하여 회

계처리할 수 있다. <개정 2015.7.24.> [시행일 : 2016.1.25.]

제122조(재평가적립금의 사용에 관한 특례) 보험회사가 「자산재평가법」에 따른 재평가를 한 경우 그 재평가에 따른 재평가적립금은 같은 법 제28조제2항 각 호에 따른 처분 이외에 금융위원회의 허가를 받아 보험계약자에 대한 배당을 위하여도 처분할 수 있다. [전문개정 2010.7.23.]

제7장 감독 <개정 2010.7.23.>

제123조(재무건전성의 유지) ① 보험회사는 보험금 지급능력과 경영건전성을 확보하기 위하여 다음 각 호의 사항에 관하여 대통령령으로 정하는 재무건전성 기준을 지켜야 한다.

1. 자본의 적정성에 관한 사항
2. 자산의 건전성에 관한 사항
3. 그 밖에 경영건전성 확보에 필요한 사항

② 금융위원회는 보험회사가 제1항에 따른 기준을 지키지 아니하여 경영건전성을 해칠 우려가 있다고 인정되는 경우에는 대통령령으로 정하는 바에 따라 자본금 또는 기금의 증액명령, 주식 등 위험자산의 소유 제한 등 필요한 조치를 할 수 있다. [전문개정 2010.7.23.]

제124조(공시 등) ① 보험회사는 보험계약자를 보호하기 위하여 필요한 사항으로서 대통령령으로 정하는 사항을 금융위원회가 정하는 바에 따라 즉시 공시하여야 한다.

② 보험협회는 보험료·보험금 등 보험계약에 관한 사항으로서 대통령령으로 정하는 사항을 금융위원회가 정하는 바에 따라 비교·공시할 수 있다.

③ 보험협회가 제2항에 따른 비교·공시를 하는 경우에는 대통령령으로 정하는 바에 따라 보험상품공시위원회를 구성하여야 한다.

④ 보험회사는 제2항에 따른 비교·공시에 필요한 정보를 보험협회에 제공하여야 한다.

⑤ 보험협회 이외의 자가 보험계약에 관한 사항을 비교·공시하는 경우에는 제2항에 따라 금융위원회가 정하는 바에 따라 객관적이고 공정하게 비교·공시하여야 한다.

⑥ 금융위원회는 제2항 및 제5항에 따른 비교·공시가 거짓이거나 사실과 달라 보험계약자 등을 보호할 필요가 있다고 인정되는 경우에는 공시의 중단이나 시정조치 등을 요구할 수 있다. [전문개정 2010.7.23.]

제125조(상호협정의 인가) ① 보험회사가 그 업무에 관한 공동행위를 하기 위하여 다른 보험회사와 상호협정을 체결(변경하거나 폐지하려는 경우를 포함한다)하려는 경우에는 대통령령으로 정하는 바에 따라 금융위원회의 인가를 받아야 한다. 다만, 대통령령으로 정하는 경미한 사항을 변경하려는 경우에는 신고로써 갈음할 수 있다.

② 금융위원회는 공익 또는 보험업의 건전한 발전을 위하여 특히 필요하다고 인정되는 경우에는 보험회사에 대하여 제1항에 따른 협정의 체결·변경 또는 폐지를 명하거나 그 협정의 전부 또는 일부에 따를 것을 명할 수 있다.

③ 금융위원회는 제1항 또는 제2항에 따라 상호협정의 체결·변경 또는 폐지의 인가를 하거나 협정에 따를 것을 명하려면 미리 공정거래위원회와 협의하여야 한다. 다만, 대통령령으로 정하는 경미한 사항을 변경하려는 경우에는 그러하지 아니하다. [전문개정 2010.7.23.]

제126조(정관변경의 보고) 보험회사는 정관을 변경한 경우에는 변경한 날부터 7일 이내에 금융위원회에 알려야 한다. [전문개정 2010.7.23.]

제127조(기초서류의 신고) ① 보험회사는 취급하려는 보험상품에 관한 기초서류를 작성하여야 한다.

② 보험회사는 기초서류를 작성하거나 변경하려는 경우 그 내용이 다음 각 호의 어느 하나에 해당하는 경우에는 미리 금융위원회에 신고하여야 한다. 다만, 제2호에 해당하는 경우로서 대통령령으로 정하는 경미한 사항을 변경하려는 경우에는 그러하지 아니하다. <개정 2015.7.24.>

1. 법령의 제정·개정에 따라 새로운 보험상품이 도입되거나 보험상품 가입이 의무가 되는 경우
2. 보험회사가 금융기관보험대리점등을 통하여 모집하는 경우
3. 보험계약자 보호 등을 위하여 대통령령으로 정하는 경우

③ 금융위원회는 기초서류의 내용이 제2항 각 호의 어느 하나에 해당하지 아니하더라도 보험계약자 보호 등을 위하여 필요하다고 인정되면 보험회사에 대하여 기초서류에 관한 자료 제출을 요구할 수 있다.

④ 제2항 및 제3항에 따른 신고 또는 제출의 절차 및 방법과 그 밖에 필요한 사항은 대통령령으로 정한다. [전문개정 2010.7.23.] [시행일 : 2016.1.25.]

제127조의2(기초서류의 변경 권고) ① 금융위원회는 보험회사가 제127조제2항에 따라 신고한 기초서류의 내용 및 같은 조 제3항에 따라 제출한 기초서류에 관한 자료의 내용이 제128조의3 및 제129조를 위반하는 경우에는 대통령령으로 정하는 바에 따라 기초서류의 변경을 권고할 수 있다.

② 제1항에 따른 변경권고는 그 내용 및 사유가 구체적으로 적힌 문서로 하여야 한다.

[본조신설 2010.7.23.]

제127조의3(기초서류 기재사항 준수의무) 보험회사는 기초서류에 기재된 사항을 준수하여야 한다. [본조신설 2010.7.23.]

제128조(기초서류에 대한 확인) ① 금융위원회는 보험회사가 제127조제2항에 따라 기초서류를 신고할 때 필요하면 「금융위원회의 설치 등에 관한 법률」에 따라 설립된 금융감독원(이하 "금융감독원"이라 한다)의 확인을 받도록 할 수 있다. <개정 2015.7.31.>

② 금융위원회는 보험회사가 제127조제2항에 따라 기초서류를 신고하는 경우 보험료 및 책임준비금 산출방법서에 대하여 제176조에 따른 보험요율 산출기관 또는 대통령령으로 정하는 보험계리업자(이하 "독립계리업자"라 한다)의 검증확인서를 첨부하도록 할 수 있다.

[전문개정 2010.7.23.] [시행일 : 2016.8.1.]

제128조의2(기초서류 관리기준) ① 보험회사는 기초서류를 작성하거나 변경할 때 지켜야 할 절차와 기준(이하 "기초서류관리기준"이라 한다)을 정하고 이를 지켜야 한다.

② 기초서류관리기준에는 다음 각 호의 사항이 포함되어야 한다.

1. 기초서류 작성·변경의 절차 및 기준
2. 기초서류의 적정성에 대한 내부·외부 검증 절차 및 방법
3. 기초서류 작성 오류에 대한 통제 및 수정 방법
4. 기초서류 작성 및 관리과정을 감시·통제·평가하는 방법 및 관련 임직원 또는 제181조제2항에 따른 선임계리사의 역할과 책임
5. 그 밖에 기초서류관리기준의 제정·개정 절차 등 대통령령으로 정하는 사항

③ 보험회사는 기초서류관리기준을 제정·개정하는 경우에는 금융위원회에 보고하여야 하며, 금융위원회는 해당 기준이나 그 운용이 부당하다고 판단되면 기준의 변경 또는 업무의 개선

을 명할 수 있다.

④ 제1항부터 제3항까지에 규정한 사항 외에 기초서류관리기준의 작성 및 운용 등에 필요한 사항은 대통령령으로 정한다. [본조신설 2010.7.23.]

제128조의3(기초서류 작성·변경 원칙) ① 보험회사는 기초서류를 작성·변경할 때 다음 각 호의 사항을 지켜야 한다.

1. 이 법 또는 다른 법령에 위반되는 내용을 포함하지 아니할 것
2. 정당한 사유 없는 보험계약자의 권리 축소 또는 의무 확대 등 보험계약자에게 불리한 내용을 포함하지 아니할 것
3. 그 밖에 보험계약자 보호, 재무건전성 확보 등을 위하여 대통령령으로 정하는 바에 따라 금융위원회가 정하는 기준에 적합할 것

② 보험회사가 기초서류를 작성·변경할 때 그 내용이 제127조제2항 각 호의 어느 하나에 해당하지 아니하면 제1항 각 호의 사항을 지켜 작성·변경한 것으로 추정(推定)한다. [본조신설 2010.7.23.]

제128조의4(보험약관 이해도 평가) ① 금융위원회는 보험소비자와 보험의 모집에 종사하는 자 등 대통령령으로 정하는 자(이하 이 조에서 "보험소비자등"이라 한다)를 대상으로 보험약관에 대하여 보험약관의 이해도를 평가하고 그 결과를 대통령령으로 정하는 바에 따라 공시할 수 있다. <개정 2011.5.19.>

② 금융위원회는 보험소비자등의 보험약관에 대한 이해도를 평가하기 위해 평가대행기관을 지정할 수 있다. <개정 2011.5.19.>

③ 제2항에 따라 지정된 평가대행기관은 조사대상 보험약관에 대하여 보험소비자등의 이해도를 평가하고 그 결과를 금융위원회에 보고하여야 한다. <개정 2011.5.19.>

④ 보험약관 이해도 평가에 수반되는 비용의 부담, 평가 시기, 평가 방법 등 평가에 관한 사항은 금융위원회가 정한다. [본조신설 2010.7.23.]

제129조(보험요율 산출의 원칙) 보험회사는 보험요율을 산출할 때 객관적이고 합리적인 통계자료를 기초로 대수(大數)의 법칙 및 통계신뢰도를 바탕으로 하여야 하며, 다음 각 호의 사항을 지켜야 한다.

1. 보험요율이 보험금과 그 밖의 급부(給付)에 비하여 지나치게 높지 아니할 것
2. 보험요율이 보험회사의 재무건전성을 크게 해칠 정도로 낮지 아니할 것
3. 보험요율이 보험계약자 간에 부당하게 차별적이지 아니할 것 [전문개정 2010.7.23.]

제130조(보고사항) 보험회사는 다음 각 호의 어느 하나에 해당하는 사유가 발생한 경우에는 그 사유가 발생한 날부터 5일 이내에 금융위원회에 보고하여야 한다.

1. 상호나 명칭을 변경한 경우
2. 삭제 <2015.7.31.>
3. 본점의 영업을 중지하거나 재개(再開)한 경우
4. 최대주주가 변경된 경우
5. 대주주가 소유하고 있는 주식 총수가 의결권 있는 발행주식 총수의 100분의 1 이상만큼 변동된 경우
6. 그 밖에 해당 보험회사의 업무 수행에 중대한 영향을 미치는 경우로서 대통령령으로 정하는 경우 [전문개정 2010.7.23.] [시행일 : 2016.8.1.]

제131조(금융위원회의 명령권) ① 금융위원회는 보험회사의 업무운영이 적정하지 아니하거나 자산상황이 불량하여 보험계약자 및 피보험자 등의 권익을 해칠 우려가 있다고 인정되는 경

우에는 다음 각 호의 어느 하나에 해당하는 조치를 명할 수 있다.
1. 업무집행방법의 변경
2. 금융위원회가 지정하는 기관에의 자산 예탁
3. 자산의 장부가격 변경
4. 불건전한 자산에 대한 적립금의 보유
5. 가치가 없다고 인정되는 자산의 손실처리
6. 그 밖에 대통령령으로 정하는 필요한 조치

② 금융위원회는 보험회사의 업무 및 자산상황, 그 밖의 사정의 변경으로 공익 또는 보험계약자의 보호와 보험회사의 건전한 경영을 크게 해칠 우려가 있거나 보험회사의 기초서류에 법령을 위반하거나 보험계약자에게 불리한 내용이 있다고 인정되는 경우에는 청문을 거쳐 기초서류의 변경 또는 그 사용의 정지를 명할 수 있다. 다만, 대통령령으로 정하는 경미한 사항에 관하여 기초서류의 변경을 명하는 경우에는 청문을 하지 아니할 수 있다.

③ 금융위원회는 제2항에 따라 기초서류의 변경을 명하는 경우 보험계약자·피보험자 또는 보험금을 취득할 자의 이익을 보호하기 위하여 특히 필요하다고 인정하면 이미 체결된 보험계약에 대하여도 장래에 향하여 그 변경의 효력이 미치게 할 수 있다.

④ 금융위원회는 제3항에도 불구하고 제2항에 따라 변경명령을 받은 기초서류 때문에 보험계약자·피보험자 또는 보험금을 취득할 자가 부당한 불이익을 받을 것이 명백하다고 인정되는 경우에는 이미 체결된 보험계약에 따라 납입된 보험료의 일부를 되돌려주거나 보험금을 증액하도록 할 수 있다.

⑤ 보험회사는 제2항에 따른 명령을 받은 경우에는 대통령령으로 정하는 바에 따라 그 요지를 공고하여야 한다. [전문개정 2010.7.23.]

제131조의2(보험금 지급불능 등에 대한 조치) 금융위원회는 보험회사의 파산 또는 보험금 지급불능 우려 등 보험계약자의 이익을 크게 해칠 우려가 있다고 인정되는 경우에는 보험계약 체결 제한, 보험금 전부 또는 일부의 지급정지 또는 그 밖에 필요한 조치를 명할 수 있다. [본조신설 2010.7.23.]

제132조(준용) 국내사무소·보험대리점 및 보험중개사에 관하여는 제131조제1항을 준용한다. 이 경우 "보험회사"는 "국내사무소"·"보험대리점" 또는 "보험중개사"로 본다. [전문개정 2010.7.23.]

제133조(자료 제출 및 검사 등) ① 금융위원회는 공익 또는 보험계약자 등을 보호하기 위하여 보험회사에 이 법에서 정하는 감독업무의 수행과 관련한 주주 현황, 그 밖에 사업에 관한 보고 또는 자료 제출을 명할 수 있다.

② 보험회사는 그 업무 및 자산상황에 관하여 금융감독원의 검사를 받아야 한다.

③ 금융감독원의 원장(이하 "금융감독원장"이라 한다)은 제2항에 따른 검사를 할 때 필요하다고 인정하면 보험회사에 대하여 업무 또는 자산에 관한 보고, 자료의 제출, 관계인의 출석 및 의견의 진술을 요구할 수 있다. <개정 2015.7.31.>

④ 제2항에 따라 검사를 하는 자는 그 권한을 표시하는 증표를 지니고 이를 관계인에게 내보여야 한다.

⑤ 금융감독원장은 제2항에 따라 검사를 한 경우에는 그 결과에 따라 필요한 조치를 하고, 그 내용을 금융위원회에 보고하여야 한다.

⑥ 금융감독원장은 「주식회사의 외부감사에 관한 법률」에 따라 보험회사가 선임한 외부감사인에게 그 보험회사를 감사한 결과 알게 된 정보나 그 밖에 경영건전성과 관련되는 자료의 제출을 요구할 수 있다. [전문개정 2010.7.23.] [시행일 : 2016.8.1.]

第134条(보험회사에 대한 제재) ① 금융위원회는 보험회사(그 소속 임직원을 포함한다)가 이 법 또는 이 법에 따른 규정·명령 또는 지시를 위반하여 보험회사의 건전한 경영을 해칠 우려가 있다고 인정되는 경우 또는 「금융회사의 지배구조에 관한 법률」 별표 각 호의 어느 하나에 해당하는 경우(제4호에 해당하는 조치로 한정한다)에는 금융감독원장의 건의에 따라 다음 각 호의 어느 하나에 해당하는 조치를 하거나 금융감독원장으로 하여금 제1호의 조치를 하게 할 수 있다. <개정 2015.7.31.>

1. 보험회사에 대한 주의·경고 또는 그 임직원에 대한 주의·경고·문책의 요구
2. 해당 위반행위에 대한 시정명령
3. 임원의 해임권고·직무정지의 요구
4. 6개월 이내의 영업의 일부정지

② 금융위원회는 보험회사가 다음 각 호의 어느 하나에 해당하는 경우에는 6개월 이내의 기간을 정하여 영업 전부의 정지를 명하거나 청문을 거쳐 보험업의 허가를 취소할 수 있다. <개정 2015.7.31.>

1. 거짓이나 그 밖의 부정한 방법으로 보험업의 허가를 받은 경우
2. 허가의 내용 또는 조건을 위반한 경우
3. 영업의 정지기간 중에 영업을 한 경우
4. 제1항제2호에 따른 시정명령을 이행하지 아니한 경우
5. 「금융회사의 지배구조에 관한 법률」 별표 각 호의 어느 하나에 해당하는 경우(영업의 전부정지를 명하는 경우로 한정한다)

③ 금융위원회는 금융감독원장의 건의에 따라 보험회사가 제1항에 따른 조치, 제2항에 따른 영업정지 또는 허가취소 처분을 받은 사실을 대통령령으로 정하는 바에 따라 공표하도록 할 수 있다. [전문개정 2010.7.23.] [시행일 : 2016.8.1.]

第135条(퇴임한 임원 등에 대한 조치 내용의 통보) ① 금융위원회는 보험회사의 퇴임한 임원 또는 퇴직한 직원이 재임 또는 재직 중이었더라면 제134조제1항제1호 및 제3호에 해당하는 조치를 받았을 것으로 인정되는 경우에는 그 조치의 내용을 금융감독원장으로 하여금 그 보험회사의 장에게 통보하도록 할 수 있다.

② 제1항에 따른 통보를 받은 보험회사의 장은 이를 해당 임직원에게 알리고, 인사기록부에 기록·유지하여야 한다. [전문개정 2010.7.23.]

第136条(준용) ① 국내사무소·보험대리점 및 보험중개사에 관하여는 제133조 및 제134조를 준용한다. 이 경우 "보험회사"는 각각 "국내사무소"·"보험대리점" 또는 "보험중개사"로 본다.

② 보험업과 밀접하게 관련된 업무로서 대통령령으로 정하는 업무를 하는 자회사에 관하여는 제133조를 준용한다. 이 경우 "보험회사"는 "자회사"로 본다.

③ 보험업과 밀접하게 관련된 업무로서 대통령령으로 정하는 업무를 보험회사로부터 위탁받은 자에 관하여는 제133조를 준용한다. 이 경우 "보험회사"는 "위탁받은 자"로 본다.

[전문개정 2010.7.23.]

제8장 해산·청산 <개정 2010.7.23.>

제1절 해산 <개정 2010.7.23.>

第137条(해산사유 등) ① 보험회사는 다음 각 호의 사유로 해산한다. <개정 2015.7.31.>

1. 존립기간의 만료, 그 밖에 정관으로 정하는 사유의 발생

2. 주주총회 또는 사원총회(이하 "주주총회등"이라 한다)의 결의
3. 회사의 합병
4. 보험계약 전부의 이전
5. 회사의 파산
6. 보험업의 허가취소
7. 해산을 명하는 재판

② 보험회사가 제1항제6호의 사유로 해산하면 금융위원회는 7일 이내에 그 보험회사의 본점과 지점 또는 각 사무소 소재지의 등기소에 그 등기를 촉탁(囑託)하여야 한다.

③ 등기소는 제2항의 촉탁을 받으면 7일 이내에 그 등기를 하여야 한다.[전문개정 2010.7.23.] [시행일 : 2016.8.1.]

제138조(해산 · 합병 등의 결의) 해산 · 합병과 보험계약의 이전에 관한 결의는 제39조제2항 또는 「상법」 제434조에 따라 하여야 한다. [전문개정 2010.7.23.]

제139조(해산 · 합병 등의 인가) 해산의 결의 · 합병과 보험계약의 이전은 금융위원회의 인가를 받아야 한다. <개정 2008.2.29.>

제140조(보험계약 등의 이전) ① 보험회사는 계약의 방법으로 책임준비금 산출의 기초가 같은 보험계약의 전부를 포괄하여 다른 보험회사에 이전할 수 있다.

② 보험회사는 제1항에 따른 계약에서 회사자산을 이전할 것을 정할 수 있다. 다만, 금융위원회가 그 보험회사의 채권자의 이익을 보호하기 위하여 필요하다고 인정하는 자산은 유보하여야 한다. [전문개정 2010.7.23.]

제141조(보험계약 이전 결의의 공고와 이의 제기) ① 보험계약을 이전하려는 보험회사는 제138조에 따른 결의를 한 날부터 2주 이내에 계약 이전의 요지와 각 보험회사의 대차대조표를 공고하여야 한다.

② 제1항에 따른 공고에는 이전될 보험계약의 보험계약자로서 이의가 있는 자는 일정한 기간 동안 이의를 제출할 수 있다는 뜻을 덧붙여야 한다. 다만, 그 기간은 1개월 이상으로 하여야 한다.

③ 제2항의 기간에 이의를 제기한 보험계약자가 이전될 보험계약자 총수의 10분의 1을 초과하거나 그 보험금액이 이전될 보험금 총액의 10분의 1을 초과하는 경우에는 보험계약을 이전하지 못한다. 제143조에 따라 계약조항의 변경을 정하는 경우에 이의를 제기한 보험계약자로서 그 변경을 받을 자가 변경을 받을 보험계약자 총수의 10분의 1을 초과하거나 그 보험금액이 변경을 받을 보험계약자의 보험금 총액의 10분의 1을 초과하는 경우에도 또한 같다.

④ 상호회사가 제54조제1항의 기관에 의하지 아니하고 보험계약 이전의 결의를 한 경우에는 제2항 및 제3항을 적용하지 아니한다. [전문개정 2010.7.23.]

제142조(신계약의 금지) 보험계약을 이전하려는 보험회사는 주주총회등의 결의가 있었던 때부터 보험계약을 이전하거나 이전하지 아니하게 될 때까지 그 이전하려는 보험계약과 같은 종류의 보험계약을 하지 못한다. [전문개정 2010.7.23.]

제143조(계약조건의 변경) 보험회사는 보험계약의 전부를 이전하는 경우에 이전할 보험계약에 관하여 이전계약의 내용으로 다음 각 호의 사항을 정할 수 있다.

1. 계산의 기초의 변경
2. 보험금액의 삭감과 장래 보험료의 감액

3. 계약조항의 변경 [전문개정 2010.7.23.]

제144조(자산 처분의 금지 등) ① 제143조에 따라 보험금액을 삭감하기로 정하는 경우에는 보험계약을 이전하려는 보험회사는 주주총회등의 결의가 있었던 때부터 보험계약을 이전하거나 이전하지 아니하게 될 때까지 그 자산을 처분하거나 채무를 부담하려는 행위를 하지 못한다. 다만, 보험업을 유지하기 위하여 필요한 비용을 지출하는 경우 또는 자산의 보전이나 그 밖의 특별한 필요에 따라 금융위원회의 허가를 받아 자산을 처분하는 경우에는 그러하지 아니하다.

② 보험계약이 이전된 경우에는 보험계약에 따라 발생한 채권으로서 제1항에 따라 지급이 정지된 것에 관하여 이전계약에서 정한 보험금액 삭감의 비율에 따라 그 금액을 삭감하여 지급하여야 한다.

③ 제143조에 따라 계약조항의 변경을 정하는 경우에 그 변경을 하려는 보험회사에 대하여도 제1항을 적용한다. 다만, 보험계약으로 발생한 채무를 변제하거나 금융위원회의 허가를 받아 그 변경과 관계없는 행위를 하는 경우에는 그러하지 아니하다. [전문개정 2010.7.23.]

제145조(보험계약 이전의 공고) 보험회사는 보험계약을 이전한 경우에는 7일 이내에 그 취지를 공고하여야 한다. 보험계약을 이전하지 아니하게 된 경우에도 또한 같다. [전문개정 2010.7.23.]

제146조(권리·의무의 승계) ① 보험계약을 이전한 보험회사가 그 보험계약에 관하여 가진 권리와 의무는 보험계약을 이전받은 보험회사가 승계한다. 이전계약으로써 이전할 것을 정한 자산에 관하여도 또한 같다.

② 보험계약 이전의 결의를 한 후 이전할 보험계약에 관하여 발생한 수지(收支)나 그 밖에 이전할 보험계약 또는 자산에 관하여 발생한 변경은 이전을 받은 보험회사에 귀속된다.

[전문개정 2010.7.23.]

제147조(계약 이전으로 인한 입사) 보험계약이 이전된 경우 이전을 받은 보험회사가 상호회사인 경우에는 그 보험계약자는 그 상호회사에 입사한다. [전문개정 2010.7.23.]

제148조(해산 후의 계약 이전 결의) ① 보험회사는 해산한 후에도 3개월 이내에는 보험계약 이전을 결의할 수 있다.

② 제1항의 경우에는 제158조를 적용하지 아니한다. 다만, 보험계약을 이전하지 아니하게 된 경우에는 그러하지 아니하다. [전문개정 2010.7.23.]

제149조(해산등기의 신청) 보험계약의 이전에 따른 해산등기의 신청서에는 다음 각 호의 모든 서류를 첨부하여야 한다.

1. 이전계약서
2. 각 보험회사 주주총회등의 의사록
3. 제141조의 공고 및 이의에 관한 서류
4. 보험계약 이전의 인가를 증명하는 서류 [전문개정 2010.7.23.]

제150조(영업양도·양수의 인가) 보험회사는 그 영업을 양도·양수하려면 금융위원회의 인가를 받아야 한다. [전문개정 2010.7.23.]

제151조(합병 결의의 공고) ① 보험회사가 합병을 결의한 경우에는 그 결의를 한 날부터 2주 이내에 합병계약의 요지와 각 보험회사의 대차대조표를 공고하여야 한다.

② 합병의 경우에는 제141조제2항부터 제4항까지, 제145조 및 제149조를 준용한다.

③ 제1항 및 제2항에 따른 합병은 이의를 제기한 보험계약자나 그 밖에 보험계약으로 발생한 권리를 가진 자에 대하여도 그 효력이 미친다. [전문개정 2010.7.23.]

제152조(계약조건의 변경) ① 보험회사가 합병을 하는 경우에는 합병계약으로써 그 보험계약에 관한 계산의 기초 또는 계약조항의 변경을 정할 수 있다.
② 제1항에 따라 계약조항의 변경을 정하는 경우 그 변경을 하려는 보험회사에 관하여는 제142조 및 제144조제3항을 준용한다. [전문개정 2010.7.23.]

제153조(상호회사의 합병) ① 상호회사는 다른 보험회사와 합병할 수 있다.
② 제1항의 경우 합병 후 존속하는 보험회사 또는 합병으로 설립되는 보험회사는 상호회사이어야 한다. 다만, 합병하는 보험회사의 한 쪽이 주식회사인 경우에는 합병 후 존속하는 보험회사 또는 합병으로 설립되는 보험회사는 주식회사로 할 수 있다.
③ 상호회사와 주식회사가 합병하는 경우에는 이 법 또는 「상법」의 합병에 관한 규정에 따른다.
④ 합병계약서에 적을 사항이나 그 밖에 합병에 관하여 필요한 사항은 대통령령으로 정한다.
[전문개정 2010.7.23.]

제154조(합병의 경우의 사원관계) ① 제153조에 따른 합병이 있는 경우 합병 후 존속하는 보험회사 또는 합병으로 설립되는 보험회사가 상호회사인 경우에는 합병으로 해산하는 보험회사의 보험계약자는 그 회사에 입사하고, 주식회사인 경우에는 상호회사의 사원은 그 지위를 잃는다. 다만, 보험관계에 속하는 권리와 의무는 합병계약에서 정하는 바에 따라 합병 후 존속하는 주식회사 또는 합병으로 설립된 주식회사가 승계한다.
② 제1항에 따라 합병 후 존속하는 상호회사에 입사할 자는 「상법」 제526조제1항에 따른 사원총회에서 사원과 같은 권리를 가진다. 다만, 합병계약에 따로 정한 것이 있으면 그러하지 아니하다.
③ 합병으로 설립되는 상호회사의 창립총회에 관하여는 제39조제2항·제55조와 「상법」 제311조, 제312조, 제316조제2항, 제363조제1항·제2항, 제364조, 제368조제3항·제4항, 제371조제2항, 제372조, 제373조 및 제376조부터 제381조까지의 규정을 준용한다.
[전문개정 2010.7.23.]

제155조(정리계획서의 제출) 보험회사가 그 보험업의 전부 또는 일부를 폐업하려는 경우에는 그 60일 전에 사업 폐업에 따른 정리계획서를 금융위원회에 제출하여야 한다. [전문개정 2010.7.23.]

제2절 청산 <개정 2010.7.23.>

제156조(청산인) ① 보험회사가 보험업의 허가취소로 해산한 경우에는 금융위원회가 청산인을 선임한다.
② 「상법」 제193조·제252조 및 제531조제2항에 따른 청산인은 금융위원회가 선임한다. 이 경우 이해관계인의 청구 없이 선임할 수 있다.
③ 제1항과 제2항의 경우에는 「상법」 제255조제2항을 준용한다.
④ 금융위원회는 다음 각 호의 어느 하나에 해당하는 자의 청구에 따라 청산인을 해임할 수 있다.
1. 감사
2. 3개월 전부터 계속하여 자본금의 100분의 5 이상의 주식을 가진 주주
3. 100분의 5 이상의 사원
⑤ 상호회사는 제4항에 따른 청구를 하는 사원에 관하여 정관으로 다른 기준을 정할 수 있다.
⑥ 금융위원회는 중요한 사유가 있으면 제4항의 청구 없이 청산인을 해임할 수 있다.

[전문개정 2010.7.23.]

제157조(청산인의 보수) 제156조에 따라 청산인을 선임하는 경우에는 청산 중인 회사로 하여금 금융위원회가 정하는 보수를 지급하게 할 수 있다. [전문개정 2010.7.23.]

제158조(해산 후의 보험금 지급) ① 보험회사는 제137조제1항제2호·제6호 또는 제7호의 사유로 해산한 경우에는 보험금 지급 사유가 해산한 날부터 3개월 이내에 발생한 경우에만 보험금을 지급하여야 한다.

② 보험회사는 제1항의 기간이 지난 후에는 피보험자를 위하여 적립한 금액이나 아직 지나지 아니한 기간에 대한 보험료를 되돌려주어야 한다. [전문개정 2010.7.23.]

제159조(채권신고기간 내의 변제) 보험회사에 관하여 「상법」 제536조제2항을 적용할 때 "법원"은 "금융위원회"로 본다. [전문개정 2010.7.23.]

제160조(청산인의 감독) 금융위원회는 청산인을 감독하기 위하여 보험회사의 청산업무와 자산상황을 검사하고, 자산의 공탁을 명하며, 그 밖에 청산의 감독상 필요한 명령을 할 수 있다. [전문개정 2010.7.23.]

제161조(해산 후의 강제관리) ① 금융위원회는 해산한 보험회사의 업무 및 자산상황으로 보아 필요하다고 인정하는 경우에는 업무와 자산의 관리를 명할 수 있다.

② 제1항의 명령이 있는 경우에는 제148조제2항을 준용한다. [전문개정 2010.7.23.]

제9장 관계자에 대한 조사 <개정 2010.7.23.>

제162조(조사대상 및 방법 등) ① 금융위원회는 다음 각 호의 어느 하나에 해당하는 경우에는 보험회사, 보험계약자, 피보험자, 보험금을 취득할 자, 그 밖에 보험계약에 관하여 이해관계가 있는 자(이하 이 장에서 "관계자"라 한다)에 대한 조사를 할 수 있다.

1. 이 법 및 이 법에 따른 명령 또는 조치를 위반한 사실이 있는 경우
2. 공익 또는 건전한 보험거래질서의 확립을 위하여 필요한 경우

② 금융위원회는 제1항에 따른 조사를 위하여 필요하다고 인정되는 경우에는 관계자에게 다음 각 호의 사항을 요구할 수 있다.

1. 조사사항에 대한 사실과 상황에 대한 진술서의 제출
2. 조사에 필요한 장부, 서류, 그 밖의 물건의 제출

③ 제1항 및 제2항의 조사에 관하여는 제133조제4항을 준용한다.

④ 금융위원회는 관계자가 제1항에 따른 조사를 방해하거나 제2항에 따라 제출하는 자료를 거짓으로 작성하거나 그 제출을 게을리한 경우에는 관계자가 소속된 단체의 장에게 관계자에 대한 문책 등을 요구할 수 있다. [전문개정 2010.7.23.]

제163조(보험조사협의회) ① 제162조제1항에 따른 조사업무를 효율적으로 수행하기 위하여 금융위원회에 보건복지부, 금융감독원, 보험 관련 기관 및 단체 등으로 구성되는 보험조사협의회를 둘 수 있다.

② 제1항에 따른 보험조사협의회의 구성·운영 등에 관하여 필요한 사항은 대통령령으로 정한다. [전문개정 2010.7.23.]

제164조(조사 관련 정보의 공표) 금융위원회는 관계자에 대한 조사실적, 처리결과, 그 밖에 관계자의 위법행위 예방에 필요한 정보 및 자료를 대통령령으로 정하는 바에 따라 공표할 수 있다. [전문개정 2010.7.23.]

제10장 손해보험계약의 제3자 보호 <개정 2010.7.23.>

제165조(제3자의 보험금 지급보장) 손해보험회사는 손해보험계약의 제3자가 보험사고로 입은 손해에 대한 보험금의 지급을 이 장에서 정하는 바에 따라 보장하여야 한다.[전문개정 2010.7.23.]

제166조(적용범위) 이 장의 규정은 법령에 따라 가입이 강제되는 손해보험계약(자동차보험계약의 경우에는 법령에 따라 가입이 강제되지 아니하는 보험계약을 포함한다. 이하 이 장에서 같다)으로서 대통령령으로 정하는 손해보험계약에만 적용한다. 다만, 대통령령으로 정하는 법인을 계약자로 하는 손해보험계약에는 적용하지 아니한다. [전문개정 2010.7.23.]

제167조(지급불능의 보고) ① 손해보험회사는 「예금자보호법」 제2조제8호의 사유로 손해보험계약의 제3자에게 보험금을 지급하지 못하게 된 경우에는 즉시 그 사실을 보험협회 중 손해보험회사로 구성된 협회(이하 "손해보험협회"라 한다)의 장에게 보고하여야 한다. <개정 2015.12.22.>

② 손해보험회사는 「예금자보호법」 제2조제8호나목에 따른 보험업 허가취소 등이 있었던 날부터 3개월 이내에 제3자에게 보험금을 지급하여야 할 사유가 발생하면 즉시 그 사실을 손해보험협회의 장에게 보고하여야 한다. <개정 2015.12.22.> [전문개정 2010.7.23.]

제168조(출연) ① 손해보험회사는 손해보험계약의 제3자에 대한 보험금의 지급을 보장하기 위하여 수입보험료 및 책임준비금을 고려하여 대통령령으로 정하는 비율을 곱한 금액을 손해보험협회에 출연(出捐)하여야 한다.

② 손해보험회사는 제167조에 따른 지급불능 보고를 한 후 제1항의 출연을 할 수 있다.

③ 제1항과 제2항에 따른 출연금의 납부방법 및 절차에 관하여 필요한 사항은 대통령령으로 정한다. [전문개정 2010.7.23.]

제169조(보험금의 지급) ① 손해보험협회의 장은 제167조에 따른 보고를 받으면 금융위원회의 확인을 거쳐 손해보험계약의 제3자에게 대통령령으로 정하는 보험금을 지급하여야 한다.

② 제1항에 따른 보험금의 지급방법 및 절차 등에 관하여 필요한 사항은 대통령령으로 정한다. [전문개정 2010.7.23.]

제170조(자료 제출 요구) 손해보험협회의 장은 제168조에 따른 출연금을 산정하고 제169조에 따른 보험금을 지급하기 위하여 필요한 범위에서 손해보험회사의 업무 및 자산상황에 관한 자료 제출을 요구할 수 있다. [전문개정 2010.7.23.]

제171조(자금의 차입) ① 손해보험협회는 제169조에 따른 보험금의 지급을 위하여 필요한 경우에는 정부, 「예금자보호법」 제3조에 따른 예금보험공사, 그 밖에 대통령령으로 정하는 금융기관으로부터 금융위원회의 승인을 받아 자금을 차입할 수 있다.

② 손해보험회사는 제168조제1항에 따라 그 손해보험회사가 출연하여야 하는 금액의 범위에서 제1항에 따른 손해보험협회의 차입에 대하여 보증할 수 있다. [전문개정 2010.7.23.]

제172조(출연금 등의 회계처리) 제168조에 따른 출연금 및 제171조에 따른 차입금은 손해보험협회의 일반예산과 구분하여 회계처리하여야 한다. [전문개정 2010.7.23.] [제목개정 2015.7.24.] [시행일 : 2016.1.25.]

제173조(구상권) 손해보험협회는 제169조에 따라 보험금을 지급한 경우에는 해당 손해보험회사에 대하여 구상권을 가진다. [전문개정 2010.7.23.]

第174조(정산) 손해보험협회는 제168조에 따라 손해보험회사로부터 출연받은 금액으로 제169조에 따른 보험금을 지급하고 남거나 부족한 금액이 있는 경우 또는 제173조에 따른 구상권의 행사로 수입(收入)한 금액이 있는 경우에는 정산하여야 한다. [전문개정 2010.7.23.]

제11장 보험 관계 단체 등 <개정 2010.7.23.>

제1절 보험협회 등 <개정 2010.7.23.>

第175조(보험협회) ① 보험회사는 상호 간의 업무질서를 유지하고 보험업의 발전에 기여하기 위하여 보험협회를 설립할 수 있다.

② 보험협회는 법인으로 한다.

③ 보험협회는 정관으로 정하는 바에 따라 다음 각 호의 업무를 한다.

1. 보험회사 간의 건전한 업무질서의 유지

1의2. 제85조의3제2항에 따른 보험회사등이 지켜야 할 규약의 제정・개정

2. 보험상품의 비교・공시 업무

3. 정부로부터 위탁받은 업무

4. 제1호・제1호의2 및 제2호의 업무에 부수하는 업무

5. 그 밖에 대통령령으로 정하는 업무 [전문개정 2010.7.23.]

第176조(보험요율 산출기관) ① 보험회사는 보험금의 지급에 충당되는 보험료(이하 "순보험료"라 한다)를 결정하기 위한 요율(이하 "순보험요율"이라 한다)을 공정하고 합리적으로 산출하고 보험과 관련된 정보를 효율적으로 관리・이용하기 위하여 금융위원회의 인가를 받아 보험요율 산출기관을 설립할 수 있다.

② 보험요율 산출기관은 법인으로 한다.

③ 보험요율 산출기관은 정관으로 정하는 바에 따라 다음 각 호의 업무를 한다.

1. 순보험요율의 산출・검증 및 제공
2. 보험 관련 정보의 수집・제공 및 통계의 작성
3. 보험에 대한 조사・연구
4. 설립 목적의 범위에서 정부기관, 보험회사, 그 밖의 보험 관계 단체로부터 위탁받은 업무
5. 제1호부터 제3호까지의 업무에 딸린 업무
6. 그 밖에 대통령령으로 정하는 업무

④ 보험요율 산출기관은 보험회사가 적용할 수 있는 순보험요율을 산출하여 금융위원회에 신고할 수 있다.

⑤ 보험요율 산출기관은 순보험요율 산출 등 이 법에서 정하는 업무 수행을 위하여 보험 관련 통계를 체계적으로 통합・집적(集積)하여야 하며 필요한 경우 보험회사에 자료의 제출을 요청할 수 있다. 이 경우 보험회사는 이에 따라야 한다.

⑥ 보험회사가 제4항에 따라 보험요율 산출기관이 신고한 순보험요율을 적용하는 경우에는 순보험료에 대하여 제127조제2항에 따른 변경신고를 한 것으로 본다.

⑦ 보험회사는 이 법에 따라 금융위원회에 제출하는 기초서류를 보험요율 산출기관으로 하여금 확인하게 할 수 있다.

⑧ 보험요율 산출기관은 그 업무와 관련하여 정관으로 정하는 바에 따라 보험회사로부터 수수료를 받을 수 있다.

⑨ 보험요율 산출기관은 보험계약자의 권익을 보호하기 위하여 필요하다고 인정되는 경우에는 다음 각 호의 어느 하나에 해당하는 자료를 공표할 수 있다.
1. 순보험요율 산출에 관한 자료
2. 보험 관련 각종 조사·연구 및 통계자료
⑩ 보험요율 산출기관은 순보험요율을 산출하기 위하여 필요한 경우 또는 보험회사의 보험금 지급업무에 필요한 경우에는 음주운전 등 교통법규 위반 또는 운전면허(「건설기계관리법」 제26조제1항 본문에 따른 건설기계조종사면허를 포함한다. 이하 제177조에서 같다)의 효력에 관한 개인정보를 보유하고 있는 기관의 장으로부터 그 정보를 제공받아 보험회사가 보험계약자에게 적용할 순보험료의 산출 또는 보험금 지급업무에 이용하게 할 수 있다. <개정 2014.1.14., 2015.12.22.>
⑪ 보험요율 산출기관은 순보험요율을 산출하기 위하여 필요하면 질병에 관한 통계를 보유하고 있는 기관의 장으로부터 그 질병에 관한 통계를 제공받아 보험회사로 하여금 보험계약자에게 적용할 순보험료의 산출에 이용하게 할 수 있다.
⑫ 보험요율 산출기관은 이 법 또는 다른 법률에 따라 제공받아 보유하는 개인정보를 다음 각 호의 어느 하나에 해당하는 경우 외에는 타인에게 제공할 수 없다. <개정 2014.1.14.>
1. 보험회사의 순보험료 산출에 필요한 경우
1의2. 제10항에 따른 정보를 제공받은 목적대로 보험회사가 이용하게 하기 위하여 필요한 경우
2. 「신용정보의 이용 및 보호에 관한 법률」 제33조 각 호에서 정하는 사유에 따른 경우
3. 정부로부터 위탁받은 업무를 하기 위하여 필요한 경우
4. 이 법에서 정하고 있는 보험요율 산출기관의 업무를 하기 위하여 필요한 경우로서 대통령령으로 정하는 경우
⑬ 보험요율 산출기관이 제10항에 따라 제공받는 개인정보와 제11항에 따라 제공받는 질병에 관한 통계 이용의 범위·절차 및 방법 등에 관하여 필요한 사항은 대통령령으로 정한다.
⑭ 보험요율 산출기관이 제12항에 따라 개인정보를 제공하는 절차·방법 등에 관하여 필요한 사항은 대통령령으로 정한다. [전문개정 2010.7.23.]

제177조(개인정보이용자의 의무) 제176조제10항에 따라 제공받은 교통법규 위반 또는 운전면허의 효력에 관한 개인정보와 그 밖에 보험계약과 관련하여 보험계약자 등으로부터 제공받은 질병에 관한 개인정보를 이용하여 순보험료의 산출 ·적용 업무 또는 보험금 지급업무에 종사하거나 종사하였던 자는 그 업무상 알게 된 개인정보를 누설하거나 타인에게 이용하도록 제공하는 등 부당한 목적을 위하여 사용하여서는 아니 된다. <개정 2014.1.14.>
[전문개정 2010.7.23.]

제178조(그 밖의 보험 관계 단체) ① 보험설계사, 보험대리점, 보험중개사, 보험계리사, 손해사정사, 그 밖에 보험 관계 업무에 종사하는 자는 공익이나 보험계약자 및 피보험자 등을 보호하고 모집질서를 유지하기 위하여 각각 단체를 설립할 수 있다.
② 제1항에 따른 보험 관계 단체는 법인으로 한다.
③ 제1항에 따른 보험 관계 단체는 정관으로 정하는 바에 따라 다음 각 호의 업무를 한다.
1. 회원 간의 건전한 업무질서 유지
2. 회원에 대한 연수·교육 업무
3. 정부·금융감독원 또는 보험협회로부터 위탁받은 업무
4. 제1호 및 제2호에 딸린 업무
5. 그 밖에 대통령령으로 정하는 업무 [전문개정 2010.7.23.]

第179条(감독) 보험협회, 보험요율 산출기관 및 제178조에 따른 보험 관계 단체에 관하여는 제131조제1항・제133조・제134조 및 제135조를 준용한다. [전문개정 2010.7.23.]

第180条(「민법」의 준용) 보험협회, 보험요율 산출기관 및 제178조에 따른 보험 관계 단체에 관하여는 이 법 또는 이 법에 따른 명령에 특별한 규정이 없으면 「민법」 중 사단법인에 관한 규정을 준용한다. [전문개정 2010.7.23.]

제2절 보험계리 및 손해사정 <개정 2010.7.23.>

第181条(보험계리) ① 보험회사는 보험계리에 관한 업무(기초서류의 내용 및 배당금 계산 등의 정당성 여부를 확인하는 것을 말한다)를 보험계리사를 고용하여 담당하게 하거나, 보험계리를 업으로 하는 자(이하 "보험계리업자"라 한다)에게 위탁하여야 한다.

② 보험회사는 제184조제1항에 따라 보험계리에 관한 업무를 검증하고 확인하는 보험계리사(이하 "선임계리사"라 한다)를 선임하여야 한다.

③ 제1항과 제2항에 따른 보험계리사, 선임계리사 또는 보험계리업자의 구체적인 업무범위와 위탁・선임에 관한 절차는 총리령으로 정한다. [전문개정 2010.7.23.]

第182条(보험계리사) ① 보험계리사가 되려는 자는 금융감독원장이 실시하는 시험에 합격하고 일정 기간의 실무수습을 마친 후 금융위원회에 등록하여야 한다.

② 제1항에 따른 시험 과목 및 시험 면제와 실무수습 기간 등에 관하여 필요한 사항은 총리령으로 정한다. [전문개정 2010.7.23.]

第183条(보험계리업) ① 보험계리를 업으로 하려는 자는 금융위원회에 등록하여야 한다.

② 보험계리를 업으로 하려는 법인은 대통령령으로 정하는 수 이상의 보험계리사를 두어야 한다.

③ 제1항에 따른 등록을 하려는 자는 총리령으로 정하는 수수료를 내야 한다.

④ 그 밖에 보험계리업의 등록 및 영업기준 등에 관하여 필요한 사항은 대통령령으로 정한다. [전문개정 2010.7.23.]

第184条(선임계리사의 의무 등) ① 선임계리사는 기초서류의 내용 및 보험계약에 따른 배당금의 계산 등이 정당한지 여부를 검증하고 확인하여야 한다.

② 선임계리사는 보험회사가 기초서류관리기준을 지키는지를 점검하고 이를 위반하는 경우에는 조사하여 그 결과를 이사회에 보고하여야 하며, 기초서류에 법령을 위반한 내용이 있다고 판단하는 경우에는 금융위원회에 보고하여야 한다.

③ 선임계리사・보험계리사 또는 보험계리업자는 그 업무를 할 때 다음 각 호의 행위를 하여서는 아니 된다.

1. 고의로 진실을 숨기거나 거짓으로 보험계리를 하는 행위
2. 업무상 알게 된 비밀을 누설하는 행위
3. 타인으로 하여금 자기의 명의로 보험계리업무를 하게 하는 행위
4. 그 밖에 공정한 보험계리업무의 수행을 해치는 행위로서 대통령령으로 정하는 행위

④ 보험회사가 선임계리사를 선임한 경우에는 그 선임일이 속한 사업연도의 다음 사업연도부터 연속하는 3개 사업연도가 끝나는 날까지 그 선임계리사를 해임할 수 없다. 다만, 다음 각 호의 어느 하나에 해당하는 경우에는 그러하지 아니하다.

1. 선임계리사가 회사의 기밀을 누설한 경우
2. 선임계리사가 그 업무를 게을리하여 회사에 손해를 발생하게 한 경우

3. 선임계리사가 계리업무와 관련하여 부당한 요구를 하거나 압력을 행사한 경우
4. 제192조에 따른 금융위원회의 해임 요구가 있는 경우

⑤ 선임계리사의 요건 및 권한과 업무 수행의 독립성 보장에 관하여 필요한 사항은 대통령령으로 정한다.

⑥ 금융위원회는 선임계리사에게 그 업무범위에 속하는 사항에 관하여 의견을 제출하게 할 수 있다. [전문개정 2010.7.23.]

제185조(손해사정) 대통령령으로 정하는 보험회사는 손해사정사를 고용하여 보험사고에 따른 손해액 및 보험금의 사정(이하 "손해사정"이라 한다)에 관한 업무를 담당하게 하거나 손해사정사 또는 손해사정을 업으로 하는 자(이하 "손해사정업자"라 한다)를 선임하여 그 업무를 위탁하여야 한다. 다만, 보험사고가 외국에서 발생하거나 보험계약자 등이 금융위원회가 정하는 기준에 따라 손해사정사를 따로 선임한 경우에는 그러하지 아니하다. [전문개정 2010.7.23.]

제186조(손해사정사) ① 손해사정사가 되려는 자는 금융감독원장이 실시하는 시험에 합격하고 일정 기간의 실무수습을 마친 후 금융위원회에 등록하여야 한다.

② 제1항에 따른 손해사정사의 등록, 시험 과목 및 시험 면제와 실무수습 기간 등에 관하여 필요한 사항은 총리령으로 정한다.

③ 손해사정사는 금융위원회가 정하는 바에 따라 업무와 관련된 보조인을 둘 수 있다.

[전문개정 2010.7.23.]

제187조(손해사정업) ① 손해사정을 업으로 하려는 자는 금융위원회에 등록하여야 한다.

② 손해사정을 업으로 하려는 법인은 대통령령으로 정하는 수 이상의 손해사정사를 두어야 한다.

③ 제1항에 따른 등록을 하려는 자는 총리령으로 정하는 수수료를 내야 한다.

④ 그 밖에 손해사정업의 등록 및 영업기준 등에 관하여 필요한 사항은 대통령령으로 정한다.

[전문개정 2010.7.23.]

제188조(손해사정사 등의 업무) 손해사정사 또는 손해사정업자의 업무는 다음 각 호와 같다.

1. 손해 발생 사실의 확인
2. 보험약관 및 관계 법규 적용의 적정성 판단
3. 손해액 및 보험금의 사정
4. 제1호부터 제3호까지의 업무와 관련된 서류의 작성·제출의 대행
5. 제1호부터 제3호까지의 업무 수행과 관련된 보험회사에 대한 의견의 진술

[전문개정 2010.7.23.]

제189조(손해사정사의 의무 등) ① 보험회사로부터 손해사정업무를 위탁받은 손해사정사 또는 손해사정업자는 손해사정업무를 수행한 후 지체 없이 손해사정서를 보험회사에 내어 주고, 그 중요한 내용을 알려주어야 한다.

② 보험계약자 등이 선임한 손해사정사 또는 손해사정업자는 손해사정업무를 수행한 후 지체 없이 보험회사 및 보험계약자 등에 대하여 손해사정서를 내어 주고, 그 중요한 내용을 알려주어야 한다.

③ 손해사정사 또는 손해사정업자는 손해사정업무를 수행할 때 보험계약자, 그 밖의 이해관계자들의 이익을 부당하게 침해하여서는 아니 되며, 다음 각 호의 행위를 하여서는 아니 된다.

1. 고의로 진실을 숨기거나 거짓으로 손해사정을 하는 행위
2. 업무상 알게 된 보험계약자 등에 관한 개인정보를 누설하는 행위
3. 타인으로 하여금 자기의 명의로 손해사정업무를 하게 하는 행위

4. 정당한 사유 없이 손해사정업무를 지연하거나 충분한 조사를 하지 아니하고 손해액 또는 보험금을 산정하는 행위
5. 보험회사 및 보험계약자 등에 대하여 이미 제출받은 서류와 중복되는 서류나 손해사정과 관련이 없는 서류를 요청함으로써 손해사정을 지연하는 행위
6. 그 밖에 공정한 손해사정업무의 수행을 해치는 행위로서 대통령령으로 정하는 행위

[전문개정 2010.7.23.]

제190조(등록의 취소) 보험계리사·선임계리사·보험계리업자·손해사정사 및 손해사정업자에 관하여는 제86조를 준용한다. 이 경우 제86조제1항 제3호에서 "제84조"는 각각 "제182조제1항"·"제183조제1항"·"제186조제1항" 또는 "제187조제1항"으로 본다.[전문개정 2010.7.23.]

제191조(손해배상의 보장) 금융위원회는 보험계리업자 또는 손해사정업자가 그 업무를 할 때 고의 또는 과실로 타인에게 손해를 발생하게 한 경우 그 손해의 배상을 보장하기 위하여 보험계리업자 또는 손해사정업자에게 금융위원회가 지정하는 기관에의 자산 예탁, 보험 가입, 그 밖에 필요한 조치를 하게 할 수 있다. [전문개정 2010.7.23.]

제192조(감독) ① 금융위원회는 보험계리사·선임계리사·보험계리업자·손해사정사 또는 손해사정업자가 그 직무를 게을리하거나 직무를 수행하면서 부적절한 행위를 하였다고 인정되는 경우에는 6개월 이내의 기간을 정하여 업무의 정지를 명하거나 해임하게 할 수 있다. <개정 2014.10.15.>

② 보험계리업자 및 손해사정업자에 관하여는 제131조제1항·제133조 및 제134조제1항을 준용한다. 이 경우 "보험회사" 는 각각 "보험계리업자", "손해사정업자"로 본다.

[전문개정 2010.7.23.]

제12장 보칙 <개정 2010.7.23.>

제193조(공제에 대한 협의) ① 금융위원회는 법률에 따라 운영되는 공제업과 이 법에 따른 보험업 간의 균형 있는 발전을 위하여 필요하다고 인정하는 경우에는 그 공제업을 운영하는 자에게 기초서류에 해당하는 사항에 관한 협의를 요구할 수 있다.

② 제1항의 요구를 받은 자는 정당한 사유가 없으면 그 요구에 따라야 한다.[전문개정 2010.7.23.]

제194조(업무의 위탁) ① 다음 각 호의 업무는 보험협회에 위탁한다.

1. 제84조에 따른 보험설계사의 등록업무
2. 제87조에 따른 보험대리점의 등록업무

② 다음 각 호의 업무는 금융감독원장에게 위탁한다.

1. 제89조에 따른 보험중개사의 등록업무
2. 제182조에 따른 보험계리사의 등록업무
3. 제183조에 따른 보험계리를 업으로 하려는 자의 등록업무
4. 제186조에 따른 손해사정사의 등록업무
5. 제187조에 따른 손해사정을 업으로 하려는 자의 등록업무

③ 금융위원회는 이 법에 따른 업무의 일부를 대통령령으로 정하는 바에 따라 금융감독원장에게 위탁할 수 있다.

④ 금융감독원장은 이 법에 따른 업무의 일부를 대통령령으로 정하는 바에 따라 보험협회의 장, 보험요율 산출기관의 장 또는 제178조에 따른 보험 관계 단체의 장, 자격검정 등을 목적으로 설립된 기관에 위탁할 수 있다. [전문개정 2010.7.23.]

제195조(허가 등의 공고) ① 금융위원회는 제4조제1항에 따른 허가를 하거나 제74조제1항 또는 제134조제2항에 따라 허가를 취소한 경우에는 지체 없이 그 내용을 관보에 공고하고 인터넷 홈페이지 등을 이용하여 일반인에게 알려야 한다.

② 금융위원회는 다음 각 호의 사항을 인터넷 홈페이지 등을 이용하여 일반인에게 알려야 한다.

1. 제4조에 따라 허가받은 보험회사
2. 제12조에 따라 설치된 국내사무소
3. 제125조에 따라 인가된 상호협정

③ 금융감독원장은 다음 각 호의 사항을 인터넷 홈페이지 등을 이용하여 일반인에게 알려야 한다.

1. 제89조에 따라 등록된 보험중개사
2. 제182조에 따라 등록된 보험계리사 및 제183조에 따라 등록된 보험계리업자
3. 제186조에 따라 등록된 손해사정사 및 제187조에 따라 등록된 손해사정업자

④ 보험협회는 제87조에 따라 등록된 보험대리점을 인터넷 홈페이지 등을 이용하여 일반인에게 알려야 한다. [전문개정 2010.7.23.]

제196조(과징금) ① 금융위원회는 보험회사가 제95조의4, 제98조, 제99조, 제106조, 제111조, 제127조, 제127조의3, 제128조의3, 제131조를 위반한 경우에는 다음 각 호의 구분에 따라 과징금을 부과할 수 있다.

1. 제95조의4제1항부터 제3항까지를 위반하여 광고하는 경우: 해당 보험계약의 연간 수입보험료의 100분의 20 이하
2. 제98조를 위반하여 특별이익을 제공하거나 제공하기로 약속하는 경우: 특별이익의 제공대상이 된 해당 보험계약의 연간 수입보험료의 100분의 50 이하
3. 제99조제1항을 위반하여 모집을 할 수 있는 자 이외의 자에게 모집을 위탁한 경우: 해당 보험계약의 수입보험료의 100분의 20 이하
4. 제106조제1항제1호부터 제3호까지의 규정에 따른 신용공여 등의 한도를 초과한 경우: 초과한 신용공여액 등의 100분의 10 이하
5. 제106조제1항제5호에 따른 신용공여의 한도를 초과한 경우: 초과한 신용공여액의 100분의 20 이하
6. 제106조제1항제6호에 따른 채권 또는 주식의 소유한도를 초과한 경우: 초과 소유한 채권 또는 주식의 장부가액 합계액의 100분의 20 이하
7. 제111조제1항을 위반하여 신용공여를 하거나 자산의 매매 또는 교환 등을 한 경우: 해당 신용공여액 또는 해당 자산의 장부가액의 100분의 20 이하
8. 제127조를 위반한 경우: 해당 보험계약의 연간 수입보험료의 100분의 20 이하
9. 제127조의3을 위반한 경우: 해당 보험계약의 연간 수입보험료의 100분의 20 이하
10. 제128조의3을 위반하여 기초서류를 작성·변경한 경우: 해당 보험계약의 연간 수입보험료의 100분의 20 이하
11. 제131조제2항 및 제4항에 따라 금융위원회로부터 기초서류의 변경·사용중지 명령 또는 보험료환급·보험금증액 명령을 받은 경우: 해당 보험계약의 연간 수입보험료의 100분의 20 이하

② 금융위원회는 보험회사의 소속 임직원 또는 소속 보험설계사가 제95조의2·제96조제1항·제97조제1항을 위반한 경우에는 그 보험회사에 대하여 해당 보험계약의 수입보험료의 100분의 20 이하의 범위에서 과징금을 부과할 수 있다. 다만, 보험회사가 그 위반행위를 막

기 위하여 해당 업무에 관하여 상당한 주의와 감독을 게을리하지 아니한 경우에는 그러하지 아니하다.

③ 제98조, 제106조제1항제1호부터 제3호까지 · 제5호 · 제6호 또는 제111조제1항을 위반한 자에게는 정상(情狀)에 따라 제200조 또는 제202조에 따른 벌칙과 제1항에 따른 과징금을 병과(倂科)할 수 있다.

④ 제1항부터 제3항까지의 규정에 따른 과징금의 부과 및 징수 절차 등에 관하여는 「은행법」 제65조의4부터 제65조의8까지의 규정을 준용한다. [전문개정 2010.7.23.]

제13장 벌칙 <개정 2010.7.23.>

제197조(벌칙) ① 보험계리사, 손해사정사 또는 상호회사의 발기인, 제70조제1항에서 준용하는 「상법」 제175조제1항에 따른 설립위원 · 이사 · 감사, 제59조에서 준용하는 「상법」 제386조제2항 및 제407조제1항에 따른 직무대행자나 지배인, 그 밖에 사업에 관하여 어떠한 종류의 사항이나 특정한 사항을 위임받은 사용인이 그 임무를 위반하여 재산상의 이익을 취득하거나 제3자로 하여금 취득하게 하여 보험회사에 재산상의 손해를 입힌 경우에는 10년 이하의 징역 또는 5천만원 이하의 벌금에 처한다.

② 상호회사의 청산인 또는 제73조에서 준용하는 「상법」 제386조제2항 및 제407조제1항에 따른 직무대행자가 제1항에 열거된 행위를 한 경우에도 제1항과 같다.[전문개정 2010.7.23.]

제198조(벌칙) 제25조제1항 또는 제54조제1항의 기관을 구성하는 자가 그 임무를 위반하여 재산상의 이익을 취득하거나 제3자로 하여금 취득하게 하여 보험계약자나 사원에게 손해를 입힌 경우에는 7년 이하의 징역 또는 4천만원 이하의 벌금에 처한다. [전문개정 2010.7.23.]

제199조(벌칙) 제197조제1항에 열거된 자 또는 상호회사의 검사인이 다음 각 호의 어느 하나에 해당하는 행위를 한 경우에는 7년 이하의 징역 또는 4천만원 이하의 벌금에 처한다.

1. 상호회사를 설립하면서 사원의 수, 기금총액의 인수, 기금의 납입 또는 제34조제4호부터 제6호까지 및 제9호와 제38조제2항제3호 및 제5호에 열거된 사항에 관하여 법원 또는 총회에 보고를 부실하게 하거나 사실을 숨긴 경우
2. 명의에 관계없이 보험회사의 계산으로 부정하게 그 주식을 취득하거나 질권의 목적으로 받은 경우
3. 법령 또는 정관을 위반하여 기금의 상각, 기금이자의 지급 또는 이익이나 잉여금의 배당을 한 경우
4. 보험업을 하기 위한 목적 이외의 투기거래를 위하여 보험회사의 자산을 처분한 경우

[전문개정 2010.7.23.]

제200조(벌칙) 다음 각 호의 어느 하나에 해당하는 자는 5년 이하의 징역 또는 3천만원 이하의 벌금에 처한다.

1. 제4조제1항을 위반한 자
2. 제106조제1항제4호 및 제5호를 위반하여 신용공여를 한 자
3. 제106조제1항제6호를 위반하여 채권 및 주식을 소유한 자
4. 제111조제1항을 위반하여 같은 항 각 호의 어느 하나에 해당하는 행위를 한 자
5. 제111조제5항을 위반하여 같은 항 각 호의 어느 하나에 해당하는 행위를 한 대주주 또는 그의 특수관계인 [전문개정 2010.7.23.]

第201조(벌칙) ① 제197조 및 제198조에 열거된 자 또는 상호회사의 검사인이 그 직무에 관하여 부정한 청탁을 받고 재산상의 이익을 수수·요구 또는 약속한 경우에는 5년 이하의 징역 또는 3천만원 이하의 벌금에 처한다.

② 제1항의 이익을 약속 또는 공여(供與)하거나 공여 의사를 표시한 자도 제1항과 같다.

[전문개정 2010.7.23.]

第202조(벌칙) 다음 각 호의 어느 하나에 해당하는 자는 3년 이하의 징역 또는 2천만원 이하의 벌금에 처한다.

1. 제75조를 위반한 자
2. 제98조에서 규정한 금품 등을 제공(같은 조 제3호의 경우에는 보험금액 지급의 약속을 말한다)한 자 또는 이를 요구하여 수수(收受)한 보험계약자 또는 피보험자
3. 제106조제1항제1호부터 제3호까지의 규정을 위반한 자
4. 제177조를 위반한 자
5. 제183조제1항 또는 제187조제1항에 따른 등록을 하지 아니하고 보험계리업 또는 손해사정업을 한 자
6. 거짓이나 그 밖의 부정한 방법으로 제183조제1항 또는 제187조제1항에 따른 등록을 한 자 [전문개정 2010.7.23.]

第203조(벌칙) ① 다음 각 호의 사항에 관하여 부정한 청탁을 받고 재산상의 이익을 수수·요구 또는 약속한 자는 1년 이하의 징역 또는 1천만원 이하의 벌금에 처한다.

1. 보험계약자총회, 상호회사의 창립총회 또는 사원총회에서의 발언이나 의결권 행사
2. 제3장제2절·제3절 및 제8장제2절에서 규정하는 소(訴)의 제기 또는 자본금의 100분의 5 이상에 상당하는 주주 또는 100분의 5 이상의 사원의 권리의 행사

② 제1항의 이익을 약속 또는 공여하거나 공여 의사를 표시한 자도 제1항과 같다.

[전문개정 2010.7.23.]

第204조(벌칙) ① 다음 각 호의 어느 하나에 해당하는 자는 1년 이하의 징역 또는 1천만원 이하의 벌금에 처한다.

1. 제8조제2항을 위반한 자
2. 제83조제1항을 위반하여 모집을 한 자
3. 거짓이나 그 밖의 부정한 방법으로 보험설계사·보험대리점 또는 보험중개사의 등록을 한 자
4. 제86조제2항, 제88조제2항, 제90조제2항에 따른 업무정지의 명령을 위반하여 모집을 한 자
5. 제120조제1항을 위반하여 고의로 책임준비금이나 비상위험준비금을 과소 또는 과다하게 계상한 자
6. 제150조를 위반한 자
7. 제181조제1항 및 제184조제1항을 위반하여 정당한 사유 없이 확인을 하지 아니하거나 부정한 확인을 한 보험계리사 및 선임계리사
8. 제184조제3항제1호를 위반한 선임계리사 및 보험계리사
9. 제189조제3항제1호를 위반한 손해사정사

② 보험계리사나 손해사정사에게 제1항제7호부터 제9호까지의 규정에 따른 행위를 하게 하거나 이를 방조한 자는 정범에 준하여 처벌한다. [전문개정 2010.7.23.]

第205조(미수범) 제197조 및 제198조의 미수범은 처벌한다. [전문개정 2010.7.23.]

第206조(병과) 제197조부터 제205조까지에 규정된 죄를 범한 자에게는 정상에 따라 징역과

벌금을 병과할 수 있다. [전문개정 2010.7.23.]

제207조(몰수) 제201조 및 제203조의 경우 범인이 수수하였거나 공여하려 한 이익은 몰수한다. 그 전부 또는 일부를 몰수할 수 없는 경우에는 그 가액(價額)을 추징한다.[전문개정 2010.7.23.]

제208조(양벌규정) ① 법인(법인이 아닌 사단 또는 재단으로서 대표자 또는 관리인이 있는 것을 포함한다. 이하 이 항에서 같다)의 대표자나 법인 또는 개인의 대리인, 사용인, 그 밖의 종업원이 그 법인 또는 개인의 업무에 관하여 제200조, 제202조 또는 제204조의 어느 하나에 해당하는 위반행위를 하면 그 행위자를 벌하는 외에 그 법인 또는 개인에게도 해당 조문의 벌금형을 과(科)한다. 다만, 법인 또는 개인이 그 위반행위를 방지하기 위하여 해당 업무에 관하여 상당한 주의와 감독을 게을리하지 아니한 경우에는 그러하지 아니하다.

② 제1항에 따라 법인이 아닌 사단 또는 재단에 대하여 벌금형을 과하는 경우에는 그 대표자 또는 관리인이 그 소송행위에 관하여 그 사단 또는 재단을 대표하는 법인을 피고인으로 하는 경우의 형사소송에 관한 법률을 준용한다. [전문개정 2010.7.23.]

제209조(과태료) ① 보험회사가 다음 각 호의 어느 하나에 해당하는 경우에는 5천만원 이하의 과태료를 부과한다.

1. 제10조 또는 제11조를 위반하여 다른 업무 등을 겸영한 경우
2. 제95조를 위반한 경우
3. 제96조를 위반한 경우
4. 보험회사 소속 임직원 또는 보험설계사가 제99조제2항을 위반한 경우 해당 보험회사. 다만, 보험회사가 그 위반행위를 방지하기 위하여 해당 업무에 관하여 상당한 주의와 감독을 게을리하지 아니한 경우는 제외한다.
5. 제106조제1항제7호부터 제10호까지의 규정을 위반한 경우
6. 제109조를 위반하여 다른 회사의 주식을 소유한 경우
7. 제110조를 위반한 경우

7의2. 제110조의2제1항을 위반한 경우

7의3. 제111조제4항을 위반하여 금융위원회에 보고하지 아니하거나 공시하지 아니한 경우

8. 제113조를 위반한 경우
9. 제116조를 위반한 경우
10. 제118조를 위반하여 재무제표 등을 기한까지 제출하지 아니하거나 사실과 다르게 작성된 재무제표 등을 제출한 경우
11. 제124조제1항을 위반하여 공시하지 아니한 경우
12. 제124조제4항을 위반하여 정보를 제공하지 아니하거나 부실한 정보를 제공한 경우
13. 제128조의2를 위반한 경우
14. 제131조제1항 · 제2항 및 제4항에 따른 명령을 위반한 경우
15. 제133조에 따른 검사를 거부 · 방해 또는 기피한 경우

② 보험회사의 발기인 · 설립위원 · 이사 · 감사 · 검사인 · 청산인, 「상법」 제386조제2항 및 제407조제1항에 따른 직무대행자(제59조 및 제73조에서 준용하는 경우를 포함한다) 또는 지배인이 다음 각 호의 어느 하나에 해당하는 행위를 한 경우에는 2천만원 이하의 과태료를 부과한다. <개정 2015.7.31.>

1. 보험회사가 제10조 또는 제11조를 위반하여 다른 업무 등을 겸영한 경우
2. 삭제 <2015.7.31.>

3. 제18조를 위반하여 자본감소의 절차를 밟은 경우
4. 관청·총회 또는 제25조제1항 및 제54조제1항의 기관에 보고를 부실하게 하거나 진실을 숨긴 경우
5. 제38조제2항을 위반하여 입사청약서를 작성하지 아니하거나 입사청약서에 적을 사항을 적지 아니하거나 부실하게 적은 경우
6. 정관·사원명부·의사록·자산목록·대차대조표·사업계획서·사무보고서·결산보고서, 제44조에서 준용하는 「상법」 제29조제1항의 장부에 적을 사항을 적지 아니하거나 부실하게 적은 경우
7. 제57조제1항(제73조에서 준용하는 경우를 포함한다)이나 제64조 및 제73조에서 준용하는 「상법」 제448조제1항을 위반하여 서류를 비치하지 아니한 경우
8. 사원총회 또는 제54조제1항의 기관을 제59조에서 준용하는 「상법」 제364조를 위반하여 소집하거나 정관으로 정한 지역 이외의 지역에서 소집하거나 제59조에서 준용하는 「상법」 제365조제1항을 위반하여 소집하지 아니한 경우
9. 제60조 또는 제62조를 위반하여 준비금을 적립하지 아니하거나 준비금을 사용한 경우
10. 제69조를 위반하여 해산절차를 밟은 경우
11. 제72조 또는 정관을 위반하여 보험회사의 자산을 처분하거나 그 남은 자산을 배분한 경우
12. 제73조에서 준용하는 「상법」 제254조를 위반하여 파산선고의 신청을 게을리한 경우
13. 청산의 종결을 지연시킬 목적으로 제73조에서 준용하는 「상법」 제535조제1항의 기간을 부당하게 정한 경우
14. 제73조에서 준용하는 「상법」 제536조를 위반하여 채무를 변제한 경우
15. 제79조제2항에서 준용하는 「상법」 제619조 또는 제620조를 위반한 경우
16. 제85조제1항을 위반한 경우
17. 보험회사가 제95조를 위반한 경우
18. 보험회사의 임직원이 제95조의2·제95조의4·제97조를 위반한 경우
19. 보험회사가 제96조를 위반한 경우
20. 제106조제1항제4호 또는 제7호부터 제10호까지의 규정을 위반하여 자산운용을 한 경우
21. 제109조를 위반하여 다른 회사의 주식을 소유한 경우
22. 제110조를 위반한 경우
23. 제113조를 위반한 경우
24. 제116조를 위반한 경우
25. 제118조를 위반하여 재무제표 등의 제출기한을 지키지 아니하거나 사실과 다르게 작성된 재무제표 등을 제출한 경우
26. 제119조를 위반하여 서류의 비치나 열람의 제공을 하지 아니한 경우
27. 제120조제1항을 위반하여 책임준비금 또는 비상위험준비금을 계상하지 아니하거나 장부에 기재하지 아니한 경우
28. 제124조제1항을 위반하여 공시하지 아니한 경우
29. 제124조제4항을 위반하여 정보를 제공하지 아니하거나 부실한 정보를 제공한 경우
30. 제125조를 위반한 경우
31. 제126조를 위반하여 정관변경을 보고하지 아니한 경우
32. 제127조를 위반한 경우
33. 보험회사가 제127조의3을 위반한 경우

34. 보험회사가 제128조의2를 위반한 경우
35. 보험회사가 제128조의3을 위반하여 기초서류를 작성·변경한 경우
36. 제130조를 위반하여 보고하지 아니한 경우
37. 제131조에 따른 명령을 위반한 경우
38. 제133조에 따른 검사를 거부·방해 또는 기피한 경우
39. 금융위원회가 선임한 청산인 또는 법원이 선임한 관리인이나 청산인에게 사무를 인계하지 아니한 경우
40. 제141조를 위반하여 보험계약의 이전절차를 밟은 경우
41. 제142조를 위반하여 보험계약을 하거나 제144조(제152조제2항에서 준용하는 경우를 포함한다)를 위반하여 자산을 처분하거나 채무를 부담할 행위를 한 경우
42. 제151조제1항·제2항, 제153조제3항 또는 제70조제1항에서 준용하는 「상법」 제232조를 위반하여 합병절차를 밟은 경우
43. 이 법에 따른 등기를 게을리한 경우
44. 이 법 또는 정관에서 정한 보험계리사에 결원이 생긴 경우에 그 선임절차를 게을리한 경우

③ 다음 각 호의 어느 하나에 해당하는 자에게는 1천만원 이하의 과태료를 부과한다. <개정 2014.1.14., 2014.10.15.>

1. 제3조를 위반한 자
2. 제85조제2항을 위반한 자

2의2. 제85조의3제1항을 위반한 자

3. 제92조를 위반한 자
4. 제93조에 따른 신고를 게을리한 자
5. 제95조를 위반한 자
6. 제95조의2를 위반한 자
7. 보험대리점·보험중개사 소속 보험설계사가 제95조의2·제95조의4·제96조제1항·제97조제1항·제99조제2항 및 제3항을 위반한 경우 해당 보험대리점·보험중개사. 다만, 보험대리점·보험중개사가 그 위반행위를 방지하기 위하여 해당 업무에 관하여 상당한 주의와 감독을 게을리하지 아니한 경우는 제외한다.
8. 제95조의4를 위반한 자
9. 제96조제1항을 위반한 자
10. 제97조제1항을 위반한 자
11. 제99조제2항 및 제3항을 위반한 자

11의2. 제102조의5제1항을 위반한 자

12. 제112조에 따른 자료 제출을 거부한 자
13. 제124조제5항을 위반하여 비교·공시한 자
14. 제131조제1항을 준용하는 제132조·제179조·제192조제2항, 제133조제1항을 준용하는 제136조·제179조·제192조제2항 및 제192조제1항에 따른 명령을 위반한 자
15. 제133조제3항을 준용하는 제136조·제179조 및 제192조제2항에 따른 검사를 거부·방해 또는 기피한 자
16. 제133조제3항을 준용하는 제136조·제179조·제192조제2항에 따른 요구에 응하지 아니한 자
17. 제162조제2항에 따른 요구를 정당한 사유 없이 거부·방해 또는 기피한 자

④ 제91조제1항에 따른 금융기관보험대리점등 또는 금융기관보험대리점등이 되려는 자가 제83조제2항 또는 제100조를 위반한 경우에는 5천만원 이하의 과태료를 부과한다.

⑤ 제1항부터 제4항까지의 과태료는 대통령령으로 정하는 바에 따라 금융위원회가 부과·징수한다. [전문개정 2010.7.23.] [시행일 : 2016.8.1.]

제210조 삭제 <2010.7.23.>

부칙 <제13613호, 2015.12.22.> (예금자보호법)

제1조(시행일) 이 법은 공포한 날부터 시행한다. <단서 생략>

제2조 및 제3조 생략

제4조(다른 법률의 개정) ①부터 ⑤까지 생략

⑥ 보험업법 일부를 다음과 같이 개정한다.

제167조제1항 중 "「예금자보호법」 제2조제7호"를 "「예금자보호법」 제2조제8호"로 하고, 같은 조 제2항 중 "「예금자보호법」 제2조제7호나목"을 "「예금자보호법」 제2조제8호나목"으로 한다. ⑦부터 ⑪까지 생략

보 험 계 약 법

저 자 전주대학교 교수 은 종 성

발행처 전주대학교 출판부

주 소 전북 전주시 완산구 천잠로 303
(효자동2가 1080)

ISBN 978-89-8448-162-6

인 쇄 전주청사진 · 인쇄
전북 전주시 완산구 홍산남로 48
TEL. 063)225-8745

값 20,000원